P9-EDN-057

A

P

WITHDRAWN
UTSA LIBRARIES

EL OCULTISMO EN VALLE-INCLAN

EMMA SUSANA SPERATTI-PIÑERO

EL OCULTISMO EN VALLE-INCLAN

TAMESIS BOOKS LIMITED

LONDON

Colección Támesis

SERIE A - MONOGRAFÍAS, XXXIV

© Copyright by Támesis Books Limited
London, 1974

ISBN: 0900411 - 79 - 1

Depósito Legal: M. 22.358 - 1974

Printed in Spain by Talleres Gráficos de EDICIONES CASTILLA, S. A.
Maestro Alonso, 23 - Madrid

for
TÁMESIS BOOKS LIMITED
LONDON

LIBRARY
The University of Texas
At San Antonio

A la memoria de María Rosa Lida, quien me honró con una magnífica amistad de efectos perdurables todavía.

INDICE GENERAL

INTRODUCCIÓN

I

El interés de Valle-Inclán por el ocultismo, considerado en todos los sentidos posibles [1], y las características e intenciones que adquiere cuando lo incorpora a su obra son, a pesar de su importancia, una faceta de su producción hasta ahora no estudiada de lleno y a fondo.

Valle compartió este interés con otros autores de lengua española, y muy especialmente con algunos hispanoamericanos. El nicaragüense Rubén Darío (1867-1916), con quien Valle-Inclán sostuvo una amistad cimentada en parte por la preocupación de lo esotérico [2], lo reflejó en «La muerte de Salomé» (1891), «El Salomón negro» (1899), «La extraña muerte de Fray Pedro» (1913) [3]; como personaje de *Luces de bohemia,* Darío es considerado «adepto de la Gnosis y de la Magia», siente «que los Elementales son conciencias» y Valle le atribuye aspecto de «evocador de terrores y misterios» (*LB,* pp. 182 y 187). El argentino Leopoldo Lugones (1874-1938), cuya obra influyó a veces en Valle, cultivó el ocultismo en *Las fuerzas extrañas* (1906), *Prometeo. Un proscripto del Sol* (1910), *Cuentos fatales* (1924) y *El Angel de la Sombra* (1926). El rioplatense Horacio Quiroga (1878-1937) incluyó entre sus temas la premonición, la proyección astral, la transmigración, la reencarnación y ciertas peculiaridades de los fantasmas [4].

Tanto Valle como los tres hispanoamericanos de algún modo se

---

[1] «Doctrina que pretende conocer y utilizar todos los secretos y misterios de la naturaleza» (*Diccionario de la Real Academia Española,* 1956, s.v.); «Creencia en fuerzas y poderes ocultos; estudio y práctica de las artes ocultas [magia, alquimia, astrología, etc.]» (*Webster's New World Dictionary of American Language,* 1960, s.v.); «Sistema filosófico de teorías y prácticas para lograr los más altos poderes de la mente y del espíritu. Su aspecto práctico se relaciona con los fenómenos psíquicos» (Fodor, *Encyclopaedia of Psychic Science,* p. 267b, s.v.). [Desde esta primera nota advierto que me referiré a las obras de Valle-Inclán con siglas y a las de consulta con el apellido del autor y el título, o parte de él, si es demasiado largo. Desarrollaré las referencias correspondientes en la Bibliografía.]

[2] Phillips, «Estudio preliminar», p. XIV.

[3] Darío, *Cuentos completos,* pp. 151-152, 275-277 y 325-329.

[4] Killough, *Quiroga y lo «sobrenatural».*

3

vinculan con el movimiento europeo de fin de siglo del cual participaron pintores y escritores, que se inclinó marcadamente hacia el misterio, creó los arquetipos del esteta y del mago, y proporcionó con Sâr Péladan las fuentes —ocultismo y esteticismo— donde bebieron los que sentían la necesidad de escapar de una sociedad materialista[5]. De las preocupaciones de este movimiento, sobre el cual influyó también el espiritualismo, es buen ejemplo el siguiente pasaje dedicado al pintor francés Gustave Moreau (1826-1898):

> ...es posible que... intentara establecer contacto con el mundo de los espíritus. Varios libros de su biblioteca atestiguan su interés por el ocultismo, en especial *Fables et Symbols* de Éliphas Lévi, con sus explicaciones de los secretos del magnetismo universal y los principios básicos de la Piedra del Filósofo. En la obra de Lévi se encuentran estas palabras: «La filosofía ocultista es básicamente mística y simbólica»[6].

Y no debe dejar de mencionarse, además, la importancia que tuvieron por entonces Alain Kardec, Flammarion y Mme. Blavatsky, quien no gozó de la simpatía de Valle, según se deduce de las palabras de Max Estrella (*LB*, p. 184), pero a quien sin duda había leído.

Limitando el interés por el ocultismo a España, encontramos que en 1873 cinco espiritistas diputados a Cortes propusieron ante la Legislatura una enmienda al proyecto con que se intentaba reformar la ley de segunda enseñanza: la inclusión de un curso elemental de espiritismo en el programa de estudios[7]. En 1875, el vizconde de Solanot publicó una circular para llamar la atención del público español sobre los fenómenos del espiritualismo. Los centros dedicados a propagarlo empezaron a extenderse rápidamente, y muy en especial en Cataluña y Valencia. Hacia 1881, el interés se había despertado también en Galicia (Santiago, La Coruña)[8], y ya en los años de la juventud de Valle había sedes espiritistas en Pontevedra[9]. No sabemos si entonces o tiempo después don Ramón se relacionó con el matemático y astrónomo Mario Roso de Luna, decidido partidario de Mme. Blavatsky; aunque Valle difiriera de su amigo en este aspecto, la relación con él debe de haber contribuido a ponerlo en contacto con obras ocultistas[10]. Por lo demás, las publicaciones sobre la materia parece que abundaron al ter-

---

[5] Jullian, *Dreamers of Decadence*, pp. 19, 20, 21, 37 y 76. Véase también Praz, *The Romantic Agony*.

[6] Jullian, *Dreamers of Decadence*, p. 74.

[7] Fernández, «Espiritismo», pp. 244-245. Debo el conocimiento de este artículo a mi amiga Iris M. Zavala.

[8] Spence, *An Encyclopaedia of Occultism*, pp. 376a y 377b.

[9] Phillips, «Estudio preliminar», p. XIV.

[10] *Ibid.* y Blanquat, «Symbolisme et esperpento», pp. 152 y 164.

minar el siglo, según nos lo deja entrever *La Enciclopedia del Año* (Madrid, 1899-1900); allí se anuncian, entre otras, las *Maravillas históricas* —telepatía, apariciones, presentimientos, mal de ojo, cuerpo astral, visión a distancia— de Ricardo Ruiz y Benítez de Lugo, y la *Revista de Estudios Psicológicos y Biblioteca Espiritista*, por cuya suscripción anual se regalaba *El hipnotismo, el magnetismo y la mediumnidad científicamente demostrados* de Arthur d'Anglamont (pp. 250-251).

Aparte del círculo mayor de las tendencias europeas finiseculares y del círculo menor de las preocupaciones españolas y gallegas, no hay que olvidar otro factor: el grupo étnico al que pertenece Valle y al cual debe, acaso, algo o mucho de su interés por el ocultismo. En dos ocasiones, Juan Ramón Jiménez recuerda que Valle-Inclán era gallego; la primera, en una carta de 1920, la segunda en «Ramón del Valle-Inclán. Castillo de quema» [11], y en ambas lo hace para relacionarlo con otro grupo humano de origen céltico:

> He enviado un ejemplar de *Divinas palabras* a Lennox Robinson, uno de los directores del Abbey Theatre de Dublín, donde, como usted sabe, dan sus representaciones normales los famosos y exquisitos «Irish players». El otro día le decía yo a nuestro Alfonso Reyes que cómo se parecían algunas cosas de usted, esta hermosísima farsa en especial, a ciertas primeras obras —Yeats, Synge, Lady Gregory— del teatro irlandés moderno; lo que es lógico, al fin y al cabo, siendo usted gallego, celta, y siendo usted usted.
>
> ...Su par hay que buscarlo en Irlanda más que en Galicia. Como sus iguales contemporáneos, los mejores escritores celtas de Irlanda, George Moore, «A E», Synge, Yeats (Bernard Shaw es otro asunto, aunque su asunto también está en Valle), empieza influido por el simbolismo francés universal... Galicia e Irlanda siguen siendo gemelas.

Y en Irlanda, «el Renacimiento Celta fue inseparable del espiritismo» [12] y otras manifestaciones ocultistas, de las que son prueba algunos trabajos de William Butler Yeats (1865-1939): «Magic» (1901; recogido en *Ideas of Good and Evil*, 1896-1903), *The Celtic Twilight* (1893), «Rosa Alchemica» (1897), *Per amica silentia Lunae* (1917).

Y para completar el cuadro, hasta psiquiatras de la categoría de Freud y Jung se sintieron atraídos y echaron su cuarto a espadas en materia de fenómenos paranormales [13].

---

[11] Jiménez, *Cartas*, p. 231, y *La corriente infinita*, p. 99.
[12] Jullian, *Dreamers of Decadence*, p. 30.
[13] Fodor, *Freud, Jung and Occultism*.

II

El trabajo que ahora presento intenta rastrear los diversos intereses ocultistas de Valle-Inclán, identificar sus manifestaciones y, dentro de lo posible, establecer por qué y cómo fue utilizado el material que don Ramón incluyó en su obra.

Expuestos los primeros pasos de Valle en ese terreno, escalonaré los temas ocultistas a partir de los acaso menos evidentes, aunque siempre activos, de las supersticiones populares. Concederé apartados especiales a las supervivencias del culto o del terror a los muertos, a la intervención del demonio, a las prácticas de la brujería y a sus cultores, a la creencia en las artes adivinatorias y los sueños, de los cuales algunos se vinculan con los fenómenos paranormales, objeto de otro capítulo y que podrían explicar básica o profundamente aspectos de lo anterior. Terminaré con lo que Valle liga consigo mismo en un momento especial de su producción : el ocultismo «místico» relacionado con la estética y el proceso poético.

Para ajustarme más precisamente a la evolución de los puntos de vista de Valle-Inclán, he tratado de usar primeras ediciones o, de no contar con ellas, al menos las más cercanas a la publicación inicial. En cuanto a las obras de consulta, he recurrido, en general, a las contemporáneas o casi contemporáneas de los libros de Valle para dar una idea de lo que se podía conocer en ese entonces y de lo que Valle, mucho más curioso y más lector de lo que se le ha juzgado, pudo haber tenido noticia directa o indirecta. Y no serán pocas las sorpresas que deparen el empleo y el ensamblamiento del abundante material del cual Valle ha echado mano.

Antes de cerrar esta presentación, deseo agradecer efusivamente la generosidad de la Fundación John Simon Guggenheim, cuya beca me ha permitido trabajar con la paz de espíritu y la despreocupación económica requeridas por toda labor intelectual; la amable colaboración del personal de la Biblioteca de Wheaton College, siempre dispuesto a conseguirme rápidamente los libros necesarios; la buena voluntad de Kathleen Vogt, colega del Departamento de Inglés, para ayudarme a localizar las obras de Yeats relacionadas con mi investigación; a ella y a mis otros amigos Ana María Barrenechea, Iris Zavala, Edith Helman y Denah y Raimundo Lida, sus siempre sugeridoras conversaciones; y a todos y a cada uno, la alegría con que escribí estas páginas.

Emma Susana Speratti-Piñero.

Wheaton College,
Norton, Massachusetts

I

HASTA 1895

Los dos volúmenes de obras anteriores a 1895 —*Publicaciones perio-dísticas* y *Femeninas*— registran algunos de los temas relacionados con el ocultismo que Valle-Inclán utilizará con frecuencia años después.

William L. Fichter señala en el primero «una predilección por lo misterioso» en lo que respecta a «El rey de la máscara», «A media no-che» y «Zan el de los osos», ejemplos a los que habría que agregar, siguiendo la consideración del crítico norteamericano, la impresión de Valle al visitar las ruinas de Gondarín (*PP,* p. 62):

> ...Sobre aquellas ruinas, tocadas de la inmensa soledad de las almas muertas y sin afectos, parecía vagar un espíritu sublime y misterioso que, protegiéndolas con sus alas, las hacía sa-gradas.

Por ese tiempo, Valle-Inclán sólo volverá a algo parecido en «Rosarito» (*F,* p. 186):

> ...De pronto Rosarito, levanta la cabeza, y se queda como abs-traída, fijos los ojos en la puerta del jardín que se abre sobre un fondo de ramajes oscuros y misteriosos: ¡no más miste-riosos en verdad, que la mirada de aquella niña pensativa y blanca!

Años más tarde, ya no buscará influir sobre el lector imponiéndole pa-labras como *misterio* o *misterioso.* El efecto logrado resultará de una elaboración más cuidadosa y sugeridora (*FS,* pp. 16-17; *CM,* p. 129):

> ...Era nueva la venta y en medio de la sierra adusta y parda, aquel portalón color de sangre y aquellos frisos azules y ama-rillos de la fachada... producían indefinible sensación de anti-patía y de terror.

...El rumor de la vida, en el silencio del campo tenía un compás de eternidad, un fatalismo geomántico de dolor y de indiferencia.

A propósito del artículo «Psiquismo», Fichter indica que en él (*PP*, p. 26);

> ...discurre don Ramón sobre un tema muy discutido en aquella época, tema que, a juzgar por los datos y nombres [1] que cita, le era bastante familiar... Pero es casi increíble que hubiese asistido, como él afirma al final del artículo, a las pruebas que César Lombroso había hecho en Nápoles (en 1891) de los poderes de «médium» de la entonces célebre Eusapia Palladino. Esto no es, seguramente, sino otro ejemplo de la costumbre de don Ramón de imaginar de sí experiencias y aventuras.

En nota, Fichter insiste en lo increíble de tal asistencia y declara que Valle-Inclán no figura en la lista de personas presentes incluida en la biografía de Lombroso escrita por su hija. La afirmación puesta en tela de juicio figura al final del párrafo siguiente [2]:

> En otro artículo, hablaré de los fenómenos que producen los «médium» y muy particularmente de Eusapia Palladino de quien Lombroso se ha servido para sus *experiencias, a las cuales he tenido el honor de asistir en Nápoles*.

Sinceramente creo que el pasaje sugiere sobre todo una broma solapada a propósito de los casos de proyección astral o bilocación, atribuidos a algunos médium y que figuran entre los fenómenos paranormales que más intrigaron a Valle, como veremos en el capítulo VIII.

Otro de los valores del artículo mencionado consiste en mostrar el indudable interés de Valle-Inclán por los efectos de las radiaciones de la energía psíquica, cuya aplicación o sugerencia literaria volveremos a encontrar. Por lo demás, «Rosarito» será la única de sus obras tempranas que ofrezca el empleo de una facultad paranormal con la visión anticipadora que experimenta la protagonista (*F*, pp. 188-189 y 193-194):

> —¡Jesús! ¡Qué cosa tan extraña!
> Al mismo tiempo entornó los párpados...: parecía soñar.
> El capellán la miró con extrañeza.

---

[1] He podido localizar todos los nombres citados por Valle-Inclán, con excepción del de su «ilustre amigo y maestro Enrico dal Pozzo di Mombello» (pp. 213-214), a quien no registran ni las enciclopedias italianas.

[2] *PP*, p. 215. El subrayado es mío.

—¿Qué le pasa, señorita Rosario?

La niña entreabrió los ojos y lanzó un suspiro:

—¿Diga Don Benicio, será algún aviso del otro mundo?...

—¡Un aviso del otro mundo!... ¿Qué quiere usted decir?

Antes de contestar Rosarito dirigió una nueva mirada al jardín..., luego en voz débil y temblorosa murmuró:

—Hace un momento, juraría haber visto entrar por esa puerta a Don Juan Manuel...

—¿Don Juan Manuel, señorita?... ¿Está usted segura?

—Sí; era él, y me saludaba sonriendo...

Rosarito alzó la cabeza... De pronto lanzó un grito. Parado en el umbral de la puerta del jardín, estaba un hombre de cabellos blancos; estatura gentil y talle todavía arrogante [3].

A este fenómeno podría sumarse la fascinación que sobre Rosarito ejerce la personalidad de Don Juan Manuel, no desprovista de visos tenebrosos (pp. 200, 210, 215 y 217).

Por otra parte, *Publicaciones periodísticas* proporciona un ejemplo del miedo que provocan los relatos de aparecidos (pp. 67-68), dos referencias a los retablos de ánimas (pp. 81 y 219) y dos comparaciones, de las cuales una alude a espíritus condenados —«semejantes a espíritus negros desprendidos por la muerte, atravesaban los vencejos» (p. 47)— y otra a la sensibilidad de los perros ante la inminencia de un deceso (p. 54): «Percibíase de un modo vago y misterioso el rumor de la corriente que alimenta el molino y que en ocasiones semeja alarido de can que ventea la muerte...»

También en *Publicaciones periodísticas* se nos enfrenta por primera vez con la fuente milagrosa situada en las proximidades de una encina (p. 62):

Allí quedaba, como único recuerdo de un sacerdocio ya extinguido, la encina sagrada a la cual la superstición popular aún concede no sé qué hechiceras virtudes; de las sublimes grandezas del otro culto..., quedaba el murmurar gentil de la fuente milagrosa que brota al pie del sagrado baptisterio...

Resulta claro que por ese entonces Valle ignoraba el significado primitivo de la reunión de ambas y del disfraz que a una y/o a otra se les impuso más tarde; pero con mejor conocimiento volverá a ellas en

---

[3] Por lo menos a partir de la edición de 1914 de *Jardín umbrío,* el nombre del protagonista cambia. Se le llama Don Miguel Bendaña, sin duda para subsanar la evidente contradicción entre el liberalismo que ostenta el personaje y el carlismo decidido que profesa Don Juan Manuel Montenegro en las demás obras donde interviene.

Flor de santidad. Aparte de la supervivencia de la cual se habla tan ligeramente en el fragmento citado, el libro presenta la superstición que atribuye valor de conjuro a la palabra *lagarto* (pp. 163-167) y que reaparecerá en un momento de *Los cuernos de Don Friolera.* Alude también a la fantástica suposición que atribuye peculiaridades acrobáticas a la cabeza y a los huesos del mariscal Pedro Pardo de Cela, las cuales tal vez inspiraron el motivo central de «El miedo» (pp. 66-67):

> ...si aún se invoca la sombra del mariscal Pedro Pardo de Cela, el legendario libertador de Galicia... es... porque aquí... no falta quien crea... que los huesos del asendereado mariscal, saltan entrechocándose en su sepulcro, como cuentan las crónicas que saltó sobre el tablado del cadalso, su cabeza truncada...

Ofrece, por último, algunas tradiciones: la del castrón (pp. 78-79), que pudo influir en los grotescos rasgos del Trasgo Cabrío de *Divinas palabras:* las de la reina mora y las riquezas sobrenaturales o escondidas (*ibid.*), que conjunta o separadamente determinaron pasajes de *Flor de santidad,* mientras que la de los bienes hechizados que se transforman o esfuman (p. 79) volvió a recogerse en un parlamento de «Comedia de ensueño» (*JN*, p. 222): «¿No serán esos anillos cosa de encanto, que desaparezca?».

En *Femeninas,* se vuelven a encontrar algunos de los temas de *Publicaciones periodísticas,* pero, por lo general, con mayor sentido literario. Así, la comparación entre las chispas que se posan en el pelo del estudiante y las «lucecitas que en las leyendas místicas son ánimas en pena» (p. 29), la cual anticipa las luces de la Santa Compaña en *Romance de lobos.* Así, el «tropel de fantasmas» que «se agita en los cortinones espesos» y cuya mención aumenta con notas de ultratumba la expectativa del lector en «Rosarito» (p. 222). Así, igualmente, las referencias a la superstición para caracterizar el afecto de la Condesa de Cela hacia su madre —«afección cristiana, tierna, sumisa, y hasta un poco supersticiosa» (p. 36)— o la personalidad de la Generala, quien «tenía supersticiones de gitana» (p. 165). Y la única vez que aparece una superstición precisa, el contexto resulta, curiosamente, pobre y de estilo anticuado (pp. 142-143): «Desde la puerta volvíme para lanzarles una mirada de desprecio. ¡Oh!, si a tener llego entonces el poder del basilisco, allí se quedan hechos polvo.»

De los nuevos temas, algunos anuncian ya desarrollos o utilizaciones de mayor alcance. El sapo, cuya «voz aflautada y doliente» se escucha durante la noche de la violación de Rosarito (p. 223), evolucionará hasta convertirse en el sapo diabólico que oirá cantar el joven Bradomín en los jardines del Palacio Gaetani. La sombra maligna que invade la estancia donde Don Juan Manuel ha abusado de la doncellita (p. 225), se corporizará dramáticamente en obras posteriores:

> ...A veces una mancha negra pasa corriendo sobre el muro: tomaríasela por la sombra de un pájaro gigantesco: se la ve posarse en el techo y deformarse en los ángulos; arrastrarse por el suelo y esconderse bajo las sillas: de improviso, presa de un vértigo funambulesco, otra vez salta al muro, y galopa por él como una araña...

Es, sin embargo, el gato, cuya forma tomará años después el brujo de «Mi hermana Antonia» y que se asociará tantas veces con poderes e intenciones infernales, el que por ahora atrae insistentemente a Valle-Inclán. Lo introducirá en «Rosarito» para acentuar lo peculiar de una atmósfera (pp. 223-224):

> ...La condesa se despierta y hace la señal de la cruz.
> De nuevo ha oído un grito... Requiere la muleta, y en actitud de incorporarse escucha. Un gatazo negro, encaramado en el respaldo de una silla, acéchala con ojos lucientes. La condesa siente el escalofrío del miedo. Por escapar a esta obsesión de sus sentidos, se levanta, y sale de la estancia. El gatazo negro la sigue maullando lastimeramente: su cola fosca, su lomo enarcado, sus ojos fosforescentes, le dan todo el aspecto de un animal embrujado y macabro.

Le servirá en «Octavia Santino» para provocar la exteriorización de una hipersensibilidad enfermiza (p. 99) y, en «La niña Chole», para acentuar descriptivamente la ágil y traicionera agresividad de un atacante (p. 132): «...el indio... desaparece..., vuelve, me acosa y salta con furia de gato embrujado y macabro».

Merece observarse, para terminar, que sólo se organizan en conjunto armónico los temas que presenta «Rosarito», la obra más acabada de las escritas por Valle antes de 1895. Pasarán años, sin embargo, hasta que una progresiva destreza le permita alcanzar con ellos definitivos logros artísticos.

II

CREENCIAS FANTÁSTICAS Y SUPERSTICIOSAS

El médico Jesús Rodríguez López, cuyo jugoso y perseguido librito [1] posiblemente enriqueció los conocimientos folklóricos de su contemporáneo Valle-Inclán, asegura que «en Galicia todo predispone a la superstición» (p. 52). ¿Causas?: aislamiento geográfico y cultural, viva imaginación por parte de los gallegos, ambiente sugeridor y abundancia de tradiciones. A esto habría que agregar una credulidad entremezclada a veces con cierta desconfianza hacia imprevistas novedades tan fantásticas o absurdas como las cotidianamente aceptadas. Tales características coinciden en mayor o menor grado con las de cualquier región supersticiosa. Aunque Valle-Inclán las destaque sobre todo para sus coterráneos, no deja de hacerlo en relación con otros grupos humanos cuando así conviene a sus finalidades. Y de las manifestaciones a que dan lugar aprovecha especialmente las que se refieren a seres, objetos y circunstancias extraordinarias y a creencias mágicas populares que pesan intensamente en la vida real.

I

LA REINA MORA

A través de un lenguaje sin retoques, la reina o princesa mora aparece en una de las «Cartas galicianas» (*PP,* p. 79):

—Dí —pregunté por oírla—, ¿no hay en las ruinas ninguna princesa mora encantada?

—¡Ya lo creo que la había! A la gente que... allí transitaba para los mercados, solía aparecérsele una señora, guapa

---

[1] La primera edición de *Supersticiones de Galicia* fue prohibida por la autoridad eclesiástica el 5 de octubre de 1895, pues contenía, según juicio del obispo de Lugo, «no pocas proposiciones cuando menos inexactas, atrevidas, temerarias, malsonantes, ofensivas de los oídos piadosos, injuriosas, erróneas, impías y que favorecen la incredulidad» (pp. 15 y 16-17).

como un sol de mediodía, con una tienda de cosas muy bonitas... Y la señora preguntaba con mucha cortesía —¿qué vos gusta de mi tienda?— y un suponer éstos contestaban que un *verduguillo* ['navaja de afeitar pequeña'], aquellos que unos pendientes, y la señora bonita... les cortaba un dedo o una oreja, o les afeitaba un lado de la cara... porque era menester decir —«Señora, me gusta usted y su tienda»...

Flor de santidad la acoge nuevamente en un expresivo marco dialogado de sostenido tono poético y acompañada de atributos y detalles de los que carecía en la «Carta». La reina mora de la novela se convierte, además, en núcleo de una aventura personalizada, recurso frecuente de la narración oral y que puede proceder sea del exceso de fantasía, sea de una sugestión semejante a la sufrida por los campesinos «que han visto cómo las enfermas del ramo cativo... escupían» los malos espíritus «en forma de lagartos con alas» gracias a la intervención de Santa Baya de Cristamilde (*FS*, p. 191).

En un círculo de pastores que relatan «historias de ermitaños, de tesoros ocultos, de princesas encantadas» (pp. 131-132), uno casi centenario, a quien gran parte de lo que cuenta le «había ocurrido siendo él zagal», se encarga de introducir la historia (pp. 132-135):

...Había sido en aquel buen tiempo lejano, cuando se le apareciera una dama al pie de un árbol, peinando los largos cabellos con peine de oro. Oyendo al viejo, algunos pastores murmuraban con ingenuo asombro:
—¡Sería una princesa encantada!
Y otros, sabedores del suceso, contestaban:
—¡Era la reina mora, que tiene prisionera un gigante alarbio!...
El viejo asentía moviendo gravemente la cabeza... y proseguía:
—¡Era la reina mora!... A su lado, sobre la yerba, tenía abierto un cofre de plata lleno de ricas joyas que rebrillaban al sol..., la dama, dejándose el peine de oro preso en los cabellos, me llamó con la su mano blanca, que parecía una paloma en el aire. Yo, como era rapaz, dime a fujir, a fujir...
Y los pastores interrumpían con candoroso murmullo:
—¡Si a nos quisiera aparecerse!
El viejo respondía...:
—¡Cuantos se acercan, cuantos perecen encantados!
Y aquellos pastores que habían oído muchas veces la misma historia, se la explicaban a los otros pastores, que nunca la habían oído...:
—Vos no sabéis que para encantar a los caminantes, con su gran fermosura los atrae...

13

—Con la riqueza de las joyas que les muestra, los engaña...

—Tengo oído que les pregunta cuál de todas sus joyas les place más, y que ellos, deslumbrados viendo tantos broches, y cintillos y ajorcas, y joyeles, pónense a elegir, y así quedan presos en el encanto.

El viejo dejaba que los murmullos se acallasen, y proseguía... llena de misterio la voz:

—Para desencantar a la reina y casarse con ella, bastaría con decir: Entre tantas joyas, sólo a vos quiero, señora reina. Muchos saben aquesto, pero cegados por la avaricia se olvidan de decirlo y pónense a elegir entre las joyas...

El murmullo de los zagales volvía a levantarse con un deseo fabuloso y ardiente:

—¡Si a nos quisiese aparecerse!

Y el viejo los miraba compasivo:

—¡Desgraciados de vos! El que ha de romper ese encanto no ha nacido todavía...

La reina mora valle-inclanesca parece una variante de las lamias —adoradas en Galicia en el siglo VI y que perduran en tradiciones vinculadas con ruinas de lugares fortificados [2]— entrecruzada con las moras, «que se decía vivían en cuevas desde la batalla de Covadonga» [3], pero que acaso sólo sean una adaptación a conceptos relativamente recientes de creencias bastante más antiguas [4].

Las lamias y la reina mora coinciden en guardar «tesoros... que excitan la codicia de los hombres» [5]. Aunque la reina mora valle-inclanesca no sea consorte de ningún dragón, «cuya función principal consiste en custodiar tesoros escondidos» [6], vive prisionera de un gigante alarbio —¿variante local de alárabe o alarbe, 'árabe'—; el alarbio podría tener, como los Ἀράπηδες de Grecia —genios nacidos de considerar que los esclavos árabes de los turcos poseían poderes mágicos—, la virtud de adoptar, entre muchas otras, la forma de dragón [7].

La reina mora, al igual que las lamias y el hada Rouriz de Eduardo Pondal, se peina con un peine de oro [8]. Posee, además, otro atributo de las lamias: el irresistible atractivo que ejercen sobre los hombres,

[2] Caro Baroja, *Algunos mitos*, p. 41.
[3] *Ibid.*, p. 61.
[4] ¿Existirá alguna relación entre las moras cavernícolas y la lamia ateniense llamada ἡ Μόρα, cuyo nombre proviene de la corrupción del adjetivo Μώρα 'simple, tonta' (Lawson, *Modern Greek Folklore*, p. 174) que califica el carácter de las lamias?
[5] Caro Baroja, *Algunos mitos*, pp. 48-49. También poseen enormes riquezas las *fairies* subterráneas (Wimberly, *Folklore*, p. 182).
[6] Lawson, *Modern Greek Folklore*, p. 174.
[7] *Ibid.*, pp. 211 y 276.
[8] Caro Baroja, *Algunos mitos*, pp. 34 y 49; Rodríguez López, *Supersticiones de Galicia*, p. 109.

«de manera que su mayor deseo es aproximarse a esos monstruos que imaginan mujeres» [9]; pero, a diferencia de aquéllas, no los tritura con su fuerza brutal [10], sino que los hace perecer con encantamientos.

El valor real del episodio dramático-narrativo acerca de la reina mora no reside tanto, sin embargo, en los aprovechamientos folklóricos como en ser ejemplo amplificado de una de las causas que aceleran y profundizan la perturbación de Adega (cf. *infra,* cap. IV).

LOS DUENDES

Los duendes no abundan en la obra de Valle-Inclán. Aparte de los aludidos en una comparación —«vivaces lagartos... como duendes enredadores y burlescos» (*SE,* p. 189)—, sólo se destaca el de *La cabeza del dragón* por el importante papel que allí desempeña y por las características que se le atribuyen.

Como los duendes de Extremadura [11], el duente valle-inclanesco es pícaro y enredador, y tiene «cara de viejo»; pero en lugar de un indeterminado hábito de fraile usa «capusay de teatino» (*CD,* pp. 33 y 19). Valle-Inclán le añade un rasgo físico que lo hace coincidir con ciertas juguetonas y traviesas deidades antiguas, como Silvano [12]: «a los lados de la frente aún tiene las cicatrices de los cuernos con que le vieron un día los poetas en los bosques de Grecia» (p. 19). Acaso por exclusiva ocurrencia de su creador, este duende comparte con lamias y *fairies* [13] la virtud de cumplir con la palabra dada —hecho que lo diferencia de la generalidad de los hombres— y de agradecer con generosidad los favores o bondades recibidos.

El duende de 1909, que pone a prueba la veracidad de los hijos del rey y se incorpora en 1930 a *Tablado de marionetas para educación de príncipes,* se parece mucho al Daemonium que en 1916 Valle concreta en *La lámpara maravillosa* (p. 19), mostrándonos quizá el espíritu que hubiera deseado para sí, o, de poseerlo, el que hubiera deseado mantener a lo largo de su carrera literaria:

> ...Es un aldeano menudo, alegre y viejo, que parece modelado con la precisión realista de un bronce romano, de un pequeño

---

[9] Pierre de Loyer, *Discours et Histoires des spectres, visions et apparitions,* París, 1605 (citado en Caro Baroja, *Algunos mitos,* p. 37).

[10] Lawson, *Modern Greek Folklore,* p. 175. Sobre las lamias consúltese también Posse, «Notas sobre el folklore gallego», pp. 505-508.

[11] Caro Baroja, *Algunos mitos,* pp. 170-171.

[12] Leland, *Etruscan Magic,* pp. 58-60.

[13] Lawson, *Modern Greek Folklore,* pp. 174-175; Leland, *Gypsy Sorcery,* p. 17; Murray, *The God of the Witches,* p. 57.

Dionysos. Baila siempre en el bosque de los nogales, sobre la hierba verde, a un son cambiante, moderno y antiguo, como si en la flauta panida oyese el preludio de las canciones nuevas.

EL TRASGO

Simples duendes para la Academia, demonios más familiares y domésticos que otros para Antonio de Torquemada[14], los trasgos son, para los santanderinos, risueños hombrecillos negros que visten de encarnado, entran en las casas por la chimenea y en ellas se dedican a cometer toda clase de diabluras. Si bien algunas de sus peculiaridades coinciden con las de los trasgos de Santander, los asturianos sobre todo son espíritus caseros a quienes les gusta que el fuego del hogar esté encendido[15].

A diferencia de los duendes, los trasgos frecuentan las páginas de Valle-Inclán; pero la abundancia no implica siempre un papel destacado. Su presencia a veces se reduce a menciones relacionadas con sus costumbres y actividades (*VG*, pp. 54 y 77):

La lumbrarada flamea bajo la ancha chimenea,
en donde duermen los trasgos que malefician la aldea...

Y echaréis al hogar, que aún rojea,
un cuerno colmado de rubia bellota,
que estalle alegrando los trasgos de la chimenea.

Lo evocan inmediatamente el miedo o la incertidumbre de la gente del pueblo (*RL*, pp. 25 y 28-29).

El Caballero: ...¡Ha quedado la bestia fuera!
La Roja: ¡La bestia del trasgo!...
El Caballero: ¡La bestia que yo montaba, vieja chocha!

El Caballero: Una voz...
Don Galán: Son las risadas del trasgo del viento...
El Caballero: Dame la escopeta, Don Galán. ¡Voy a dejar cojo al trasgo!
Don Galán: Oiga su risada.
La Roja: Lo verá que se hace humo o que se hace aire.

---

[14] Torquemada, *Jardín de flores curiosas*, Coloquio III.
[15] Caro Baroja, *Algunos mitos*, pp. 169-170.

En *El resplandor de la hoguera* (pp. 234-235) el trasgo permite establecer una comparación sarcástica cuando se comenta la prisa de Roquito para refugiarse en la chimenea y esquivar así a unos soldados:

> —¡Cómo trepaba, tú!
> Comentó la nuera, con la voz llena de sombra.
> —¡Parecía el trasgo cabrón!

Puede también ser la base de una burla (*CP*, p. 248):

> *Pichona la Bisbisera:* ¿Quién piensas tú que sea?
> *Cara de Plata:* El trasgo con los zuecos.

Y a través de una imagen, contribuye a intensificar la impresión de angustiosa escasez que caracterizó al Año del Hambre (*FS*, p. 27): «...en la chimenea el trasgo moría de tedio».

Si bien el trasgo en Valle-Inclán se ciñe casi exclusivamente a una de las peculiaridades que el pueblo le concede —su relación con las chimeneas o con el fuego encendido en ellas—, la referencia al «trasgo del viento» en *Romance de lobos* y el aspecto del Trasgo Cabrío, que veremos en *Divinas palabras*, podrían llevarnos a pensar que los gallegos —¿o sólo el gallego Valle-Inclán?— suelen fundirlo o confundirlo con diversos seres fantásticos.

LOS TESOROS OCULTOS

De todos los supuestos extraordinarios acogidos por Valle, quizá el menos local, pero también uno de los más significativos, es el que atañe a los tesoros ocultos [16], atestiguado en Galicia por Jesús Rodríguez López [17]:

> La creencia en los tesoros ocultos y guardados o no por duendes y encantos es también originaria del tiempo de los godos, y hoy todavía, para nuestros aldeanos, no hay *castro*, convento

---

[16] En México, entre bromas y veras, se habla de gente que ha comprado casas con el único propósito de dedicarse, una vez levantados los pisos, a cavar en las habitaciones en procura de «entierros»; planos con indicaciones «precisas» para localizar los tesoros, comúnmente llamados *relaciones*, se venden más o menos abiertamente a los ilusos. Juan José Arreola, en *La Feria* (Joaquín Mortiz, México, 1963, p. 163), parodia brillantemente la redacción de uno de esos documentos. Respecto de ese pequeño universo que es Macondo, encontramos que la misma obsesión figura entre las muchas fantásticas imaginaciones del primer José Arcadio Buendía (Gabriel García Márquez, *Cien años de soledad*, Editorial Sudamericana, Buenos Aires, pp. 9-10).

[17] Rodríguez López, *Supersticiones de Galicia*, p. 38.

derruido o ruinas de cualquier monumento antiguo, que no conserve tesoros escondidos...

Se encuentran ya referencias a ellos en *Publicaciones periodísticas* (p. 78):

> ... hay... muchísimo oro fino enterrado... Entre la piedra del Fuso... y el monte Cavado hay dinero para siete reinados: tiempo ha de venir en que la pata de la cabra lo descubra.

Los mozos del lugar, sin embargo, son lo bastante sensatos como para no alucinarse tras la problemática fortuna.

En *Flor de santidad* (p. 169), se aprovechan o refunden expresiones utilizadas en 1891:

> —Entre los penedos y el camino que va por bajo, hay dinero para siete reinados, y días de un rey habrán de llegar, en que las ovejas, escarbando lo descubrirán.

Pero más importante es que en la *Historia milenaria* se amplíe y desarrolle intencionadamente el tema y se indiquen sus efectos sobre algunas mentalidades. La ingenua y crédula Adega acepta la creencia casi con fe religiosa (pp. 168-169). Un aldeano llega a perderlo todo en la inútil búsqueda (p. 168): «—Aquel curmano de mi madre, vendió las tierras, vendió las vacas, vendió hasta el cuenco del caldo, y nunca descubrió cosa alguna.» La culminación de los efectos la ofrece el retrato del obsesionado buscador de tesoros (pp. 173-174 y 176):

> ... Los ojos calenturientos fulguraban bajo el capuz, y las manos... estrechaban un infolio encuadernado en pergamino. Llegó hasta la puerta cancela, hablando a solas, musitando concordancias extrañas, fórmulas oscuras y litúrgicas... Era su voz lenta y adormecida, como si el alma estuviese ausente... Los criados le tienen por loco...

Contrasta con él y con Adega la desengañada acompañante de la pastora (p. 168): «—... Cuando era rapaza, tengo oído que entre estas dos lomas hay oculto dinero para siete reinados, pero dígote que son cuentos».

El buscador de tesoros se vale en sus poco afortunadas investigaciones de dos instrumentos básicos. Uno es el libro de San Cidrián (p. 168), pregonado en *Cara de Plata* con su nombre castellano —*El Ciprianillo*— como «libro para toda casa y persona» (pp. 98 y 111) y cuyo contenido incluía, según Valle, una oración que, «retorneada» por un abad, podía curar el «ramo cativo» (*FS*, p. 131). El libro existió y tuvo

18

un contenido misceláneo [18]. Valle, sin embargo, debe de haber fantaseado algo, pues, por lo que parece, lo que se *retorneaba* era algún pasaje dedicado al fin específico de encontrar riquezas [19]:

> ... la autoridad eclesiástica ha tenido que condenar más de una vez a los sacerdotes que se prestaban a leer y desleer... el dicho libro [*O Ciprianillo*], llamado también San Ciprián, para encontrar los tesoros escondidos.

Con todo, cabría pensar que Valle pudo apoyarse en algún otro conocimiento libremente incorporado después a su novela. Se sabe que en el siglo XVI español —y quizá también en su época— era muy popular la oración supersticiosa de San Cipriano o San Cebrián, mártir antioqueño de la época de Diocleciano, quien, antes de convertirse al cristianismo, fue nigromante y se dio al Demonio por amor de una mujer [20].

El otro instrumento es la fusión literaria del cirio mágico, que indica la presencia de bienes ocultos, y del cirio bendito, que protege en el caso de que se encuentren custodiados por las almas de los muertos [21] (*FS*, pp. 167 y 170):

> ... la pastora se detuvo mostrándole a la vieja una sombra lejana, que... parecía leer atentamente, alumbrándose con un cirio que oscilaba misterioso bajo la brisa crepuscular...
> —Yo también lo conozco... contó un día que los alarbios guardadores de los tesoros, solamente se muestran en esta hora, y que habrán de leerse las palabras escritas a la luz de un cirio bendito.

---

[18] *Ibid.*, p. 111; González López, «Valle-Inclán y los escritores gallegos», pp. 258 y 259; Posse, «Notas sobre el folklore gallego», pp. 512-513.

[19] Rodríguez López, *Supersticiones de Galicia*, p. 111.

[20] Caro Baroja, *Vidas mágicas*, I, pp. 200 y 387, II, p. 87.

[21] A falta del *Ciprianillo*, el *Petit Albert* puede ilustrar el tipo de indicaciones que aquél contenía y el uso de los dos cirios (Grillot de Givry, *Picture Museum*, pp. 181-182):

> ...Se debe disponer de un cirio grande hecho de grasa humana, y que debe estar colocado en un trozo de madera de avellano tallado según lo muestra el dibujo [en forma de U o de herradura; el cirio se coloca en el punto medio de la curva, entre ambos brazos]. Y si este cirio, encendido en lugar subterráneo, chisporrotea brillante y ruidosamente, esto es señal de que hay allí un tesoro, y cuanto más cerca se está de él más centellea el cirio, que finalmente se apaga cuando se está muy cerca... Cuando se supone sin duda alguna que el tesoro está vigilado por las almas de los muertos, es bueno disponer de velas de cera bendecidas... para conjurar a los espíritus en nombre de Dios a declarar si hay algo que se pueda hacer a fin de que logren descanso. Y no se debe faltar a lo solicitado.

Este cirio reaparecerá independiente, metafórica y sarcásticamente en *Tirano Banderas* (p. 341): «—Valedores, por mi honor les garanto, aquella morocha tenía un cirio bendito desvelándome los misterios. ¡Leía los pensamientos!»[22].

II

LOS AGÜEROS

Casi tan antigua como la vida del hombre sobre el planeta es la creencia en agüeros. Su realidad, sin embargo, no depende de «misteriosas fuerzas de la naturaleza» sino, cuando es auténtica, «de potencias interiores» que coinciden, en cuanto manifestaciones psíquicas[23], con las que determinan los presentimientos. Los augurios abundan en la obra de Valle, quien los muestra muy perspicazmente vinculados a personas de todas las culturas y clases sociales.

Espontánea y natural, en relación con su ambiente, es la manera de reaccionar de Adega (*FS,* pp. 90-91): «sintió que el miedo la cubría como un pájaro negro que extendiese sobre ella las alas.» También lo es la de Zacarías el Cruzado (*TB,* p. 146):

> ... no estaba libre de recelos: Aquel zopilote que se había metido en el techado, azotándole con negro aleteo, era un mal presagio. Otro signo funesto, las pinturas vertidas: El amarillo que presupone hieles, y el negro que es cárcel, cuando no llama muerte, juntaban sus regueros. Y recordó súbitamente que la chinita, la noche pasada..., tenía descubierta una salamandra bajo el metate de las tortillas...[24]

En este pasaje se reúnen el temor supersticioso provocado por las aves necrófagas[25] y lo que parece una transvaloración de Valle a propósito de dos de los colores que en Galicia disfrutan de atribuciones mágicas

---

[22] A mitad de camino entre los objetos extraordinarios y los que poseen poderes mágicos se encuentra la sortija encantada a la que alude la Mozuela de «Ligazón» (*RALM,* p. 43):

> *El Afilador:* ¿Adónde te hallas? ¿Adónde estás, que no te veo?
> *La Mozuela:* A tu vera estoy.
> *El Afilador:* Ni verte ni palparte.
> *La Mozuela:* Me puse un anillo encantado.

Es una evidente reminiscencia literaria del anillo de Gyges, cuya historia Valle conocía, pues llamó así a la Primera Parte de *La lámpara maravillosa.*
[23] Fodor, *Freud, Jung and Occultism,* p. 42.
[24] Cf., además, *TB,* pp. 202 y 203.
[25] Rodríguez López, *Supersticiones de Galicia,* p. 79. La misma superstición se ha registrado también en la Argentina.

positivas [26]. Si ambos agüeros se cumplen, sin embargo, no es por especiales facultades del zopilote o de los colores derramados; como suele ocurrir en la vida diaria, su presencia sólo ha ayudado a concretar un presentimiento.

El indio guía de *Sonata de estío* (pp. 199-200) se deja arrastrar por la creencia de que el grito casi articulado de un pájaro expresa un insulto:

> ... Delante de mi caballo volaba, con silencioso vuelo, un pájaro nocturno: se posaba a corta distancia, y al acercarme agitaba las alas negras e iba a posarse más lejos, lanzando un graznido plañidero... Mi guía, supersticioso como todos los indios, creía entender en aquel grito la palabra judío, y cuando oía esta ofensa que el pájaro le lanzaba siempre al abrir las sombrías alas, replicaba gravemente:
> —¡Cristiano, y muy cristiano!
> Yo le interrogué:
> —¿Qué pájaro es ése?...
> —El tapacaminos, señor.

Valle elabora una situación parecida en *Flor de santidad* (pp. 218-219), aunque con matiz distinto:

> ... el cuco cantaba en un castañar, y el criado interrogábale burlonamente...:
> —¡Buen cuco-rey, dime los años que viviré!
> El pájaro callaba como si atendiese, y luego... dejaba oír su voz: El aldeano iba contando:
> —Uno, dos, tres... ¡Pocos años son! ¡Mira si te has engañado, buen cuco-rey!
> El pájaro callaba de nuevo, y después de largo silencio, cantaba muchas veces. El aldeano hablábale:
> —¡Ves cómo te habías engañado!...

En Alemania, por lo menos, se dice que el cuco trae mala suerte; en otras partes de Europa, que anuncia a los hombres la infidelidad de sus mujeres como también los años que ellos aún vivirán [27]. Aunque el tono del aldeano suene a inaprensivo, el mero hecho de que pida al pájaro que se corrija está indicando otra cosa.

Por pertenecer a la misma atmósfera respirada por Adega y por el criado que la acompaña a Santa Baya, tampoco sorprenden las reacciones de la madre de Beatriz (*HP*, p. 79) y de don Pedro Bolaño (*E*, p. CXXX),

---

[26]   Rodríguez López, *Supersticiones de Galicia*, p. 116.
[27]   Leland, *Gypsy Sorcery*, p. 18.

acaso porque Valle, si bien intenta mostrar la deformación mental o emocional causada por las creencias supersticiosas, no lo enfatiza demasiado. Pero la franca sorna acompaña el texto que se refiere a la infanzona de Medinica (*PK,* p. 90):

> Despertó doña Estefaldina.
> ¡Soñó con tijeras abiertas!...
> Agorina
> Por el sueño desgracias ciertas.

Sorna es también la que subraya —más parcamente, es verdad— la dualidad interior del Espadón de Loja en sus últimos momentos (*CM,* p. 311):

> Don Ramón María Narváez, Duque de Valencia, Grande de España, Capitán general de los Ejércitos, Caballero del Toisón y Presidente del Real Consejo, hacía su cuenta de conciencia: Miraba en sí, con mirada advertida, juntando la contemplación ascética con presagios y agüeros de gitano rancio.

Sarcasmo es, en cambio, lo que encontramos cuando Valle presenta las ridículas supersticiones del pusilánime licenciado Nacho Veguillas (*TB,* pp. 253 ss.) o de su parigual el Marqués de Torre-Mellada (*CM,* pp. 246, 255 y 279). Referido al dictador de Santa Fe de Tierra Firme, el sarcasmo no sólo apunta a una característica reconocida en la mayoría de los déspotas, sino que, a la vez, convierte el agüero en anticipación grotescamente sombría de una Némesis largamente postergada (*TB,* página 352):

> Cuando el Mayor del Valle salía por la puerta, entraba el fámulo, que... portaba en bandeja el uniforme, cruzado con la matona de su Generalito Banderas. Se han dado de bruces, y rueda estruendosa la matona. El Tirano, chillón y colérico, encismado, batió con el pie, haciendo temblar escalerilla y catalejo.
> —¡Sofregados, ninguno la mueva! ¡Vaya un augurio! ¿Qué enigma descifra usted, Señor Doctor Mágico?
> El farandul, con nitidez estática, vio la sala iluminada, el susto de los rostros, la torva superstición del Tirano. Saludó:
> —En estas circunstancias, no me es posible formular un oráculo.
> —¿Y esta joven honrada, que otras veces ha demostrado tan buena vista, no puede darnos referencia, en cuanto al tumulto de Santa Fe? Señor Doctor, sírvase usted dormir e interrogar a la Señorita Médium. Yo paso a vestirme el uniforme. ¡Que ninguno toque mi espada!

La superstición que considera de mal augurio el hecho de que a alguien se le caiga un objeto estrechamente relacionado con sus funciones o su categoría debe de haber estado bastante difundida en Europa durante ciertas épocas. Para España, la encontramos en el romance «Caballeros de Moclín» [28]:

> A la pasada de un río
> y al saltar de una acequia,
> del arnés que iba vestido
> caído se le ha una pieza.
> Allí hablara un alcaide,
> que era alcaide de Cabrera:
> —Vuelta, vuelta, Pero Hernández,
> que no es buena señal ésta,
> yendo vos tan bien armado
> caérseos ahora una pieza.

La misma superstición aparece en una de las crónicas acerca de Lope de Aguirre [29]:

> [Un soldado], corrido de haber dejado allá la lanza, tenía vergüenza llegar hasta donde estaba su General, y el dicho General le llamó y le dijo al dicho soldado que qué había hecho de su lanza; y él contó lo que había pasado...; el General le dio otra lanza muy buena, y otra al compañero que se le había caído, y les dijo: «Señores, no tengan pena deso; al tiempo de pelear quiero yo no se les caigan las lanzas, que desotra suerte, son desgracias.»

También la recoge Juan Ruiz de Alarcón en *El dueño de las estrellas* [30]:

> ¡Ay prima!, que ha sucedido
> uno y otro mal agüero;
> que cuando al partir me dio
> los brazos, se le cayó
> del lado el bruñido acero...

Quevedo, al hacerla blanco de sus burlas, posiblemente nos demuestre, además, el punto de vigencia que la superstición había alcanzado en su tiempo [31]:

> Si vas a reñir y se te cae la espada, es mejor que no si se te cayeran las narices. Pero si riñendo se te cae y te rompen la

---

[28] *Romancero español*, Aguilar, Madrid, 1946, p. 623.

[29] *Relación verdadera de todo lo que sucedió en la jornada de Omagua y Dorado*, p. 474b, n. 4.

[30] Juan Ruiz de Alarcón, *Obras completas*, II, Fondo de Cultura Económica, México, 1959, p. 90, vv. 2542-2546 (Biblioteca Americana, vol. 36).

[31] Francisco de Quevedo, «Capítulo de los agüeros», en *Libro de todas las cosas y otras muchas más* (*Obras completas: Prosa*, p. 112a).

cabeza, es mal agüero para tu salud y bueno para el cirujano y alguacil.

La acogen igualmente dos cronistas del reinado de Enrique VI de Inglaterra [32]:

> ... obligado a designar como heredero al Duque de York, ocurrieron dos presagios que parece impresionaron a todos los testigos. «Estando reunidos en asamblea los representantes del reino y tratando acerca del título del dicho Duque de York, cayó de pronto la corona que pendía entonces en el centro de la cámara, lo cual se tomó como prodigio o señal de que el reinado de Harry había concluido; y también la corona que estaba en la torre más alta del castillo de Dover cayó el mismo año.» Polydore Virgil, recordando la escena en la Cámara de los Comunes, dice que Enrique vestía «sus ropas reales» y que la corona se le cayó de la cabeza...

Que yo sepa, esta superstición no es hoy popular. La fuente directa del episodio de *Tirano Banderas* debe de haber sido exclusivamente la *Relación verdadera*, único de las fuentes inspiradoras que la contiene.

La creencia en agüeros, sin embargo, no siempre sirvió a Valle-Inclán para caracterizar o satirizar. Lo demuestra así el delicado sentido simbólico de que los dota en una escena de «Tragedia de ensueño», que tanto recuerda el de Maeterlinck, y en otra de *El embrujado*. En ambos casos, los agüeros anticipan la muerte de un niño (*JN*, p. 58; *E*, p. CXXII):

> *La pequeña:* ¿Y qué diremos cuando nos interrogue la abuela?... A mí me dio una tela hilada y tejida por sus manos para que la lavase, y al mojarla se la llevó la corriente...
>
> *La mediana:* A mí me dio un lenzuelo de la cuna, y al tenderlo al sol se lo llevó el viento...
>
> *La mayor:* A mí me dio una madeja de lino, y al recogerla del zarzal donde la había puesto a secar, un pájaro negro se la llevó en el pico...
>
> *La mocina:* Murieron las tórtolas que estaba criando para el lucerín. De hambre no fue. Así, frías como están, topélas en el nido.

---

[32] R. Hidgen, *Polycronicon*, VIII, p. 584, *Rerum Britannicarum Medii Aevi Scriptores*, London; Polydore Vergil, *Three Books of English History*, p. 108, Camden Society, London, 1844. Ambos datos los registra Murray, *The God of the Witches*, p. 159.

BEBER DOS EN LA MISMA COPA

Coqueteando y bebiendo con el Jándalo, le dice la Pepona de «La cabeza del Bautista» (*RALM*, p. 296): «No se lleve usted mi copa, que será saber mis secretos.» Es simple formulación de algo muy conocido. En «Ligazón» (*ibid.*, p. 25), Valle elabora más y extiende en el tiempo la magia de la acción:

> *La mozuela moja los labios en la copa y se la ofrece al tuno...*
> *El Afilador:* Me beberé tus secretos.
> *La Mozuela:* Por hoy no los tengo.
> *El Afilador:* Los de mañana.

EL CUERNO PROTECTOR

En un momento del diálogo sostenido por las dos viejas de «Ligazón», la buena armonía entre ambas amenaza romperse a causa de una negativa de la ventera, que provoca una amenaza de su interlocutora. La rápida respuesta alude simultáneamente a la defensa que la ventera posee y al concepto que la Raposa merece (p. 28):

> *La Raposa:* ... Comadre, si olvida que mis pasos van a llenarle la casa, le quiebro la suerte.
> *La Ventera:* Tengo un cuerno en el tejado.

Según Rodríguez López, en las aldeas gallegas suelen colgarse cuernos de las puertas y aun en todas las ventanas como amuletos contra las brujas [33]. Debe agregarse que a falta de auténticos cuernos, en muchas partes se los reemplaza con los tallados en coral o con un expresivo gesto de la mano, como muy bien lo indica el texto siguiente [34]:

> ... E le corne
> alle strege bisogna fare,
> che qui dentro non possino più entrare.

El mismo gesto realizado con la mano izquierda es propio de la magia dañina practicada por las brujas, según nos lo deja suponer la apostilla final de *El embrujado* (p. CXLVI).

---

[33] Rodríguez López, *Supersticiones de Galicia*, p. 153.
[34] Leland, *Etruscan Magic*, p. 108.

3

LA HERRADURA

En un pasaje de la primera edición de *Flor de santidad*, suprimido después, leemos [35]:

> ... una bruja *hambrienta* velaba acurrucada a la puerta del horno *sin que consiguiese ahuyentarla la herradura de siete clavos que la mano arrugada de la superstición popular había puesto en el umbral de la puerta.*

Quizá a raíz de una escéptica actitud acerca de la existencia real de las brujas, la herradura sólo se considera en la actualidad amuleto para atraer la buena suerte. Pero Valle-Inclán tiene razón: durante la Edad Media las herraduras se clavaban en los umbrales con la finalidad que él registra [36], y en la conservadora Galicia la supersticiosa costumbre aún persistía hacia la época en que se escribió *Flor de santidad*.

TOCAR HIERRO

Esta expresión, como *tocar madera,* indica el deseo de evitar la mala suerte que algún acto, palabra o presencia puede acarrear, y va acompañada generalmente por el ademán que describe. Expresión y gesto parecen haberse originado en la creencia bastante remota de que el hierro meteórico —el primero utilizado por los hombres— constituía una protección «celestial» contra los malos espíritus y toda clase de seres sobrenaturales [37]. En *Los cuernos de Don Friolera* (pp. 61-63), Valle revive en parte el antiguo sentido, lo dramatiza, y lo refuerza con la exclamación *¡lagarto!,* con la cual se contrarresta en Andalucía el maleficio que podría producir la mención de la culebra:

> *Pachequín:* ¿Y tampoco puede usted darme el clavel que luce en el moño?
> *Doña Loreta:* ¿Me va mal?
> *Pachequín:* Le irá a usted mejor este reventón de mi solapa. ¿Cambiamos?

[35] *FS1904*, p. 29. Subrayo lo omitido en las ediciones posteriores.
[36] Spence, *An Encyclopaedia of Occultism,* p. 212b; Thomas, *Religion,* p. 253. Cf. también Scot, *Discoverie,* Book XII, Chapter XVIII, p. 151: «One principall waie is to naile a horse shoo at the inside of the outmost threshhold of your house, and so you shall be sure no witch shall have power to enter thereinto. And if you marke it, you shall find that rule observed in manie countrie houses».
[37] Lawson, *Modern Greek Folklore,* p. 112 y 140; Cavendish, *The Black Arts,* p. 24.

Doña Loreta: Como una fineza, Pachequín. Sin otra significación...
*Doña Loreta ríe..., y se desprende el clavel del rodete... En el
silencio expresivo del cambio de miradas, una beata con manto
de merinillo, asoma por el atrio de Santiago. Doña Tadea Calderón, que adusta y espantadiza, viendo el trueque de claveles,
se santigua con la cruz del rosario: La tarasca, retirándose al
fondo de la reja, toca hierro.*
Doña Loreta: ¡Lagarto! ¡Lagarto! ¡Esa bruja me da espe-
luznos!

Gracias a la inspiración malévolo-burlona de Valle-Inclán, la intrigante y
malintencionada vieja se vuelve trifacética, pues, a los ojos de Doña Loreta, la beata es simultáneamente demonio, serpiente y bruja.

¡LAGARTO! Véase *Tocar hierro.*

EL LAUREL Y EL RAYO

En apariencia sin más justificación que el propósito de redondear
rítmicamente un período, *Sonata de estío* incorpora otra creencia supersticiosa (p. 95): «Dos conversas estaban sentadas al pie de una fuente
rodeada de laureles enanos, que tienen la virtud de alejar el rayo.» Jesús
Rodríguez López alude dos veces a esta creencia, pero sin precisar la
altura del árbol [38]:

... Según el P. Sarmiento, la causa de que abunde tanto el
laurel en Galicia, es que los romanos eran muy apasionados de
esta planta... vivían persuadidos de que donde había laurel no
caían rayos. Por esto... los gallegos tenían esta planta siempre
cerca de sus casas.

La última oración ayuda a entender el verdadero motivo de la inclusión: al Marqués de Bradomín, protagonista y narrador de *Sonata de
estío,* gallego con sus picos de escéptico pero básicamente supersticioso, la vista del laurel tenía que provocarle inmediatamente la asociación.

LA MORDEDURA DE LOS LOBOS

En un parlamento de *Águila de blasón* (p. 105) se lee: «Los lobos al
que muerden le infunden su ser bravío.» La afirmación coincide en cierto
modo con la idea griega de que se convierten en licántropos quienes han

[38] Rodríguez López, *Supersticiones de Galicia*, pp. 36 y 101.

comido carne infectada por los colmillos de un lobo rabioso [39], y se relaciona con la supuesta existencia de *lobombres* o *lobishomes* en la Península Ibérica [40].

INFLUENCIA MALÉFICA DE LA LUNA

General es la creencia de que la luz de la luna enloquece a quienes la reciben [41]. De ahí, *lunático,* palabra que en *Cara de Plata* se aplica burlonamente al enamorado mozo (p. 32):

Sabelita: ¿Y no es hablar lo que estamos haciendo?
Cara de Plata: Será otro hablar, a la luz de la luna.
Sabelita: ¡Eres muy lunático!

También deriva de ella y posee significación parecida *alunado,* que se adjudica al Fuso Negro en la misma obra (p. 43): «En el lindero del atrio, aúlla con tuertos visajes, un mendigo alunado.»

Nada raro tendría, vistos los casos anteriores, que una extraordinaria «humedad» lunar matara a un ser ya perturbado, según se desprende de lo dicho por Serenín de Bretal cuando se refiere al enano idiota (*DP,* p. 212): «Conócese que murió del relente de la luna, que es una puñalada para estos titulados fenómenos.» Lo curioso es que la ciencia esté coincidiendo con la superstición, pues, según parece, se ha comprobado que con la luna llena los crímenes aumentan.

LOS PERROS AÚLLAN A LA MUERTE

Valle echa mano frecuentemente [42] de esta difundida creencia [43]. Le sirve en *Sonata de otoño* (pp. 217-218) para agregar una nota fúnebre al momento en que Xavier descubre la muerte de Concha:

—¡Concha!... ¡Concha!
A lo lejos aullaban los canes... Cogí la luz y contemplé aquel

[39] Lawson, *Modern Greek Folklore,* p. 410.
[40] Summers, *The Werewolf,* pp. 12, 54 y n. 54, 166-167; Posse, «Notas sobre el folklore gallego», pp. 514-515; Caro Baroja, *Vidas mágicas,* II, pp. 126-128.
[41] Caro Baroja, *Brujas,* p. 48; Evans-Wentz, *The Fairy-Faith,* p. 390; Lethbridge, *Witches,* p. 104; *Funk and Wagnalls' Standard Dictionary,* s.v. *moon.*
[42] *JN,* p. 63; *VG,* p. 130; *CM,* p. 166; *VMD,* p. 249.
[43] Aunque Thompson, *Motif-Index,* sólo la registra para la Argentina (B773-2), es mucho más general (*Man, Myth and Magic,* V, p. 669).

rostro ya deshecho... Los perros seguían aullando muy distantes... y el viento se quejaba en el laberinto como un alma en pena...

En «Tragedia de ensueño» (*JN*, p. 55) subraya el absoluto convencimiento de la Abuela acerca de la inminente muerte de su nieto: «Hace tres noches que aúllan los perros a mi puerta. Yo esperaba que la muerte me dejase este nieto pequeño, y también llega por él...»

Pero en *Tirano Banderas* (pp. 201-202), donde el aullido deja su lugar a otros matices de la voz canina, la sensibilidad de los perros a la presencia de la muerte permite a Valle-Inclán crear una de las situaciones más conmovedoras de toda su obra:

> ...Lloraba un perro, muy lastimero. Zacarías, sobresaltado, le llamó con un silbido. Acudió el perro zozobrante, bebiendo los vientos, sacudido con humana congoja: Levantado de manos sobre el pecho del indio, hociquea lastimero y le prende del camisote, sacándole fuera del esquife...: El perro le insta, sacudidas las orejas, el hocico al viento, con desolado tumulto, estremecida la pelambre, lastimero el resuello...

LA SALIVA DE LOS PERROS

Cuando en *Aguila de blasón* (p. 103) la molinera Liberata maldice del hijo de Montenegro, quien la ha hecho morder por sus sabuesos, la curandera que la atiende le responde: «Maldice del amo, pero no de los canes, que tienen la bendición de Nuestro Señor». Inmediatamente cuenta una milagrería según la cual Cristo bendijo los perros de un rico y poco caritativo propietario que se los había echado para alejarlo de su puerta. Los perros, «lejos de morder, lamieron los divinos pies, poniendo un gran frescor en las heridas»; desde entonces, «entre cuantos animales hay en el mundo los solos que tienen en la lengua la virtud de curar son los canes. Los demás: lobos, jabalises, lagartos, todos emponzoñan» (p. 104). Más que en la lengua, la virtud estaría en la saliva, cuyos extraños poderes figuran desde antiguo en la tradición de casi todas las latitudes. La primera manifestación en cierto modo relacionada con ellos y los perros la oí en Hermosillo, Sonora (México), hacia 1964: una enfermera comentó ante la infición de la mordedura que tenía yo en un brazo: «¿No que las de perro no se infectan?» [44].

[44] Continuando su erudita exposición, la curandera agrega a propósito de los lobicanes (*AB*, pp. 106-107): «¿Y no habéis reparado cómo..., algunas lunas, parecen más feroces?... Pues esa luna se corresponde con aquella en que

TENER LA SAL

Ante la circunstancia de que Benita la Costurera contribuyó primero a confeccionar el vestido de boda de Doña María, tan infeliz en su matrimonio con Montenegro, y años después le ha cosido la mortaja, exclama la sobrina de la muerta (*RL*, p. 56): «Dos veces le has cosido la mortaja... Todo lo que tú coses son mortajas... Yo no me pondría una hilacha que hubiesen cosido tus manos... ¡Tienen la sal!»

Lo más parecido que encuentro es la expresión mexicana *echar la sal*, que coincide con la anterior en la idea de «dar mala suerte, traer desgracia». El efecto es la *saladura*[45]:

> ... Tal suma de habilidades no le valió para granjearse ni una amiga ni un pretendiente... Saladura, sentenciaban las criadas desde sus dominios. Deberían llevar a la niña para que le hicieran una limpia los brujos.

> Hay familias donde, no se averigua cómo, entra la saladura. Nadie se casa.

Las tres expresiones quizá recuerden lejanos procedimientos atribuidos a las brujas, como lo sugiere el siguiente texto[46]:

> En 1670... otro caso ocurrió en Kristiansand [Noruega]. El regidor Niels Pedersen, que estaba en Copenhague por asuntos oficiales, habiendo perdido el habla y sufriendo agudísimos dolores, pensó que había sido embrujado. Después de un largo interrogatorio, Karen Snedkers confesó que había tratado de dañarlo haciéndose invisible y espolvoreando sal fina sobre sus ropas. Con su compañera Dorthe Fudevik, había volado a Copenhague y le había derramado el frasco en la boca mientras dormía.

METER UN SANTO DE CABEZA EN EL POZO

Colocar las imágenes religiosas en posiciones incómodas o intolerables para forzar una favorable mediación es recurso por demás conoci-

fueron engendrados, y sienten despertarse su ser bravío como un ramo de locura. Y si por acaso muerden en esa sazón, talmente como los lobos. Pero hay muchos que ignoran aquesto, y al ver cómo se encona la herida, lo atribuyen a humores de la persona». Cf. supra, «La mordedura de los lobos».

[45] Rosario Castellanos, *Los convidados de agosto*, Era, México, 1968, pp. 45-46 y 64.

[46] Robbins, *Witchcraft and Demonology*, p. 362a.

do [47]. Alusión a uno de estos procedimientos mágicos es la que Valle desliza en la bufonesca e irreverente contestación de Don Galán a su amo (*AB*, p. 123):

> *El Caballero:* Si te emborrachas, mandaré que te metan de cabeza en el pozo.
> *Don Galán:* ¡Jujú! Como cuando hay sequía, al Glorioso San Pedro.

EL SAPO ES VENENOSO

Considerar ponzoñosos los animales de aspecto desagradable es superstición divulgada [48]. Stith Thompson la registra referida al sapo por judíos e irlandeses [49]. En la Argentina, se vincula con el camaleón y el escuerzo [50]:

> ... del veneno de las víboras pasaron... al del camaleón —hijo de víbora y lagartija—... cuya mordedura equivale a un pistoletazo... y, finalmente, al del escuerzo, que no tiene remedio y es una sentencia de muerte sin apelación.

Caro Baroja localiza la superstición que atribuye ponzoña al sapo en la España del siglo XVI; registra además el hecho de que se le utilizó para

[47] Para conseguir novio, las muchachas suelen poner a San Antonio de cara a la pared o de cabeza en el pozo. Si lo consiguen, lo agradecen efusiva y hasta absurdamente. Esto último es lo que hace el un tanto ambiguo Pachequín (*CDF*, p. 237) cuando, según su entendimiento, el santo ha accedido a lo que le pedía: «—¡San Antonio, si no me has dado esposa como es debido, me has dado una digna compañera!... Te lo agradezco igual, Divino Antonio...». Ricardo Güiraldes, en «La estancia vieja» de *Cuentos de muerte y de sangre* (*Obras completas*, Emecé, Buenos Aires, 1962, p. 127), registra un procedimiento similar para obtener otra clase de favor:

> Con manotón irreverente destronó a la virgen de su rincón, escondiéndola bajo la camiseta como hubiera podido hacer con un pollo para que no gritara...
> Púsose a galopar hacia el fondo del potrero. Pronto distinguió el palo del rodeo...
> Dejó rienda abajo el caballo... sacando a la luz la imagen...; después retiró al tobiano el cinchón, y bien arriba, donde los animales no alcanzaran, ató a la virgencita...
> —Por Dios —dijo a la virgen, mientras besaba un escapulario con estampa de Cristo que traía al cuello. —Por Dios, que ái vah'a quedar embramada al palo hasta que hagás yover...

[48] Cavendish, *The Black Arts*, p. 22.
[49] Thompson, *Motif-Index*, B776.2 y B776.5.1.
[50] José S. Álvarez, «Fray Mocho», *Un viaje al país de los matreros*, Ediciones Estrada, Buenos Aires, 1949, p. 82 (Clásicos Argentinos, vol. X).

«secar» a las víctimas de las hechiceras y afirma que «el pobre sapo ha sido considerado siempre el animal venenoso por antonomasia» [51].

Valle-Inclán intercala intencionadamente tal creencia en la embrollada explicación que un personaje da al cura Santa Cruz para justificar el grotesco castigo aplicado a la Marquesa de Redín (GA, p. 56):

> —¡Todo el mal viene de las mujeres!... ¡Sin aquella sobrina mía, que vive en la Calle del Mercado Viejo!... Me trajo una orza de miel, y como al ir a catarla le hallé un sapo dentro, pues intacta la dejé. Tampoco quise regalarla, por ser el sapo un animal con ponzoña.

TENER MALA SOMBRA

Quizá la más común de todas las supersticiones empleadas por Valle-Inclán es la que considera que ciertas personas acarrean desgracia con su sola presencia o con el contacto de su sombra o doble. La primera vez que la encontramos en la obra de don Ramón sólo tiene carácter de sugerencia y se aplica al ya viejo Marqués de Bradomín, quien, parece, está empezando a recoger lo que ha sembrado (SI, pp. 139-140):

> —Bradomín, sabes que esta noche me han hablado con horror de ti... Dicen que tu amistad trae la desgracia... Me han suplicado que te aleje de mi persona.

La segunda vez, la trae Los cuernos de Don Friolera (pp. 54-55) en una exclamación de atemorizado disgusto de Doña Loreta:

> Pachequín: Han reclamado mis servicios para rapar las barbas de un muerto.
> Doña Loreta: ¡Mala sombra!

La exclamación sirve a Valle para anticipar grotescamente los acontecimientos tragicómicos que seguirán.

UNA SUPERSTICIÓN SUGERIDA

La supuesta creencia que dota a ciertas personas del sobrenatural poder de no dormir o de dormir a medias posiblemente se basa también en una superstición popular. Más importante, quizá, para los propósitos de Valle es que algunos de sus personajes la infundan en subordinados y

---

[51] Caro Baroja, Vidas mágicas, II, pp. 49 y 50.

sometidos con la finalidad de atemorizarlos y dominarlos mejor. En *Gerifaltes de antaño* (pp. 19 y 215), vemos primero el efecto en los hombres del implacable y sanguinario Santa Cruz, y luego encontramos la causa original en una afirmación del caudillo:

> ... Los que iban con él contaban que dormía con un ojo abierto, como las liebres.

> —Yo... no duermo, porque quien manda soldados, no debe dormir. El buen capitán ha de ser como aquellas aves del Capitolio. ¡Semper Vigilans!

Santos Banderas, a quien Valle atribuye el mismo rasgo por inspiración de una de las pseudo-características de Lope de Aguirre [52], no parece concederse ninguna peculiaridad sobrenatural al principio del libro, aunque proclame enfáticamente su capacidad de mantenerse despierto (*TB*, p. 35):

> Interrogó el gachupín:
> —¿Lueguito será mañana?
> Movió la cabeza Don Santos:
> —Si antes puede ser, antes. Yo no duermo.

Bastante después comprendemos que no se trataba de una mera jactancia de resistencia física, sino de un instrumento para influir en el ánimo de los grupos ineducados de Santa Fe de Tierra Firme (p. 267): «Ante aquel poder tenebroso, invisible y en vela, la plebe cobriza revivía un terror teológico, una fatalidad religiosa poblada de espantos.»

La idea provocada en los hombres de Santa Cruz y la que desmoraliza a los indígenas en la Novela de Tierra Caliente podrían explicar el origen de muchas supersticiones viejas de siglos. Como el Cancerbero, todas tienen tres cabezas —imposibilidad de entender, inseguridad, miedo—, y un cuerpo único: la ignorancia.

III

Aunque es verdad que Valle suele recurrir a las supersticiones para producir artísticamente efectos dramáticos y simbólicos, aunque a veces vele poéticamente su actitud íntima respecto de ellas —como en *Flor de santidad*— o comprenda benévola o hasta risueñamente su existencia —como cuando ofrece la entera convicción de Candelaria, quien

---

[52] Speratti-Piñero, *De «Sonata de otoño» al esperpento*, p. 89 y n. 17.

«sabía que dos enanos negros se habían llevado al infierno el cuerpo del capitán» Alonso Bendaña (*SO*, p. 204)—, no las justifica. De hecho, su posición es de ataque, porque siente que las supersticiones son perturbadoras. Y si desconfía de quienes afectan gozar de espíritus fuertes, como lo demuestra a propósito de la madre de Antonio (*HP*, p. 103) o los hermanos de Verdemar (*CD*, pp. 118-119), su disgusto es claro cuando las considera en quienes de algún modo se vincularon con los destinos de España. Por eso, a pesar de que en otros aspectos simpatiza con ellos, no resultan totalmente atractivos ni Fermín Salvochea (*BE*, p. 100) ni Paúl y Angulo (p. 189). Por eso también choca decididamente el petulante Fernández-Vallín, quien, en abierta oposición con lo que harían esperar sus «convicciones», durante sus azarosas andanzas por Andalucía no duda en protegerse colgándose un rosario al cuello (*VMD*, pp. 132 y 133). Pero la repulsión máxima la reserva Valle para los miembros de las dos ramas de la familia borbónica —Don Juan (*ibid.*, pp. 440-441) y Doña Isabel— y sus súbditos. Para Valle, las damas de la Corte madrileña no eran «más letradas que las azafatas, ujieres, lacayos y sacristanes de Palacio» (*ibid.*, p. 238) y su reina vivía turbada por «lujurias, milagrerías y agüeros» (*CM*, p. 12). Y todo esto determinó en la época se respirara un ambiente «más traicionero que el aire del Guadarrama» (*VMD*, p. 160).

III

III

LOS MUERTOS

La difundida presencia actual en Galicia de creencias relativas a las ánimas y la abundancia de retablos dedicados a ellas —como ocurre también en México— quizá confirmen una adaptación de viejas tradiciones a modalidades de una religión más tardía[1]. Este temor y sus derivaciones son tema recurrente en Valle-Inclán, quien, si hacia 1892 («El rey de la máscara», *PP,* p. 81) calificó de eterno —'insistentemente repetido'— un retablo de ánimas, casi con la misma insistencia prodiga otros en cuentos y novelas[2].

En 1891 (pp. 67-68) había señalado ya la curiosa mezcla de miedo y placer que los relatos de aparecidos provocan:

> ...entendí con tristeza que ya nunca volvería a sentir... aquella sensación sostenida y vibrante, acre y gustosa, de niño que tiembla y esconde el hociquillo en el seno de la nodriza que le entretiene con historias de aparecidos.

Años después confesará que tal sensación no le había sido ajena (*JN,* pp. 11-12):

> Tenía mi abuela una doncella muy vieja que se llamaba Micaela la Galana: Murió siendo yo todavía niño: Recuerdo... que sabía muchas historias de santos, de almas en pena, de duen-

---

[1] Evans-Wentz, *The Fairy-Faith,* pp. 439 y 453.
[2] Cf., por ejemplo: «Anduvieron sin detenerse hasta llegar a una revuelta, donde se alzaba un retablo de ánimas chafarrinado de añil y almazarrón... —Sabela, arrodíllate junto al retablo de las benditas» («Un cabecilla», 1893, *PP,* p. 219); «Llegando a la encrucijada de tres caminos, donde había un retablo de ánimas, algunas mujeres que estaban arrodilladas rezando, se pusieron de pie» (*SO,* p. 153); «...hay un retablo de ánimas entre cuatro cipreses...» (*RL,* p. 169).

des y de ladrones... Aquellas historias... me asustaron de noche durante los años de mi infancia y por eso no las he olvidado.

Es la misma reacción que Valle proyectará en la angustia del marinerito mientras huye perseguido por sus compañeros (*CC*, p. 111): «corría como cuando era niño y le asustaban con los muertos.» Desvinculándola de los relatos, afirmará más tarde en «Mi hermana Antonia» que es peculiar de la niñez de todo gallego (*CS*, pp. 109-110): «El Padre Bernardo... olvidó formular su bendición sobre mi cabeza... de niño sobre quien pesan las lúgubres cadenas de la infancia: El latín de día, y el miedo a los muertos de noche.» Pese al temor, sin embargo, serán referencias narrativas a los muertos las que contribuyan a distraer la pena del relator en los primeros momentos de su orfandad (p. 136): «Oyendo los cuentos de las mujeres, poco a poco fui dejando de llorar: Eran relatos de aparecidos y de personas enterradas vivas.» Por lo demás, tales narraciones son manjar obligado en reuniones campesinas (*DP*, p. 59), y, como los niños, los rústicos disfrutan con ellas (*AB*, p. 108).

Este miedo es una realidad profunda, arraigada y persistente que determina en los personajes las mismas reacciones que determinaría en hombres de carne y hueso. A Sabelita y a la Roja (p. 61), el sólo pensar «en las almas del otro mundo» les hace sentir «un aliento frío en la cara», que condice con la sensación atribuida a la presencia de los desencarnados [3]:

> ...sitios inexplicablemente fríos y corrientes de aire forman parte de las experiencias sensoriales relacionadas con las apariciones... Siempre que se presenta un fantasma, el área donde ejerce mayor actividad está fría... e incluso quienes carecen de capacidad psíquica lo experimentan.
> Otros se quejan de escalofríos... Estas experiencias no se deben a temor o imaginación como podría fácilmente suponerse...

Sabelita llega incluso a tener alucinaciones auditivas y visuales: «otras veces sentí que una puerta se abría detrás de mi, y que una sombra se inclinaba sobre mis hombros»; para la criada, el silencio será el único, pero engañoso, escudo contra lo temido: «No mentemos esas cosas del profundo, cordera.» El mismo temor origina la debilidad circunstancial del protagonista de «El miedo», quien en otras ocasiones es un auténtico valiente; como a veces ocurre con los miembros del clero,

[3] Holzer, *ESP and You*, p. 191.

muy distinta es la actitud de su interlocutor, el decidido Prior de Brandeso: «—Ahora veremos qué ha sido ello... Cosa del otro mundo no lo es, seguramente» (*JN*, pp. 44-47 y 48-49).

Además de estas reacciones, Valle suele aprovechar la misma causa para dibujar las de personajes en quienes, por alguna otra razón, el miedo es todavía más explicable. La mala conciencia del Anxelo exagera el temor ancestral y circundante (*E*, pp. LXVIII-LXIX):

> —¡Ánima en pena, no me arrastres en tu aire! ¡Ánima en pena, no me arremolines en tu círculo! ¡Ánima bendita, corita entre dos luces, con las manos no me hagas las cruces! Si me abrazares, caeríamos los dos en el profundo Infierno. ¡Vaya si caeríamos! Caeríamos, porque yo soy un gran pecador y te arrastraría, ánima en pena.

La pusilanimidad característica de Nacho Veguillas lo lleva a pensar ridículamente que cuanto le ocurre se debe al maligno influjo de las ánimas (*TB*, pp. 239 y 318):

> —...Conozco mi fin, tuve un aviso de las ánimas. —Porque en este fregado ilusorio andan las Benditas.

> —¡La sílfide mundana me ha suicidado!
> —No divague.
> —¡Generalito, me condena un juego ilusorio de las Ánimas Benditas!

El respeto o la devoción pueden disfrazar el angustioso sentimiento. Adega cierra «la puerta con lento cuidado, temerosa de hacer daño a las ánimas que muchas veces penan sus culpas en los quiciales» (*FS1904*, p. 126), y la criada Basilisa demuestra quizá la misma preocupación en «Mi hermana Antonia» (*CS*, p. 117). La prostituta Lupita, nativa de un país sugerido en gran parte por México, cuyas celebraciones del Día de Difuntos —núcleo temporal de *Tirano Banderas*— y cuyos obsesivos retablos de ánimas son famosos, hubiera querido observar decorosamente la noche consagrada a las almas del Purgatorio (*TB*, p. 115).

El conocimiento del arraigo del miedo a los muertos entre los gallegos puede determinar en la obra de Valle la creación de situaciones de cómica ingenuidad (*CC*, pp. 134 y 136):

> ...Era una voz muy afligida la que llamaba:
> —¡Don Juan Manuel!... ¡Don Juan Manuel!
> La criada pensó que era el ánima del muerto, y tuvo miedo...

...Comenzó otro ensalmo para las ánimas:

—¡Palabra de misal, lámpara de altar, tu corona de llamas quebrantarán! Yo te conjuro, ánima bendita, para que dejes este mundo y te tornes al tuyo.

Arrodillada en el claro de luna esperó, con el terror del misterio, oír el vuelo del alma que dejaba el mundo para volver al Purgatorio.

Pero el que Valle-Inclán conozca tan a fondo la debilidad colectiva le provoca también a presentar una de las posibles consecuencias: la explotación de un bonito negocio (*AB*, p. 112): «Un viejo mendicante, que pide para las ánimas, se levanta exhortando a dar para una misa»[4].

APARICIONES

Como casi era de esperar después de lo visto, las apariciones no son infrecuentes en la obra de Valle. No abusa de ellas, sin embargo, ni, en general, repite los tipos, de los cuales encontramos cinco diferentes.

1.º Dos ejemplos corresponden a lo que los psiquistas llaman aparición premonitoria. Esta anuncia una muerte o alguna otra desgracia. Sus manifestaciones varían. Van desde simples luces achacadas a los desaparecidos y cortejos funerales fantasmas hasta sonidos simbólicos y otras expresiones[5].

El primer ejemplo, muy sencillo, se encuentra en *Sonata de primavera* (pp. 60-61). Su único valor consiste en contribuir con una nota ultraterrena al pasaje correspondiente:

...De improviso... resonaron tres aldabadas. La Princesa palideció mortalmente: Los demás no hicieron sino mirarse. El Colegial Mayor se puso en pie:

—Permitirán que me retire: No creí que fuese tan tarde... ¿Cómo han cerrado ya las puertas?

La Princesa repuso temblando:

—No las han cerrado.

...Las aldabadas volvían a resonar, pero esta vez era dentro del Palacio Gaetani. Una ráfaga pasó por el salón y apagó algunas luces. La Princesa lanzó un grito... nos miraba con los labios trémulos y los ojos asustados: Insinuó una voz:

—Cuando murió el príncipe Filipo, ocurrió esto... ¡Y él lo contaba de su padre!

---

[4] Para otros ejemplos del miedo a los muertos, véase «Las galas del difunto» (1929), en *MC*, pp. 42-44, 46 y 52-53.

[5] Fodor, *Encyclopaedia of Psychic Science*, pp. 162a-163b.

En aquel momento el Señor Polonio apareció en la puerta del salón, y en ella se detuvo. La Princesa incorporóse en el sofá, y se enjugó los ojos: Después, con noble entereza, le interrogó:

—¿Ha muerto?

El mayordomo inclinó la frente:

—¡Ya goza de Dios!

A la ráfaga sobrenatural ya mencionada a propósito de *Águila de blasón,* se suman aquí para anunciar la muerte de Monseñor Estéfano Gaetani las simbólicas aldabadas, que, no sólo se oyen dos veces sino también a distinta distancia, en un espectral movimiento aproximatorio.

El segundo ejemplo, mucho más tardío y bastante más elaborado, ocurre en *Luces de bohemia* (pp. 230-231). Es la visión que de su propio entierro tiene un Max Estrella borracho y casi agonizante, entierro que, sarcásticamente, se le aparece tal como lo hubiera deseado y no como páginas después se lo concederá la realidad:

> *Max:* Latino, me parece que recobro la vista. ¿Pero cómo hemos venido a este entierro? ¡Esa apoteosis es de París! ¡Estamos en el entierro de Víctor Hugo! ¿Oye, Latino, pero cómo vamos nosotros presidiendo?
>
> *Don Latino:* No te alucines, Max.
>
> *Max:* Es incomprensible cómo veo.
>
> *Don Latino:* Ya sabes que has tenido esa misma ilusión otras veces.
>
> *Max:* ¿A quién enterramos, Latino?
>
> *Don Latino:* Es un secreto que debemos ignorar.
>
> *Max:* ¡Cómo brilla el sol en las carrozas!
>
> *Don Latino:* Max, si todo cuanto dices no fuera una broma, tendría una significación teosófica... En un entierro presidido por mí, yo debo ser el muerto... Pero por esas coronas, me inclino a pensar que el muerto eres tú.
>
> *Max:* Voy a complacerte. Para quitarte el miedo al augurio, me acuesto a la espera. ¡Yo soy el muerto! ¿Qué dirá mañana esa canalla de los periódicos?

El tema aprovechado es general en la tradición de Inglaterra, Escocia e Irlanda[6]; pertenece también a la bretona[7]; en la literatura española suele encontrársele y su ejemplo más conocido es el de *El estudiante*

---

[6] Thompson, *Motif-Index,* D1825.7.1.

[7] «Mr. A. le Braz da a conocer... varios cuentos populares [bretones], tales como el de María Creac'headic, doncella de Kervézenn, que ve una noche pasar una carroza fúnebre: «elle vit qu'il contenait un *cercueil;* derrière venait le *porteur de croix,* puis un prêtre et enfin le cortège... le deuil était mené par les plus proches parents de son oncle l'aveugle. —Allons, se dit-elle; il pa-

de Salamanca de Espronceda. En esencia, coincidiría con lo dicho por Sabine Baring-Gould, cuando habla de una creencia parecida : «un hombre que estaba a la puerta de su casa vio a las almas pasar por el aire... entre las cuales se encontraba la suya, y, después de contar lo ocurrido, murió»[8].

2.º El caso que ofrece «Del misterio», si bien temprano, revela minuciosa preocupación combinatoria y expresiva. Según el cuento, el padre del narrador, que estaba preso, ha huido después de matar al carcelero; una amiga de la familia, dotada de poderes mediumnísticos, trata de averiguar si se ha salvado, pero sólo consigue atraer el espectro de la víctima (*JN*, pp. 195-196) :

> Una puerta batió lejos. Todos sentimos que alguien entraba en la sala. Mis cabellos se erizaron. Un aliento frío me rozó la frente, y los brazos invisibles de un fantasma quisieron arrebatarme del regazo de mi madre. Me incorporé asustado, sin poder gritar, y en el fondo nebuloso de un espejo vi los ojos de la muerte, y surgir poco a poco la mate lividez del rostro, y la figura con sudario y un puñal en la garganta sangrienta. Mi madre, asustada viéndome temblar, me estrechaba contra su pecho. Yo le mostré el espejo, pero ella no vio nada : el espejo se rompió con largo gemido de alma en pena...
>
> —¡Ay, Jesús! Sólo los ojos del niño le han visto. La sangre cae gota a gota sobre la cabeza inocente. Vaga en torno suyo la sombra vengativa del muerto. Toda la vida irá tras él. Nunca perdonará. Hallábase en pecado cuando dejó el mundo, y es una sombra infernal. No puede perdonar. Un día desclavará el puñal que lleva en la garganta para ahogar su voz...

Los dos párrafos encierran una concentración de sugerencias. Si bien al comienzo se oye el lejano golpear de una puerta, el ingreso del todavía invisible desencarnado en la sala recuerda la peculiaridad de que su avance no pueden detenerlo objetos materiales[9]. Volvemos a encontrar la sensación de frío que habitualmente acompaña la presencia de un espíritu (cf. *supra*). La malignidad de intenciones[10], explicada como

---

rait que mon oncle est mort.» Días después la joven asiste al verdadero entierro, y nota con asombro que «par la route, s'avançait son oncle, qui suivait à distance son propre enterrement» (*La Lég. de la mort*, I, pp. 59 a 62)», Said Armesto, *La leyenda de Don Juan*, pp. 177-178.

[8] Baring-Gould, *Curious Myths*, p. 428.
[9] Fodor, *Encyclopaedia of Psychic Science*, p. 165ab.
[10] «...it was a favourite fancy of [los antiguos escandinavos] that, in many instances, the change from life to death altered the temper of the human spirit from benignant to malevolent...», Scott, *Letters*, p. 90. Buen ejemplo de la creencia, si no de la actitud de los muertos, es el registrado en «El despertar de Angantyr» (*Saga de Hervarar*); en cuanto a la actitud misma, debe recordarse la que adopta un hermano de sangre en la *Egils Saga ok Ásmundar*.

transformación que se vincula con el estado de su alma al morir, se revela por primera vez cuando el invisible espíritu intenta arrebatar el niño a su madre. La aparición de la imagen en el espejo recuerda quizá las experiencias necrománticas de Cagliostro[11], acerca del cual algo sabía Valle; en cuanto al progresivo surgir, trae a la memoria detalles de la evocación de Apolonio de Tyana realizada por Éliphas Lévi[12]. La rotura del cristal al esfumarse el fantasma se asocia inmediatamente con la superstición de que tal hecho augura desgracia. La explicación de la médium reúne en pocas líneas variedad de elementos: la muerte violenta y el deseo de venganza como causas frecuentes de que un espíritu se aparezca[13]; la imposibilidad de descanso hasta cumplir este designio, para el cual está capacitado y que consiste en atraer sobre el matador —o en este caso sobre el sustituto— una suerte semejante a la padecida por él.[14]

...3.º A otro grupo pertenece la aparición de la madre de los Montenegro a su hijo Don Pedrito en *Romance de lobos,* donde lo que sólo había sido visto por él en la capilla (pp. 98 y 102) termina por concretarse ante los ojos del público en la escena siguiente (pp. 109-110):

> *El Caballero siente la amenaza y adelanta hacia su primogénito. Don Pedrito... con un salto impensado, arranca su bordón al leproso... Cuando el padre y el hijo van a encontrarse, se interpone entre ellos la figura... del Pobre de San Lázaro.*
>
> *El Pobre de San Lázaro:* El palo que me sostiene por los caminos no ha de alzarlo contra su padre...
> *Don Pedrito:* Apártate, leproso.
> *El Pobre de San Lázaro:* Antes vuélvame el palo... que si no me lo vuelve yo lo tomaré.
> *Don Pedrito:* ¡Ay de ti si me tocan tus manos podridas!
>
> *Con lento andar... avanza el Pobre de San Lázaro... Don Pedrito retrocede estremecido, y arroja el bordón lejos de sí. Detrás del pobre está la sombra de Doña María.*

Tanto en las situaciones de la capilla como en la del camino, la aparición de Doña María implica una urgente advertencia porque el alma de

---

[11] «...it is said he evoked phantoms which he caused to appear in a mirror... he succeeded in evoking apparitions in mirrors...», Spence, *An Encyclopaedia of Occultism,* p. 87b.
[12] «Something seemed to brighten in the depths of the mirror behind the altar and in it he saw a figure moving towards him», Cavendish, *The Black Arts,* p. 33. Para otra referencia de la evocación de los muertos en la obra de Valle, véase *TB,* p. 342.
[13] Fodor, *Encyclopaedia of Psychic Science,* p. 165ab; Lawson, *Modern Greek Folklore,* p. 435.
[14] Lawson, *Modern Greek Folklore,* pp. 436, 440 y 441.

4

su hijo está en extremo peligro: el joven mayorazgo ha intentado primero un robo sacrílego y después un acto de violencia contra su padre y contra el Pobre de San Lázaro. Los dos actos de Don Pedrito coinciden ampliamente con una de las causas más frecuentes de aparición de un muerto a alguien que le es muy próximo[15]. Pero, ¿no podría ser acaso un recurso valle-inclanesco para mostrar el comienzo de un sentimiento de culpa en un hombre no sólo supersticioso sino con cierta proclividad a la locura?

4.º A este grupo pertenece el ejemplo que trae *Los cruzados de la causa*. El capitán de un navío mercante que debe embarcar armas para los carlistas en la costa gallega se manifiesta a su prometida en forma sutilmente impresionante durante el naufragio ocurrido una noche tormentosa (p. 208):

...De pronto la vidriera retembló tan fuerte, que la niña volvió la cabeza. La vio abierta, inmóvil bajo la furia del viento, como si una mano la retuviese, y sintió erizados los cabellos bajo un soplo húmedo y salobre.

El fenómeno es un caso de crisis[16]. Se explica a veces como proyección de la energía o del pensamiento —por lo cual se considera telepático[17]—, con que una persona en trance de muerte o recientemente fallecida se manifiesta a otra a quien estima o quiere, sea cual fuere el lugar donde se encuentra la última[18]. Esta, a su vez, no sólo corresponde al afecto[19], sino que, por su estado psíquico de acentuada preocupación, se encuentra en condiciones de recibir el mensaje[20].

5.º Se incluyen en este grupo ciertos sueños, que Lewis Spence juzga apariciones en sentido estricto[21], y algunas significativas referencias a ellos. Entre las últimas resulta particularmente interesante la que contiene el diálogo entre la Roja y Doña María en *Águila de blasón* (p. 292):

La Roja: Somos hijos del pecado, y no podemos alcanzar el misterio de las ánimas que nos visitan dormidos, ni entender sus avisos.

[15] Fodor, *Encyclopaedia of Psychic Science*, p. 5ab.
[16] Heywood, *Beyond the Reach of Sense*, p. 41; Myers, *Human Personality*, p. 177.
[17] Heywood, *Beyond the Reach of Sense*, p. 17; Crookall, *Astral Projection*, p. 222; Sidgwick, *Phantasms of the Living*, p. 242.
[18] Crookall, *Astral Projection*, p. 61.
[19] «The tacit assumption is that this event occurs to a person, in whom the receiver of the message has some strong emotional interest», Siegmund Freud, *New Introductory Lectures to Psychoanalysis*, Hogarth Press, London, 1934 (citado en Fodor, *Freud, Jung and Occultism*, p. 136).
[20] Fodor, *Freud, Jung and Occultism*, p. 141).
[21] Spence, *An Encyclopaedia of Occultism*, p. 33a.

> *Doña María:* Alguna vez en el sueño, nuestra alma oye y entiende sus voces, pero al despertar pierde la gracia y olvida...

El pasaje no sólo coincide con el concepto de Spence, sino que caracteriza el no siempre comprendido valor premonitorio de algunos sueños y la censura que con frecuencia les imponemos. La otra referencia que encontramos es producto de la imaginación de un niño («Mi bisabuelo», *JU*, p. 162): «...yo le suponía lleno de remordimientos, turbado su sueño por fantasmas y aparecidos». Pero lo que en el cuento es imaginación había sido contenido auténtico de los sueños reiterativos de un personaje de *Gerifaltes de antaño* (pp. 214-215):

> —¿No puede dormir, amigo Don Pedro?
> —¿Dormir?... ¡Cuánto tiempo que no duermo!... El sueño es peor que la vigilia cuando está poblado de fantasmas. Hay un mozo de pocos años que yo hice matar por sospechas de que me vendía... Siempre se me aparece en el sueño y mana sangre del costado, como el Divino Jesús... Tú tampoco puedes dormir, ¡Cura de Hernialde, sientes hervir bajo la almohada las ollas de la sangre!
> Respondió muy firme Santa Cruz, inmóvil en el umbral de la puerta oscura:
> —Yo, Señor Don Pedro, no duermo, porque quien manda soldados, no debe dormir.

El sentimiento de culpa determina un sueño recurrente donde la víctima aparece transfigurada por influencia de las ideas religiosas del soñador, y el temor al sueño provoca a su vez una vigilia angustiosa. Pero la intención de Valle-Inclán no se limita a exponer una verdad psicológica [22], sino que busca contrastar dos personalidades y dos actitudes totalmente opuestas.

LAS APARICIONES Y SU FUNCIÓN EXPRESIVA

Fantasmas, espectros, ánimas, sombras y algunas palabras derivadas no sólo aparecen en relación con situaciones sobrenaturales.

En *Sonata de otoño*, la palabra *fantasma* caracteriza el aspecto de Concha, quien está a punto de morir de consunción (pp. 37 y 68):

> ...Después la ventana del centro se abría con lentitud y la blanca sombra me saludaba agitando sus brazos de fantasma.

---

[22] Aparte de la indudable verdad psicológica, quizá pueda haber en Valle reminiscencias literarias como el «Macbeth shall sleep no more» (*Macbeth*, Act II, Sc. II, v. 42).

...Desde la puerta volvió la cabeza llamándome con los ojos, y toda blanca como un fantasma, desapareció en la oscuridad del corredor.

Fantasma y *espectro* puntualizan luego la aprensión de Xavier ante la situación en que lo coloca la repentina muerte de su amante (pp. 226 y 218-219):

...mis brazos estrecharon con pavura el pálido fantasma que había dormido en ellos tantas veces...

Dejé abierta la ventana, y andando sin ruido, como si temiese que mis pisadas despertasen pálidos espectros, me acerqué a la puerta que momentos antes habían cerrado trémulas de pasión, aquellas manos ahora yertas.

El adjetivo *espectral* describe una impresión —«la luna, / espectral en el alba del día» (*AL*, p. 29)— o agrega una nota de mágico misterio: «En la cueva penetra... un perro blanco y espectral» (*JN*, pp. 225-226). El sustantivo correspondiente transmite la sensación que un grupo de macilentos soldados provoca a una hora determinada (*SI*, p. 206): «Los soldados convalecientes paseaban... A la luz del amanecer parecían espectros...»; expresa la reacción aparentemente contradictoria de la desconocida hija de Bradomín (p. 202):

—Serías capaz de quererme, con tu alma de niña?
—Sí... ¡Le quiero! ¡Le quiero!
Y se arrancó de mis brazos demudada y trémula como si tuviese ante ella un espectro.

Finalmente, la misma palabra indica que de algún modo el reflejo del pasado subsiste en los objetos (*VMD*, p. 437): «Unos guantes olvidados en el musiquero, una puerta entornada, un rumor apagado de voces, contenían como en potencia magnética los espectros de una escena que acababa de abolirse.» Por el contrario, la palabra *sombra* destaca en *Tirano Banderas* (p. 40) la persistencia de una personalidad licenciosa, pero dentro de las pautas normales, para contrastarla con las presentes prácticas homosexuales del Ministro de España: «La sombra de la ardiente virreina, refugiada en el fondo del jardín, mirando la fiesta de amor sin mujeres, lloró muchas veces, incomprensiva, celosa, tapándose la cara.»

También los retablos de ánimas suelen adquirir valor expresivo. Gracias a una comparación, un grupo de apenados espectadores se inmoviliza momentáneamente en la rigidez pictórica del arte popular (*CC*,

p. 114): «Muchas cabezas asomaron en las ventanas, se enracimaban y tenían una expresión dolorida, como en los retablos de ánimas.»

Las referencias a las apariciones pueden resultar punzantes. En *Sonata de otoño* (p. 223), el verbo *aparecerse*, empleado con un sentido por Isabel e interpretado con otro por Bradomín, subraya lo perversamente grotesco de una situación:

> ...¡El destino tiene burlas crueles! Cuando a mí me sonríe, lo hace siempre, como entonces, con la mueca macabra de esos enanos patizambos que a la luz de la luna hacen cabriolas sobre las chimeneas de los viejos castillos... Isabel murmuró, sofocada por los besos:
> —¡Temo que se aparezca Concha!
> Un estremecimiento de espanto recorrió mi cuerpo, pero Isabel debió pensar que era de amor.

En *Tirano Banderas* (p. 100), Nacho Veguillas se autorretrata con el temor que las apariciones le producen:

> —...No quiero que se me aparezca el espectro de Domiciano. ¿Vos conocés la obra que representó anoche Pepe Valero? *Fernando el Emplazado*. ¡Ché! Es un caso de la Historia de España.
> —Ya no pasan esos casos.
> —Todos los días, mayorcito.

Irónicamente, Nacho Veguillas se verá arrastrado a la perdición, no por el espectro de Domiciano, sino por su viva presencia.

La semejanza física con un muerto proporcionará en *¡Viva mi dueño!* dos ocasiones para destacar la influencia del miedo a los aparecidos. En la primera, el temor acendrado por siglos y una conciencia acusadora se unen para aterrorizar a un personaje (pp. 239-240):

> —Hay un gitano muerto.
> —Ese lo está hace treinta y dos años. Había resucitado esta tarde por el arte del mengue.
> —No te alucines, Juanillo.
> —Es la verdad de Dios. Me he visto peleando cara a cara con la sombra de Antonio Guzmán el Tuerto... Si no es fantasma del otro, éste sería su hijo, acaso su nieto.
> —¡Juanillo, fue muy gorda aquélla, y siempre retoña!...

Distinto es el tono de la segunda, donde el efecto resulta de una ambivalente y obtusa predisposición (p. 230):

> El Cabo Roldán penetró en la sala con paso gallero. Por el cotarro elegante de damas y galanes, con líquida sonrisa pro-

45

palóse que entraba el General Narváez... Teresita Ozores volvió los ojos sobre el Cabo Roldán. Aquella arbitraria semejanza, sin apagarle del todo la vena risueña, de pronto le infundía un sentimiento de asombrado misterio.

La misma creencia puede determinar además otras reacciones. Justamente porque la padece, Juana de Juno comenta entre burlas y veras ante el aspecto con «algo de fantasma y algo de desenterrado» que va adquiriendo Don Pedro Bolaño: «El frío de su capa hace roncar al gato en el quicio de la puerta» (*E*, p. XXVII). Marica del Reino, guiada por la codicia y el resentimiento, inventará una historia con la cual espera beneficiarse (*DP*, pp. 96-97):

> *Marica del Reino:* ...La sombra de mi hermana vino a llamar a mi puerta: Ve los trabajos que pasa el hijo de su pecado, y me declaró que no quiere verlo en manos ajenas. Me ordenó hacerme cargo del carretón, y a esa intrusa le pronosticó fierros de cadenas en este mundo y en el otro.
> *La Vecina:* Son cosas que traen los sueños.
> *Marica del Reino:* Estaba bien despierta.
> *La Vecina:* ¿Y talmente habló el alma de la difunta?
> *Marica del Reino:* ¡Talmente! No lo divulgues.

VALLE-INCLÁN, LeFanu y una aparición

En «Mi hermana Antonia», Valle-Inclán atribuye apariencia de muerto a Máximo Bretal (*CS*, p. 96): «...Era alto y cenceño, con cara de muerto y ojos de tigre, unos ojos terribles bajo el entrecejo fino y duro. Para que fuese mayor su semejanza con los muertos, al andar le crujían los huesos de la rodilla» [23]. Su mano recuerda la de un esqueleto o la de un fantasma (pp. 96 y 104) y su rostro, el de las gárgolas de la catedral (p. 111). Cuando en un momento trata de mostrar su pasión por Antonia, se le compara con una fúnebre estatua orante (p. 105):

> ...Entrábamos en la capilla, y él se arrodillaba en las gradas de la puerta besando las losas donde acababa de pisar mi hermana Antonia. Quedaba allí arrodillado como el bulto de un sepulcro, con la capa sobre los hombros y las manos juntas.

Y, como los fantasmas, el estudiante de Teología se esfuma o se concreta a voluntad (p. 108). Su influencia sobre la mujer que anhela va determinando en ella una transformación: «Antonia... comenzaba a tener un aire del otro mundo..., sus movimientos... parecían responder

---

[23] Cf. también pp. 100-101.

al ritmo de otra vida» (p. 103). Al final del cuento, Valle-Inclán deja suponer que Máximo la arrebata la noche del velorio de su madre, se la encuentra horas después en circunstancias extraordinarias y se nos dice que muere muy joven, quizá a causa de la pasión del estudiante.

Mucho de lo que encontramos en Máximo Bretal —excepto el crujir de huesos, que concuerda mejor con detalles de la leyenda de Pedro el Cruel—, se corresponde bastante con el retrato de un tétrico personaje de LeFanu (Irlanda, 1814-1873). En «Schalken the Painter» [24], el cuento donde aparece, Rose Velderkaust sufre el amor de un cadáver viviente. La primera vez que se lo introduce en la narración se advierte en él «algo indescriptiblemente extraño..., terrible», a causa de la «pétrea inmovilidad de su figura» (p. 31); siempre se ausenta esfumándose, de modo que nunca se le ve abandonar la casa donde ha estado momentos antes (pp. 32 y 37); sus rasgos son los de un cuerpo semiputrefacto y demente (p. 39):

> ...toda la carne del rostro tenía un azuloso matiz plomizo...; los ojos, que mostraban un desproporcionado y turbio blanco, poseían cierto indefinido carácter de locura; los labios... eran casi negros; y el total aspecto de la cara resultaba sensual, maligno e incluso satánico... Durante el tiempo que estuvo, sus párpados no se cerraron ni movieron; había en toda su persona una quietud mortal debida a la carencia de palpitación respiratoria.

Ante él, la desgraciada muchacha recuerda la vieja escultura de madera policromada que le horrorizaba en la iglesia de San Lorenzo, en Rotterdam (p. 39). De los pasos siguientes del relato, sólo nos permiten cierto paralelo con «Mi hermana Antonia» la desaparición misteriosa de Rosa Velderkaust después de su matrimonio con el macabro personaje y su breve regreso al mundo cotidiano, para incorporarse luego definitivamente al mundo de ultratumba de su marido.

A pesar de los puntos de contacto, sería difícil probar que Valle se inspiró en «Schalken the Painter»; resultan tan estrechos, sin embargo, que no he querido pasar por alto las semejanzas entre ambos cuentos.

TRES TRADICIONES

1.ª En una de las escenas finales de *El embrujado* (p. CXXXIX), Malvín cuenta que lo ha perseguido un perro blanco y que no lo espantó porque pensó era «el can de la muerte». No sé si la leyenda es

[24] J[oseph] S[heridan] LeFanu, *Best Ghost Stories,* Dover Publications, Inc., New York, s.f., pp. 29-46.

conocida en Galicia, pero Valle-Inclán pudo haber leído referencias a ella en los trabajos de Carolina Michaëlis, quien afirma: «Wuotàn, transformado en *venator infernalis* è sustituido posteriormente pelo príncipe do inferno, continuou então a vaguear entre nuvens à caça de almas...»[25]. Por lo demás, perros a caza de almas figuran ya en el *Jardín de flores curiosas* (Coloquio III), donde un caballero que ha visto su propio entierro, vuelve a su casa, cuenta lo que ha sucedido, y, no bien termina, es devorado por dos ultraterrenos mastines negros.

2.ª En un pasaje de *La media noche* (p. 35), Valle-Inclán presenta a varios marineros, «pescadores de Normandía y de Bretaña, mozos crédulos, de claros ojos, almas infantiles valientes para el mar, abiertas al milagro y temerosas de los muertos». Este miedo será el núcleo de la situación que se presenta inmediatamente (pp. 35-39):

> ...Saluda la marinería, y todos, como niños, sienten que se disipa en presencia del jefe aquel miedo a los difuntos que les hace rezar y cantar. Un cabo de cañón sale de la fila y se destaca sobre el camino, la mano a la altura de la sien:
> —Con licencia, mi teniente. ¿Nos autoriza usía para ponerles velas?...
> Y señalaba los cadáveres de los boches embarrancados en la playa. El teniente comprende y sonríe:
> —¿Y no será mejor enterrarlos?
> —Salvo su parecer, mi teniente, mejor es ponerlos [sic] velas, y que se los lleve el viento.
> De un grupo de marineros salen diferentes voces:
> —¡Que se los lleve el viento! ¡Que se los lleve el viento!
> Son voces graves, temerosas y atónitas: Su murmullo tiene algo de rezo. Un marinero de la costa bretona se santigua:
> —¡Los vivos y los muertos no deben dormir juntos!
> El oficial hace un gesto de indiferencia:
> —Pues que se los lleve el viento.
> —¡A la orden, mi teniente!

Colocadas las velas en los cadáveres, son lanzados al mar y librados al empuje del viento:

> ...Pasa un aliento de alegría sobre aquellas almas infantiles y crédulas. Un grumete, con la gorra en la mano, y las luces de las estrellas en los ojos fervorosos, clama en su vieja lengua céltica:
> —¡Madre del Señor! ¡Ya no tengo miedo a los muertos!

[25] Said Armesto, *La leyenda de Don Juan*, p. 190n; Fodor, *Freud, Jung and Occultism*, p. 64.

Fácil es caer en la tentación de asociar la curiosa idea de que los vivos y los muertos no deben dormir juntos con la afirmación de Rose Velderkaust en «Schalken the Painter»: «Los muertos y los vivos no pueden unirse; Dios lo ha prohibido»[26]. Pero es difícil entender, sin más, el significado del acto que realizan los marineros.

Sabine Baring-Gould, en uno de sus artículos publicados entre 1866 y 1868, proporciona la clave para comprender la tradición[27]. Se trata de una supervivencia que los celtas —y en general los pueblos nórdicos— aceptaron como verdad religiosa. Esta originó prácticas, que prevalecieron aún después de la introducción del cristianismo, relacionadas con la creencia en una tierra, una isla o un grupo de islas donde se situaba el paraíso de los muertos[28], o por lo menos su residencia, como lo deja suponer «El despertar de Angantyr». Para que los difuntos pudieran llegar, debían ser embarcados (pp. 530-532) y librados a la fuerza del viento, según lo demuestran la indicación de la Demoiselle d'Escalot en el antiguo relato sobre Lancelot du Lac y, en forma menos evidente, el final de la leyenda del Rey Arturo (pp. 533-535). La creencia parece haber subsistido en Portugal, donde la recogió Washington Irving (pp. 541-542). Cabe preguntarse si sobrevivía en Galicia en tiempos de Valle-Inclán y si éste la conoció allí o en Portugal, o si, efectivamente presenció en la costa francesa lo que expone en *La media noche*. De todos modos, su curiosidad por los orígenes celtas de Galicia pudo acaso permitirle descubrir la tradición en algún estudio semejante al de Sabine Baring-Gould, o su infatigable calidad de lector, encontrarla en obras de carácter más literario. Y vale la pena señalar que el episodio de *La media noche* es el único, en todo el libro, que contiene referencias a costumbres tradicionales vinculadas con los muertos, cuya insistente presencia resulta tan terriblemente natural en «un momento de guerra».

3.ª Valle-Inclán alude por primera vez a la Santa Compaña en *Águila de blasón* (p. 254), asociándola al miedo a los muertos y a la

---

[26] J. S. LeFanu, *Best Ghost Stories*, pp. 42-43.

[27] Baring-Gould, *Curious Myths*, «The Fortunate Isles», pp. 524-560; se incluye además un apéndice titulado «Shipping the Dead» (pp. 645-646), donde se ofrece un fragmento de los *Otia Imperialia* (Decisio III, cap. 9) de Gervasio de Tilbury, acerca de la misma costumbre entre los borgoñones. Véanse también Patch, *El otro mundo*, cap. I, pp. 16-35, y cap. II, pp. 36-67, y Ellis, *The Road to Hel*, pp. 25, 27, 43-44, 47, 63-64. Véase también Wimberly, *Folklore*, pp. 108 ss. Spence, *An Encyclopaedia of Occultism*, p. 380a, considera emparentada la idea del barco de los muertos con la del carruaje de los difuntos, al cual alude Valle-Inclán («en estos [tiempos] al carro de la muerte ninguno le quita los bueyes», *DP*, p. 73) y que Selma Lagerlöf convirtió en tema de *El carretero de la muerte*.

[28] Baring-Gould, *Curious Myths*, pp. 525, 549, 552-554.

impiedad burlona de Don Farruquiño, hijo de Don Juan Manuel y futuro sacerdote:

> *La Pichona:* ¡Al cementerio!... A un curmano de mi madre que hizo la aventuranza de ir y traer un hueso se le apareció la Santa Compaña... ¡Y de allí a poco tiempo dio en ponerse amarillo como la cera y murió!
>
> *Don Farruquiño:* No tengas miedo, yo sé un exorcismo para la Santa Compaña.

La creencia es común a muchas regiones del norte de Europa y en particular a las de influencia céltica. En Irlanda —donde algunos *fairies* son considerados «espíritus de hombres y mujeres que vivieron sobre la tierra»[29]— ciertos seres sobrenaturales se organizan en ejércitos, como *the Gentry Army,* o en procesiones, como las de los *fairies.* De las últimas, habla así un nativo de la región[30]:

> ...De niños se nos decía que, no bien caía la noche, los *fairies* de Rath Ringlestown formaban una procesión que cruzaba el camino de Tara y contorneaba ciertos matorrales que no habían sido perturbados durante mucho tiempo... Teníamos miedo y nuestras ayas nos llevaban a casa antes de que llegara la procesión. Parte del trayecto que seguían pasaba entre dos casas... y se dice que un hombre salió de una de ellas en mal momento, porque se le encontró muerto: los *fairies* se habían apoderado de él por haber interrumpido la procesión.

En la Isla de Man (Mar de Irlanda), la procesión se llama *the Company.* La describe así uno de tres testigos presenciales[31]:

> ...una... tarde íbamos conduciendo a lo largo de una avenida de esta parroquia cuando fue bloqueada, al parecer, por una multitud semejante a un cortejo fúnebre... Cuando nos aproximamos, se disolvió y no quedó nadie a la vista...

Los campesinos escoceses «recomiendan a los caminantes que no vayan de noche por el centro de las carreteras, sino por los lindes», para que no se topen «con un entierro de fantasmas», consejo que también dan los campesinos gallegos[32]. Los bretones creen en la existencia de grupos parecidos encabezados por el *Ankou,* que es el muerto más reciente, en función temporal de monarca de los desaparecidos, o la Muerte mis-

---

[29] Evans-Wentz, *The Fairy-Faith,* pp. 18, 33 y 39-40.
[30] *Ibid.,* pp. 33 y 55.
[31] *Ibid.,* pp. 122 y 126.
[32] Said Armesto, *La leyenda de Don Juan,* p. 178.

ma; este rey de ultratumba y sus súbditos tienen «sendas y caminos particulares por los que andan en grandes y sagradas procesiones»[33]. Y una saga islandesa alude a algo parecido[34]. Grimm y Kuhn establecieron una correlación entre la procesión de los difuntos y el ejército infernal germánico; Carolina Michaëlis «sostiene... que la *güestia* o procesión de luces espectrales deriva de la *cacería infernal* o *hueste wuotánica*... que evolucionó pasando de ejército de demonios y espíritus maléficos a cortejo de réprobos y de ahí a procesión de almas en pena»[35]. La transformación debe de ser bastante antigua, pues «en la temprana Edad Media circularon varias historias acerca de hordas de ánimas que volaban durante la noche»[36].

Respecto de la Península Ibérica, la creencia parece localizada en Galicia *(estadéa* o *compaña)*, Asturias *(hueste, güestia* o *güestiga)*, Santander *(buena xente)* y Portugal[37]. Según Rosalía de Castro, las ánimas que forman la procesión «aparecen en fila en las eras, caminos, bosques y montes»; su avance puede ser invisible y produce un leve movimiento del aire[38]. Cada uno de los espíritus lleva una luz, también invisible a veces, que proviene de huesos humanos y que, cuando se apaga, presagia muerte[39]. En las procesiones siempre va un hombre vivo, quien, al igual que cuantos las encuentran, morirá al poco tiempo, o, más precisamente, al tercer día[40]. Carolina Michaëlis «hace notar... que en varias comarcas de Galicia el pueblo identifica las apariciones de la hueste o compaña con la dieta de las brujas» y que el pueblo portugués confunde a brujas y ánimas en los fuegos fatuos y en los cuentos[41].

La tradición ocupa buena parte de la primera escena de la jornada inicial de *Romance de lobos* (pp. 13-18), donde la dramatización favorece se introduzcan nuevos detalles y algunas modificaciones:

> *Un camino. A lo lejos, el verde y oloroso cementerio de una aldea. Es de noche, y la luna naciente brilla entre los cipreses. Don Juan Manuel Montenegro, que vuelve borracho de la feria, cruza por el camino, jinete en un potro que se muestra inquieto y no acostumbrado a la silla. El hidalgo, que se tambalea de bo-*

---

[33] Evans-Wentz, *The Fairy-Faith*, p. 218.
[34] Baring-Gould, *Curious Myths*, p. 428.
[35] Said Armesto, *La leyenda de Don Juan*, p. 189n.
[36] Cavendish, *The Black Arts*, p. 304. Cf. también Thompson, *Motif-Index*, E491.
[37] Said Armesto, *La leyenda de Don Juan*, pp. 176-177. Vale la pena recordar a propósito de *la buena xente* santanderina que los *fairies* suelen ser llamados *good people.*
[38] *Ibid.*, pp. 185-186: Rodríguez López, *Supersticiones de Galicia*, p. 129.
[39] Said Armesto, *La leyenda de Don Juan*, pp. 177, 178, 179, 186, 188n; Rodríguez López, *Supersticiones de Galicia*, pp. 129 y 130.
[40] Said Armesto, *La leyenda de Don Juan*, 177, 179n.1, y 188.
[41] *Ibid.*, p. 189n.

rrén a borrén, le gobierna sin cordura, y tan pronto le castiga como le recoge las riendas. Cuando el caballo se encabrita, luce una gran destreza y reniega como un condenado.

El Caballero: ¡Maldecido animal!... ¡Tiene todos los demonios en el cuerpo!... ¡Un rayo me parta y me confunda!

Una voz: ¡No maldigas, pecador!

Otra voz: ¡Tu alma es negra como un tizón del Infierno, pecador!

Otra voz: ¡Piensa en la hora de la muerte, pecador!

Otra voz: ¡Siete diablos hierven aceite en una gran caldera para achicharrar tu cuerpo mortal, pecador!

El Caballero: ¡Quién me habla? ¡Sois voces del otro mundo? ¡Sois almas en pena, o sois hijos de puta?

Retiembla un gran trueno en el aire, y el potro se encabrita, con amenaza de desarzonar al jinete. Entre los maizales brillan las luces de la Santa Compaña. El Caballero siente erizarse los cabellos en su frente, y disipados los vapores del mosto. Se oyen gemidos de agonía y herrumbroso son de cadenas que arrastran en la noche oscura, las ánimas en pena que vienen al mundo para cumplir penitencia. La blanca procesión pasa como una niebla sobre los maizales.

Una voz: ¡Sigue con nosotros, pecador!

Otra voz: ¡Toma un cirio encendido, pecador!

Otra voz: ¡Alumbra el camino del camposanto, pecador!

El Caballero siente el escalofrío de la muerte, viendo en su mano oscilar la llama de un cirio. La procesión de las ánimas le rodea, y un aire frío, aliento de sepultura, le arrastra en el giro de los blancos fantasmas que marchan al son de cadenas y salmodian en latín.

Una voz: ¡Reza con los muertos por los que van a morir!

Otra voz: ¡Sigue con nosotros hasta que cante el gallo negro!

Otra voz: ¡Eres nuestro hermano, y todos somos hijos de Satanás!

Otra voz: ¡El pecado es sangre, y hace hermanos a los hombres como la sangre de los padres!

Otra voz: ¡A todos nos dio la leche de sus tetas peludas, la Madre Diablesa!

Muchas voces:...¡La madre coja, coja y bisoja, que rompe los pucheros! ¡La Madre morueca, que hila en su rueca los cordones de los frailes putañeros, y la cuerda del ajusticiado que nació de un bandullo embrujado! ¡La madre bisoja, bisoja corneja, que se espioja con los dientes de una vieja!

¡La madre tiñosa, tiñosa raposa, que se mea en la hoguera y guarda el cuerno del carnero en la faltriquera, y del cuerno hizo un alfiletero! ¡Madre bruja, que con la aguja que lleva en el cuerno, cose los virgos en el Infierno y los calzones de los maridos cabrones!

El Caballero siente que una ráfaga le arrebata de la silla, y ve desaparecer a su caballo en una carrera infernal. Mira temblar la luz del cirio sobre su puño cerrado, y advierte con espanto que sólo oprime un hueso de muerto. Cierra los ojos, y la tierra le falta bajo el pie y se siente llevado por los aires. Cuando de nuevo se atreve a mirar, la procesión se detiene a la orilla de un río donde las brujas departen en rueda. Por la otra orilla va un entierro. Canta un gallo... Los fantasmas han desaparecido en una niebla...

La procesión, si no invisible, como indica Rodríguez López, es una informe niebla de la cual parten las voces. «El airecillo que produce su paso» se transforma en violenta ráfaga arrebatadora que arrastra tanto a las ánimas como al Caballero; característica del avance del *good people* y los *gentries* irlandeses, puede representar además al viento impetuoso, encarnado en el Hermes Psicopompos, que envuelve y empuja las almas de los muertos [42] y del cual quizá sea reminiscencia simbólica el mencionado dos veces en «Tragedia de ensueño» (*JN*, pp. 60-61 y 66):

> *La Abuela:* Dentro de la casa anda la muerte... ¿No la sientes batir las puertas?
> *El Pastor:* Es el viento que viene con la noche...
> *La Abuela:* ¡Ah!... ¡Tú piensas que es el viento!... ¡Es la muerte!

> *Una ráfaga de viento pasa sobre las sueltas cabelleras, sin ondularlas. Es un viento frío que hace llorar los ojos de la abuela.*

Ante el lenguaje de las ánimas, tan poco apropiado para quienes están purgando culpas con la esperanza de alcanzar la salvación eterna, no debemos olvidar la opinión de Carolina Michaëlis acerca de la penúltima etapa de la evolución de la hueste wuotánica (cf. *supra*). A ello debemos agregar que en Irlanda y en Escocia los viejos suponen ángeles caídos a los *fairies;* y Yeats les añade un rasgo atribuido por los campesinos: «que no fueron bastante buenos para salvarse, ni bastante malos para perderse» [43]. Una de las ánimas ordena a Don Juan Manuel que siga con

---

[42] Evans-Wentz, *The Fairy-Faith*, pp. 51-76; Baring-Gould, *Curious Myths*, pp. 427-428.
[43] Evans-Wentz, *The Fairy-Faith*, pp. 67 y 113; Yeats, *Irish Fairy and Folk Tales*, p. 1.

ellas «hasta que cante el gallo negro» (p. 16), aunque luego desaparecen todas cuando lo hace el gallo blanco (p. 18), de acuerdo con la tradición bretona, según la cual los *fairies* y los muertos se esfuman al primer canto del gallo [44]. Vale la pena añadir que con el canto del gallo negro desaparecerán las brujas, cuya presencia y actividades encontramos en la última parte de la escena; si como dice Carolina Michaëlis, el pueblo confundía ánimas y brujas, nada tiene de raro que Valle prolongara la situación apoyándose en alguna creencia semejante a la griega, según la cual sólo el tercer gallo —el negro— es lo suficientemente poderoso para ahuyentar a todos los malignos visitantes de la noche [45].

La perfecta orquestación de tan variado conjunto de elementos en una escena más grotesca y disparatada que escalofriante parece tener una intención precisa. Buena parte de la apostilla inicial está tomada de «Don Juan Manuel» [46], donde el hidalgo, borracho, es desarzonado y arrastrado por su caballo, y se nos deja entender que ha muerto de resultas del accidente. Este primitivo desenlace quizá reforzó el obstinado convencimiento de Montenegro acerca de su próximo fin (*RL,* pp. 22-23 y 165): «¡He visto La Hueste!... Después de haber visto las luces de la muerte, no quiero ver otras luces, si debo ser de Ella... He visto en mi camino a la muerte y están marcadas mis horas...» Quizá sugirió además la idea de concebir la escena como una visión interior del Caballero, quien, a raíz de la caída, sufre una conmoción agravada por la borrachera y poblada de imágenes cuyo lenguaje impresiona como proyección del que habitualmente emplea Montenegro. Esto parecería quedar confirmado por el hecho de que, al concluir la escena, el Caballero, «como si despertase de un sueño, se halla tendido en medio de la

---

[44] Evans-Wentz, *The Fairy-Faith,* p. 220.

[45] Lawson, *Modern Greek Folklore,* pp. 137 n.1 y 195. Es interesante señalar algunos contrastes entre el color, el orden y el número de gallos empleados por Valle y lo que aparece en ejemplos de diversas procedencias. Valle coloca primero el blanco, luego el pinto y en tercer lugar el negro. Los griegos sólo difieren en el color del segundo, que es rojo. La balada danesa de «Aage y Elsa» (recogida antes del s. xv) mantiene los colores de la tradición griega, pero cambia el orden: negro, blanco, rojo. Dos versiones de «The Wife of Usher's Well» se contradicen entre sí; mientras en una se lee «up then crew the red, red cock, / and up and crew the gray» —versos que reaparecen casi exactamente en una de las versiones del «Sweet William's Ghost»—, en la otra encontramos que «the white cock he has crowed once, / the second has, so has the red» (*The Viking Book of Folk Ballads of the English-Speaking World,* Edited by Albert B. Friedman, The Viking Press, C136, New York. 1972, pp. 36, 49 y 37). Para España sólo he conseguido el ejemplo proporcionado por el romance catalán de «El comte l'Arnau», y resulta curioso que en circunstancias parecidas sólo se oiga un gallo, cuyo color no se especifica y cuya función no se relaciona con poderes mágicos sino con una hora determinada. Véase también Wimberly, *Folklore,* pp. 190 y 248 ss.

[46] *Los Lunes de «El Imparcial»,* Madrid, 23 de septiembre de 1901. Fue incorporada a *Sonata de otoño* desde la primera edición, pero con el final modificado.

vereda», mientras que su caballo, que había huido durante la fantasmagórica aparición, pasta plácidamente cerca de él (p. 20). Por lo demás, la visión durante el breve desmayo del personaje es francamente premonitoria. Puesto que el carácter de la Compaña participa en cierto modo del de los agüeros y Montenegro es tan supersticioso como sus demás coterráneos, resulta perfectamente explicable que Valle-Inclán la convirtiera en núcleo del fenómeno paranormal que le interesaba utilizar como anticipación dramática del fin de Montenegro y de Doña María (pp. 32 y 187-188).

CONCLUSIONES

El miedo a los muertos, las manifestaciones que se les atribuyen, las reacciones y tradiciones que provocan, se mantienen siempre dentro de la obra de Valle en un nivel de verosimilitud: transcurren en regiones —Galicia, Navarra, Andalucía, Bretaña— o en países —Italia, la utópica república de Santa Fe de Tierra Firme, cuyo trasfondo principal es México—, donde podrían encontrarse no sólo sin dificultad, sino francamente a flor de piel. Y si bien los valores y las funciones varían, es indudable que a veces podríamos leer entre líneas las palabras que Valle-Inclán puso en boca de Max Estrella (*LB*, p. 43):

> ... La miseria del pueblo español, la gran miseria moral, está en su chabacana sensibilidad ante los enigmas de la vida y de la muerte... Este pueblo miserable, transforma todos los grandes conceptos en un cuento de beatas costureras. Su religión es una chochez de viejas que disecan el gato cuando se les muere.

IV

EL MUNDO, EL DEMONIO Y LA CARNE

> *...¿de dónde vienen estas fuerzas contra Vos y tan-*
> *ta cobardía contra el Demonio?*
>
> Santa Teresa de Jesús, *Exclamaciones*, XI.
>
> *...we make of the Devil a scapegoat who bears on*
> *his shoulders the sins of the whole world...*
>
> Ralph Shirley, *Occultists and Mystics of all Ages*.

Asediado por supersticiones y terrores, el mundo de los personajes de Valle-Inclán, como el de los babilonios y los asirios, está «colmado de demonios»[1]; los gallegos, en particular, están convencidos de su «mayor o menor poder y libertad... sobre el hombre y sobre los animales»[2]. La insistente prédica de la Iglesia contribuyó en la realidad y desde antiguo a desencadenar tal situación[3]. Esta acosa al hombre desde la niñez, como le ocurre al narrador de «Mi hermana Antonia» —«La llama [de un quinqué con el tubo roto] hacía dos cuernos, y me recordaba al Diablo» (*CS,* p. 99)—, sin que la categoría social sea obstáculo para ello, como lo comprueba la timorata actitud de la amante de Bradomín (*SO,* pp. 56-57): «La pobre Concha era muy piadosa, y aquella admiración estética que yo sentí en mi juventud por el hijo de Alejandro VI le daba miedo como si fuese el culto del diablo.» Aunque algunos bravuconeen —Don Farruquiño en *Romance de lobos* (p. 97), el Caballero en *Cara de Plata* (p. 93) —o tiendan a una satánica irreverencia —el Xavier de las *Sonatas*—, terminarán muchas veces por experimentar el peso de una presencia que sienten más interior que exterior (*SI,* p. 219): «Y de pronto, clavándome los ojos ardientes y fanáticos, hizo la señal de la cruz y estalló en maldiciones. Yo, como si fuera el diablo, salí de la estancia.» Pero Valle-Inclán sabe, como Miguel de Molinos, que el verdadero daño no lo acarrean los espí-

[1] Oesterreich, *Possession*, p. 147.
[2] Rodríguez López, *Supersticiones de Galicia*, p. 53.
[3] Grillot de Givry, *Picture Museum*, p. 40.

ritus de las tinieblas sino la soberbia y «la violencia de las pasiones» y que cada hombre es «el mayor demonio del infierno»[4]. Sus ideas concuerdan, además, con las de Reginald Scot, según el cual Satanás es meramente un símbolo de las nocivas tentaciones de los humanos[5], y también con las más altas expresiones del ocultismo, que niegan la intervención del Demonio para atribuir a los hombres completa responsabilidad de todos sus actos[6]. Y no hay contradicción entre estos conceptos de Valle-Inclán y el despliegue de rasgos tradicionalmente aceptados con que los viste. A través de ellos vislumbraremos la interioridad de los personajes y confirmaremos la actitud de su creador.

EL DEMONIO

Valle-Inclán aplica al Demonio casi todos los nombres posibles[7]. Una acumulación selecta de ellos, en tres pasajes de *La Marquesa Rosalinda* (pp. 165-166, 173-174, 187-188), determina efectos cómico-caricaturescos por lo que revela del personaje que los utiliza:

La Dueña: ¿Pues no estaba en prisión por hechicero?
Dorotea: ¡El diablo debe ser en su figura...!
   De todas suertes, lo añascó el cornudo...
La Dueña: ¡Reniego, mi Jesús, de tal ralea!
   ¡Bien se estaba el tiñoso en Cantillana!
   ¡Alguna burlería caciquea
   El viejo chivo de la barba cana!

Arlequín: ¡Señoras azafatas! ¡Señora Dueña!
La Dueña: ¡Vuelve, Diablo, al Infierno!...
   ¡Eres aquel Demonio de los cortejos
   Que ha tentado a una noble dama en Maguncia!
   ¡Te hago la cruz tres veces, y en mis artejos
   Beso el signo, Demonio, que te abrenuncia!
Dorotea: ¡No entrarás en mi cuerpo, rey coronado
   Con corona de cuernos...!

[4] Molinos, *Guía espiritual*, p. 143.
[5] Thomas, *Religion*, p. 475.
[6] 'No demons outside of humanity', was one of the fundamental axioms of the higher occultism... 'One must not give the devil the whole credit', protested Paracelsus» (Maeterlinck, *The Great Secret*, p. 181).
[7] El cornudo, demonio, diablo, rey coronado, el tiñoso, el viejo chivo (*MR*, pp. 166, 173, 165 y 173, 173, 166 y 188, 166); diablo, el cornudo monarca (*CDF*, pp. 17-19); Diablo Mayor, pecado (*CP*, pp. 254 y 183); diaño (*CC*, pp. 135-136); el enemigo (*JU*, p. 196); el Enemigo malo, Satanás (*CS*, pp. 123 y 115); Lucifer (*HP*, p. 66); el Maligno, Patillas, Pedro Botero (*MC*, pp. 77, 15, 55); el Malo (*FS*, p. 207); Mengue (*RALM*, p. 44); el Pata de cabra (*PK*, p. 29).

5

La Dueña: ¡No olvidéis santiguaros! Este es el paraje
Donde el Demonio se ha mostrado en el pelaje
Del señor Arlequín... [éste se presenta]
¡Santísimo Señor Jesucristo! Del huevo
de la tierra, el tiñoso ha nacido de nuevo.

El efecto se acentúa en los dos últimos versos con la inesperada paráfrasis de la expresión gnóstica «el hijo del Huevo», con que el *Codex Nazarenus* —Evangelio de los nazarenos y los ebionitas— designa a Ilda-Baoth [8]. Tal lujo de erudición poco ortodoxa contrasta violentamente con los beatos aspavientos de la Dueña.

El Demonio es imaginado por algunos personajes con alas de murciélago (*JU*, p. 213; *HP*, p. 66). Se le concede a veces el epíteto «pata de cabra» (*CA*, p. 171). Suelen atribuírsele formas animales: sapo, gato generalmente negro, macho cabrío [9]. El sapo aparece vinculado con la jactanciosa irreverencia con que Xavier trata de justificar su lujuria (*SP*, pp. 132-133):

> ... Quise volver a sumergirme en mi amoroso ensueño, pero el canto de un sapo... distraía y turbaba mi pensamiento. Recuerdo que de niño he leído muchas veces en un libro de devociones donde rezaba mi abuela, que el diablo solía tomar ese aspecto para turbar la oración de un santo monje. Era natural que a mí me ocurriese lo mismo. Yo, calumniado y mal comprendido, nunca fui otra cosa que un místico galante, como San Juan de la Cruz [10].

Bajo el aspecto de un macho cabrío se presenta el Trasgo en la simbólica escena donde se proyecta la inquietud sexual de Mari-Gaila (*DP*, p. 183):

> *Noche de luceros. Mari-Gaila rueda el dornajo por un camino blanco y lleno de rumor de maizales. Canta el cuco. Cuando fina, suena la risa tremolante del Trasgo Cabrío. Está sentado sobre un peñasco, con la barba greñuda, estremecida por una ráfaga de viento.*

En *Cara de Plata* (p. 242), el diabólico gato será producto evidente de una irrefrenable imaginación: «¡Ahora vide en forma de gato escaparte por los pies aquel maléfico que en ti estaba!» Favorito de Valle-Inclán

---

[8] Blavatsky, *The Theosophical Glossary*, s.v. Ilda-Baoth.
[9] Grillot de Givry, *Picture Museum*, p. 74; Caro Baroja, *Brujas*, p. 178 y *Vidas mágicas*, II, p. 50.
[10] Es interesante recordar, a propósito del texto citado, que el sapo, además de tener mucha importancia en la hechicería de los gitanos, comparte su nombre con el Diablo en algunos dialectos de la gitanería (Leland, *Gypsy Sorcery*, p. 255).

cuando necesita encarnar al Diablo en una forma animal, el gato parece haber sido revestimiento predilecto del Demonio: así se presentaba a la supuesta posesa Madeleine Bavent en 1642, a los Templarios para ser adorado por ellos y en las reuniones de brujos para recibir un nuevo adepto [11].

El Demonio, de acuerdo con la tradición, puede también adoptar la figura de un hombre muy moreno, que personifica la desesperación religiosa o los deseos reprimidos a causa de los códigos morales vigentes y simboliza al Príncipe de las Tinieblas en los aquelarres [12]. Con algunas de estas características lo evocan las palabras de Mari-Gaila (*DP*, página 152):

> *Mari-Gaila:* A ti me entrego.
> *Séptimo Miau:* ¿Sabes quién soy?
> *Mari-Gaila:* ¡Eres mi negro!

Y quizá Valle se ciña al concepto de que el Demonio solía aparecerse —a los hechiceros, por lo menos— «con rasgos atractivos, señoriales, como un caballero de prestancia» [13], cuando hace que la enloquecida María Rosario lo identifique en su delirio con el joven Marqués (*SP*, pp. 215-218).

Tipos de demonios

En la obra de Valle se pueden reconocer tres tipos clásicos de demonios.

El familiar. Según se dice, servía a magos, hechiceros y brujos. Sus amos solían mantenerlo aprisionado en anillos, medallones, redomas, cofres, muletillas, e, incluso, en instrumentos musicales, como violines, o en el pomo de una espada, como se cuenta de Paracelso. Sus formas variaban —el de Cornelio Agrippa era un perro negro, el de cierta Magdalena Crucia, un moro—, y, hablando en general, *The Guide to Grand Jury-Men* (1627), asegura que las brujas «tienen de ordinario un familiar... con aspecto de hombre, mujer, muchacho, perro, gato, potrillo, ave de corral, liebre, rata, sapo, etc.» [14].

El padre del protagonista en «Del misterio» (*JN*, pp. 187, 192 y 194)

---

[11]   Robbins, *Witchcraft and Demonology*, p. 321b; Cavendish, *The Black Arts*, pp. 298 y 308.
[12]   Tindall, *Handbook*, p. 52; Thomas, *Religion*, p. 475; Cavendish, *The Black Arts*, p. 312.
[13]   Caro Baroja, *Vidas mágicas*, II, p. 47.
[14]   Spence, *An Encyclopaedia of Occultism*, pp. 154b-156b; Caro Baroja, *Vidas mágicas*, I, pp. 82 y 195; Hole, *Witchcraft in England*, p. 61.

posee un familiar que lo protege, y cuya intervención determina, en última instancia, que el vengativo espectro del carcelero persiga al hijo del asesino y no al verdadero culpable:

¡Hay un demonio familiar!

—...A tu marido nada le sucede. Tiene un demonio que le defiende...

—...Tiene un demonio que le protege. La sombra del muerto no puede nada contra él. La sangre que derramó su mano, yo la veo caer gota a gota sobre una cabeza inocente...

En «La cabeza del Bautista», el dibujo que traza Valle del gato de Don Igi, lo acerca bastante a un moderno familiar (*RALM*, p. 258): «Taciturno y elástico trepa al mostrador, y se coloca al lado del tendero como para inspirarlo.»

El demonio de las pesadillas. Este espíritu maléfico se considera actualmente una proyección de los deseos sexuales contenidos y, con justicia, podrían atribuírsele también los malestares consiguientes a los excesos en el beber y en el comer [15]. Es fácil reconocerlo en el que atormenta al sacristán Pedro Gailo, quien, habiéndose emborrachado después de enterarse de la infidelidad de su mujer, ha tenido una tentación incestuosa (*DP*, p. 163): «—¡Cómo se ríe aquel Demonio colorado! ¡Vino a ponérseme encima del pecho! ¡Tórnamelo, Simoniña!... ¡Prenda! ¡Espántamelo!»

El íncubo. Según muchos Padres de la Iglesia, es un ángel caído a causa de su concupisencia por las mujeres; pero, esencialmente, es un lascivo espíritu sobrenatural que busca relación sexual con aquéllas [16]. A esta categoría pertenece el que aterroriza a Adega (*FS*, pp. 205-207). Si se juzga el caso de la pastora con ligereza y de acuerdo con el *Malleus maleficarum* (1486), se la clasificará entre las mujeres que sufren el asalto contra su voluntad [17]; en realidad y como veremos más adelante, es un caso digno de consideración psiquiátrica: lo que padece en forma simbólica son las consecuencias de un deseo inconsciente e insatisfecho [18], activado en ella por su contacto con el falso peregrino y agravado por estar en pugna con sus convicciones religiosas. Incubo es, igualmente, el aludido por el romero en la misma novela (p. 99): «La mujer [sin duda Isabel II] yace con el rey de los Infiernos, con el Gran Satanás, que toma la apariencia de un galán muy cumplido.» Valle ofrece una

---

[15] Robbins, *Witchcraft and Demonology*, pp. 340b y 356a; Scott, *Letters*, pp. 22-23.

[16] Robbins, *Witchcraft and Demonology*, p. 254a.

[17] *Ibid.*, p. 258a. *Malleus maleficarum*, Part II, Question 2, Chapter I, pp. 164 ss.

[18] Robbins, *Witchcraft and Demonology*, p. 356a.

verdadera autodefinición del lascivo espíritu en «Rosa de Belial» (*P*, pp. 84-89), que más apropiada, aunque demasiado obviamente, había llamado «El íncubo» en la primera publicación [19]:

> Soy aquel amante
> que nunca se muestra.
> Muda en cada instante
> Mi sombra siniestra.
>
> Con el viento llego,
> Y paso con él,
> Soy rojo lostrego
> Del Ángel Luzbel.
>
> Mi sombra nocturna
> Hace en ti guarida,
> Mi larva soturna
> Te goza dormida.
>
> A tu lindo ceño
> Llevo la obsesión,
> En tu blanco sueño
> Soy la Tentación.
>
> Soy aquel amante
> Que la voz no nombra,
> Mi sombra va errante
> En pos de tu sombra.
>
> ¡Turbulenta avispa
> Que vuela en tu flor,
> Soy la roja chispa
> Del yunque de Thor!
>
> De tu clara frente
> Me oculto en el muro,
> Como la serpiente
> del enigma oscuro.
> ....
> Sobre tu blancura,
> Paloma benigna,
> De mi mordedura
> Dejaré el estigma.
> ....
> Mi frente sañuda
> Sostiene el abismo,

[19] *Los Lunes de «El Imparcial»*, Madrid, 20 de abril de 1914, p. 3.

El tiempo me muda,
Y soy siempre el mismo.

Cabalgo en el viento,
Con el viento voy,
Y a tu pensamiento
Mi forma le doy.

Profano lascivo
Tu virgen entraña,
Soy el negro chivo
Y tú mi montaña.
....
Soy el negro dueño
De la abracadabra,
Y trisca en tu sueño
Mi pata de cabra.

Como el enemigo
En tu sueño estoy.
Tú gozas conmigo...
¡Soy el que no Soy!

El último verso del poema eleva intencionadamente el íncubo a la categoría máxima de la escala diabólica convirtiéndolo en el opuesto exacto de Dios, quien se llama a sí mismo *Yo soy el que Soy* (Exodo, 3 : 14) [20].

Íncubo y súcubo —demonio con aspecto femenino— se reúnen en un interesante pasaje de *Romance de lobos*. El Fuso Negro, a quien Don Juan Manuel ha dado pie considerando demonios a sus propios hijos (p. 236), expone un clarísimo y casi doctoral concepto acerca de ambos, estableciendo una relación entre las congojas paternales de Montenegro, sus insaciables hábitos sexuales y la intervención del Demonio (páginas 237-239) :

> Los cinco mancebos son hijos del Demonio Mayor. A cada uno lo hizo un sábado, filo de media noche, que es cuando se calienta con las brujas, y todo rijoso, aullando como un can, va por los tejados quebrando las tejas, y métese por las chimeneas abajo para montar a las mujeres y empreñarlas con una trampa que sabe... Sin esa trampa, que el loco también sabe, no puede tener hijos... Y las mujeres conocen que tienen encima al enemigo, porque la flor de su sangre es fría. El Demonio Mayor anda por las ferias y las vendimias, y las procesiones, con la apariencia de una moza garrida, tentando a los hom-

[20] También vale la pena recordar el axioma cabalístico según el cual «Demon est Deus inversus» (Blavatsky, *The Theosophical Glossary*, p. 97).

62

bres. Frailes y vinculeros son los más tentados. ¡Ay, hermano, cuántas veces habremos estado con una moza bajo las viñas sin cuidar que era el Demonio Mayor de los Infiernos! El gran ladrón se hace moza para que le demos nuestra sangre encendida por la lujuria, y luego, dejándonos dormidos, vuela por los aires... Con la misma apariencia del marido se presenta a la mujer y se acuesta con ella. ¡Cata la trampa, porque entonces tiene la calor del hombre la flor de su sangre y puede empreñar! Al señor vinculero gustábanle las mozas, y por aquel gusto el Diablo hacíale cabrón y se acostaba con Dama María.

La trampa a que se alude está bosquejada con rasgos conocidos. Por confesión de supuestas brujas sabemos que el semen del Demonio era frío «como agua de pozo»[21] y absolutamente infecundo; para poder engendrar, el lujurioso espíritu se convertía en súcubo, recibía bajo esta forma el semen de los hombres con quienes tenía relación carnal y, conservando su potencia con sutiles artes, lo introducía después en las mujeres cuando se metamorfoseaba en íncubo[22]. Tales conceptos se encuentran en las *Quaestiones quodlibetales* de Santo Tomás de Aquino, quien los tomó de un teorizador de Bizancio; pero Santo Tomás agrega que la progenie nacida de semejantes uniones es hija, no del Demonio, sino del hombre a quien desposeyó[23]. Valle o no lo sabía o no quiso recordarlo porque resultaba inconveniente para la intención del pasaje, y, así, en la erudita disertación del Fuso Negro se omitió el importante detalle.

LOS BIENES DE ESTE MUNDO

Algunos personajes de Valle-Inclán manifiestan diversos grados de relación con el Demonio. Doña Loreta lo menciona para comentar su desdichada situación conyugal (*CDF*, p. 100): «—¡... la mujer abandonada, santa ha de ser para no escuchar al Diablo!» El Afilador de «Ligazón» lo evoca para jactarse en broma de una supuesta camaradería (*RALM*, pp. 23-24) o para amenazarle burlonamente si no guarda silencio acerca de una aventura amorosa (p. 44):

> *La Mozuela:* ... cuando acabes la vuelta al mundo, te daré respuesta.
> *El Afilador:* Esa rueda... la corro yo en menos de un credo.
> *La Mozuela:* ¡Ni que tuvieras las botas de siete leguas!

[21] Robbins, *Witchcraft and Demonology*, p. 467b.
[22] *Ibid.*, p. 255b.
[23] *Ibid.*, p. 28b. Sobre todo lo referente a íncubos y súcubos véase también el *Malleus maleficarum*, Part One, Question 3, pp. 21-28.

El Afilador: Para esos viajes me suspendo del rabo de un amigo.

La Mozuela: ¡Buenas amistades tienes!

La Mozuela: ¡Antes, sirena!... ¡Ahora, serpiente! ¿Qué seré luego?

El Afilador: Mi perdición, si lo deseas. El Diablo ha maquinado este enredo para contárselo a la otra gachí, que me aguarda vestida y compuesta.

La Mozuela: Recomiéndale el secreto a Patillas.

El Afilador: Tío Mengue, te llamo a capítulo. De lo que entre esta niña y un servidor se pase, boca callada, o te rompo un cuerno.

A Don Estrafalario le merece elogios entusiastas (*CDF*, p. 39): «—...El Diablo es un intelectual, un filósofo, en su significación etimológica de amor y saber. El Deseo de Conocimiento, se llama Diablo.» Don Juan Manuel Montenegro le atribuirá la concesión de una autoridad bastante arbitraria (*CP*, p. 88): «—¡No puedo romper la vara de juez que me ha puesto en la mano el Diablo!» De todos, es el mismo Don Juan Manuel, quien afirma su violenta y prepotente soberbia arrebatando el copón de las sagradas formas al desafiante Abad, el que llega a una relación más estrecha con una casi identificación (p. 275): «¡Tengo miedo de ser el Diablo!»

Otros personajes de alguna manera se han sometido al Demonio para lograr sus propósitos. Juanito Ventolera se siente atraído por él sin que le mueva en apariencia ningún interés personal —«A mí me cae simpático el Diablo» («Las galas del difunto», *MC*, p. 59)—, aunque alguien piensa que la idea de robar las ropas del muerto se ha debido a inspiración demoníaca (p. 45). Lucero-Séptimo Miau, cuyo primer nombre recuerda tanto el de Lucifer y a quien Mari-Gaila llamará «mi negro», se declara más su compadre que su amigo y estará siempre a su favor (*DP*, pp. 18-19 y 255-257). La mujer del sacristán, encandilada por los deseos del bellaco vagabundo, está dispuesta a rendírsele en cuerpo y alma, como lo demuestra simbólicamente cuando acepta tributar homenaje al Trasgo Cabrío, a pesar del rechazo inicial y aunque sea éste quien se lo propone: «¡Jujurujú! ¡Bésame el rabo!... Cuando remates, echaremos un baile» (pp. 184 y 185); tanto en la orden como en la proposición hay alusiones evidentes a dos momentos del Sabbat, circunstancia en que los adoradores del Demonio descendían al *osculum infame* u *obscoenum* que se le daba *ad signum homagii... in podicem* y más tarde se entregaban a danzas indecentes [24].

---

[24] Robbins, *Witchcraft and Demonology*, pp. 420a y 421b.

A otros personajes, por fin, se les atribuirá el sometimiento merced a un herético pacto [25] que les concede favores o dones especiales, como en el caso de Séptimo Miau y su perro (*DP*, pp. 23 y 116) [26] o de Santos Banderas, en quien también al pacto se suma el compadrazgo (*TB*, página 267):

> El indio triste... susurra por bochinches y conventillos... poderes mágicos de Niño Santos. El Dragón del Señor San Miguelito le descubría el misterio de las conjuras, le adoctrinaba. ¡Eran compadres! ¡Tenían pacto! ¡Generalito Banderas se proclamaba inmune para las balas por una firma de Satanás!

Las principales concesiones registradas en el texto citado se parecen extraordinariamente a las de dos cláusulas de un supuesto contrato entre el Diablo y un noble hacia 1676 [27]:

> 12. Estáis obligado a darme aviso anticipado de cualquier conspiración secreta contra mí, y a proporcionarme medio y manera de desbaratar esas conspiraciones y de aniquilarlas.
> ....
> 16. Estáis obligado a protegerme de todo daño que proviniere de bombas, armas de fuego, y de otras clases, de modo que nada pueda dañarme ni herirme en el cuerpo o en los miembros.

Tan soberbio como Don Juan Manuel y más culpable a causa de su investidura, el Abad de San Clemente busca el auxilio demoníaco para imponer su autoridad al Caballero y satisfacer así, no los derechos divinos, que temerariamente expone a un agravio, sino su incontrolable orgullo y un posterior deseo de venganza. Lo que comienza con una amenaza de doble filo, progresa hasta ser auto-oferta decidida y al

---

[25] «Take out the pact and the witchcraft heresy disappears» (*ibid.*, p. 370a). La autoridad que sirvió de base para la creación del concepto fue Isaías 28:15, según la traducción de la Vulgata («percurrimus foedus cum morte et cum inferno fecimus pactum»), aunque originalmente el texto no se refería en absoluto a un contrato con el Diablo. La supuesta posibilidad de que pudiera establecerse algo semejante entre éste y los hombres se remonta a Orígenes. Quien dio ímpetu a la creencia, sin embargo, fue San Agustín; para él estaban en liga con el Demonio los hechiceros, los astrólogos y otros aficionados al ocultismo. Como resultado, empezaron a circular historias referentes a individuos que habían firmado un pacto; de ellas quizá la más conocida y antigua (s. VI) es la de Teófilo (Cavendish, *The Black Arts*, p. 320).

[26] En el siglo XVI español se tenían dudas acerca de la domesticación de los animales y no se sabía si atribuirla a habilidad del domesticador o a resultado de una ayuda demoníaca (Caro Baroja, *Vidas mágicas*, I, p. 342).

[27] Robbins, *Witchcraft and Demonology*, p. 376a.

mismo tiempo egoístamente comprometedora, pues, arrastrado por su pasión, el Abad pretende perder a otro con él (*CP,* pp. 214 y 216-217):

> *El Abad:* ... ¡Aún nos veremos!
> *El Caballero:* ¡El Diablo te lleve!
> *El Abad:* Por castigar tu soberbia soy capaz de encenderle una vela.

> *El Abad:* Satanás, te vendo el alma si me vales en esta hora. ¡No me espanta ni el sacrilegio!
> *El Sacristán:* ¡Señor Abad, no pida ayuda al Infierno!
> *El Abad:* ¡Hoy me juego el alma!
> *El Sacristán:* No la juegue, que la pierde.
> *El Abad:* ¡Y tú te condenarás conmigo! Tú seguirás mi suerte.

El Abad llega por fin a la invocación manifiestamente herética, pues no da órdenes al Demonio sino que le suplica [28], incluyendo entre los probables compromisos el de cambiar un libro consagrado por el Libro Negro, que el *Compendium maleficarum* (1626) muestra en una de sus ilustraciones [29] (pp. 223-224):

> *El Abad:* ¡Satanás, ayúdame y el alma te entrego! ¡Ayúdame, Rey del Infierno, que todo el mal puedes! ¡Satanás, te llamo con votos! ¡Satanás, por ti rezaré el negro breviario! ¡De Cristo reniego y en ti comulgo! ¡Rey del Infierno, desencadena tus aquilones! ¡Enciende tus serpientes! ¡Sacude tus furias! ¡Acúdeme, Satanás!

Y convencido de la ayuda diabólica, el Abad realizará su descabellado propósito, durante cuyo cumplimiento se asimila en genio y figura a su nuevo protector y señor (p. 270): «Bajo palio, viene el sacrílego Abad de San Clemente. La capa de paños de oro, cuatro cuernos el bonete, y en las manos, como garras negras, la copa con el pan del Sacramento.»

Pero ninguno de los personajes vistos hasta ahora ha pactado real o definitivamente con el Diablo, aunque le sobren intenciones. El único que se nos deja suponer ha concluido por hacerlo es Máximo Bretal, el tenebrosamente enamorado estudiante de Teología de «Mi hermana Antonia» (*CS,* pp. 93-141). Puede cambiar de apariencia, hacerse invisible, causar daños tremendos a quien se opone a la satisfacción de sus fines [30], poderes todos que resultan de un deliberado pacto demoníaco, de acuerdo con el concepto medieval [31]. Por otra parte, reemplaza el ademán de la

28 *Ibid.,* p. 472a.
29 Hill and Williams, *The Supernatural,* p. 202.
30 *CS,* pp. 108-115, 121, 128-130, 140; 117-119, 122-123, 128-129; 121ss.
31 Thomas, *Religion,* p. 438.

bendición por el signo diabólico (p. 109). Aunque ignoramos si ha cumplido con el requisito de hollar la cruz, como Guazzo afirma hacen los brujos después de abjurar de Dios [32], Máximo Bretal alude a una profanación semejante, si bien literariamente más expresiva, pues señala al mismo tiempo el extremo al cual él mismo ha llegado y la obcecada falta de caridad de quien lo ha impulsado a la perdición (pp. 114-115):

> —La Gracia no está siempre con nosotros. Mana como una fuente y se seca como ella. Hay almas que sólo piensan en su salvación y nunca sintieron amor por las otras criaturas: Son las fuentes secas. ¿Dime qué cuidado sintió tu corazón al anuncio de estar en riesgo de perderse un cristiano? ¿Qué haces tú por evitar ese negro concierto con los poderes infernales? ¡Negarle tu hija para que la tenga de manos de Satanás!
> Gritó mi madre:
> —¡Más puede el Divino Jesús!
> Y el fraile replicó con una voz de venganza:
> —...Sin saberlo, con tu mano negra también azotas la cruz como el estudiante de Bretal [33].

Si recordamos, sin embargo, que el cuento transcurre en Galicia, donde «las almas todavía conservan los ojos abiertos para el milagro» (p. 141), el conjunto de hechos extraordinarios puede reducirse a efectos, más o menos modificados, de un intenso odio vengativo y de una terca conciencia culpable a los cuales el exceso de imaginación ha concedido ropajes malignamente sombríos.

Pocos son, pues, los dudosos bienes de este mundo que los hombres logran por mediación de un Demonio igualmente problemático. En esencia, es uno y siempre el mismo: la satisfacción empecinada de las pasiones más turbias.

LA CARNE ES FLACA

Según el concepto generalmente aceptado por la Iglesia, los asaltos más ahincados del Demonio pueden ser exteriores o interiores. Los primeros determinan la obsesión; cuando ocurren los segundos, el De-

---

[32]   Robbins, *Witchcraft and Demonology*, p. 370b.
[33]   Cabría pensar si el castigo impuesto a la imagen no está inspirado por el que se achacó en varias ocasiones a los judaizantes, como en el célebre escándalo del Cristo de la Paciencia en 1630 (Yerushalmí, *From Spanish Court*, p. 108); pero el *Malleus maleficarum* trae también una referencia: «there are some who, in order to accomplish their evil charms and spells, beat... the Crucifix» (Part II, Question I, Chapter 12, p. 139b).

monio, instalado en el cuerpo del paciente, causa la posesión [34]. De ambos hay ejemplos en la obra de Valle, quien sin duda concuerda más con la opinión psiquiátrica que con la eclesiástica.

Obsesión. El único caso ampliamente desarrollado figura en *Flor de santidad* y lo padece la pastora Adega. A través de su retrato, se advierten algunos rasgos típicos que predisponen tanto a la obsesión como a la posesión (p. 20):

> ...aquella zagala parecía la zagala de las leyendas piadosas: Tenía la frente dorada como la miel y la sonrisa cándida... y los ojos... místicos y ardientes... Era muy devota, con devoción sombría, montañesa y arcaica: Llevaba en el justillo cruces y medallas, amuletos de azabache y faltriquera de velludo que contenía brotes de olivo y hojas de misal.

Esos rasgos son una evidente simplicidad que propicia alucinaciones engañosas [35] y una exagerada devoción fetichista, a los que se sumará después una caridad extrema (pp. 29, 39ss. y 99). Con algunas variantes, los tres recuerdan bastante las características de la «endemoniada» Louise Lateau (Bélgica, mediados del s. XIX): simple, muy caritativa, con marcada tendencia a las visiones y en quien la religión era la fuerza principal [36].

Mientras la «endemoniada» belga había atendido, antes de sus manifestaciones, la agonía de una familia que se moría de cólera y se ocupó personalmente de trasladar los cadáveres [37], Adega presenció la de sus padres durante el Año del Hambre (1853), acontecimiento que se mantendrá dolorosamente vivo en su memoria (pp. 25-26 y 205). Como resultado de su orfandad, la pastora ha sufrido y sufre soledad, indigencia y depresión (pp. 29-30), todas ellas causas favorables a los «ataques» del Demonio [38]:

> ...Adega, al quedar huérfana..., pidió limosna por villas y por caminos, hasta que un día la recogieron en la venta. La caridad no fue grande... Los venteros no la trataron como hija, sino como esclava...

Adega posee, por su parte, cierta inocente sensualidad que Valle indica valiéndose de expresiones que evocan actitudes de María Mag-

[34] Thomas, *Religion*, p. 478.
[35] Oesterreich, *Possession*, p. 87.
[36] Robbins, *Witchcraft and Demonology*, p. 299b. Cf. también Oesterreich, *Possession*, p. 80, y Grillot de Givry, *Picture Museum*, p. 46.
[37] Robbins, *Witchcraft and Demonology*, p. 299b.
[38] *Ibid.*, p. 299b.

dalena, más otras acaso reminiscentes del Cantar de los Cantares (pp. 23 y 40): «...Aquella pastora... hubiera lavado gustosa los empolvados pies del caminante y hubiera desceñido sus cabellos para enjugárselos... Abrasada por la ola de la gracia, besaba el polvo con besos apasionados y crepitantes, como esposa enamorada que besa al esposo.» Debe advertirse que en la edición de 1904, el adjetivo *voluptuosa* acompañaba a *gracia;* Valle lo eliminó después quizá para que su intención no resultara demasiado obvia.

Con una sola excepción, la gente del lugar, «montañeses milagreros y trágicos» (p. 15), acepta sin dudas el divino origen de las visiones de la pastora y contribuye así al progreso del mal (pp. 40-41):

> La visión de la pastora puso pasmo en todos los corazones, y fue caso de edificación en el lugar. Solamente el hijo de la ventera, que había andado por luengas tierras, osó negar el milagro. Las mujerucas de la aldea augurábanle un castigo ejemplar. Adega, cada vez más silenciosa, parecía vivir en perpetuo ensueño. Eran muchos los que la tenían en olor de saludadora.

La aparición y el proceder del peregrino durante la noche en el establo (pp. 35-38) activan en Adega la sensualidad latente, que proyectará después en esperanzadas sublimaciones pseudopiadosas (pp. 81 y 82): «Llena de fe ingenua, esperaba que el peregrino llegaría para libertarla ...El peregrino se transfiguraba en aquellas visiones de la pastora.» La muerte violenta del romero (pp. 123-124), las dudas que empiezan a surgir cuando lo identifica con Dios (pp. 54 y 126-128) y sostiene que tendrá un hijo de él (p. 202), el considerársela víctima del «mal» o «ramo cativo» (pp. 126, 128 y 202-203), un comedido consejo —«busca un abade que te diga retorneada la oración de San Cidrán» (p. 131)— y la desconfianza que la rodea casi al final —«Es el Demonio, que con ese engaño metióse en ella, y tiénela cautiva y habla por sus labios para hacernos pecar a todos» (p. 203)—, acentúan el proceso.

A contradicciones y sugerencias se agregan el influjo supersticioso (p. 191) y el de los relatos extraordinarios (pp. 136-137):

> ...Un aire de superstición pasa por la vasta cocina del Pazo. Los sarmientos estallan en el hogar acompañando la historia de una endemoniada: La cuenta con los ojos extraviados y poseído de un miedo devoto, el buscador de tesoros [39].

---

[39] Cf.: «...in the times and social circles to which the majority of cases of possession belong, there was a general belief in possession... The reign of superstition was responsible for the fact... that the mildest compulsions were immediately taken for demoniacal possession» (Oesterreich, *Possession*, p. 91).

...Adega escuchaba atenta estos relatos que extendían ante sus ojos como una estela de luz, y cuando tornaba a recorrer los caminos, las princesas encantadas eran santas doncellas que los alarbios tenían prisioneras, y los tesoros escondidos iban a ser descubiertos por las ovejas escarbando en el monte, y con ellos haríase una capilla de plata, que tendría el tejado todo de conchas de oro:

—¡En esa capilla bautizaráse aquel hijo que me conceda Dios Nuestro Señor! ¡Vosotros lo habéis de alcanzar! Tocarán solas las campanas ese amanecer y resucitará aquel santo peregrino que los judíos mataron a la vera de la fuente. ¡Vosotros lo habéis de ver!

En las ofuscadas palabras de la pastora se advierte la inclusión de otro elemento no mencionado antes en la novela y que aparece en «Un ejemplo» como milagro ocurrido ante la inminente presencia de Cristo (*JN*, p. 179): «Estaban llegando a la aldea, cuando las campanas comenzaron a tocar por sí solas». Con él, Valle refuerza su intención caracterizadora.

La celebración del exorcismo (*FS*, pp. 203-205), impresionante aun cuando no se lleva a cabo con todas sus peculiaridades»[40], provoca una intensa conmoción en la pastora: «Aquel latín litúrgico le infundía un pavor religioso. Lo escuchó llorando, y llorando pasó la velada.» Como suele ocurrir en casos parecidos y quizá también por incompetencia del exorcista[41], la ceremonia precipita la obsesión demoníaca (pp. 205-207):

...Se acostó estremecida... En la sombra vio fulgurar unos ojos, y temiendo que fuesen los ojos del Diablo, hizo la señal de la

[40] «The scene of the exorcism should in general be the church or some other place consecrated to God. Only in cases of urgency may it take place in a private house. Women and children should be excluded, as well as the vulgar curious. But the exorcist should not operate without witnesses. He should provide *ut adsint viri graves et pii, praesertim clerici, Sacerdotes vel Religiosi, si habere possint, qui non solum erunt testes sacrarum actionum, sed etiam ipsum iuvabunt orationibus et piis desideriis* [*Manuale exorcismorum*, Antverpiae, 1626, p. 20]. It is left to the discretionary power of the exorcist to decide whether the exorcism shall take place in public or not» (Oesterreich, *Possession*, p. 102). «As presented in the manuals, the rite of exorcism of a person possessed... was not to be undertaken lightly and certain safeguards were recommended, such as the presence of witnesses, especially with women demoniacs. A warning was also given to the priest not to say or do anything that 'might provoke obscene thoughts'» (Robbins, *Witchcraft and Demonology*, pp. 185b-186a). En esta obra se incluyen también la ordenación de la ceremonia y el texto correspondiente tal como fueron promulgados por orden del papa Paulo V, que ocupó el trono pontificio de 1605 a 1621 (pp. 186a-189a). A este respecto, resulta interesante la lectura de *The Exorcist*, novela de William Peter Blatty, que ha sido traducida al español para Emecé Editores, Buenos Aires.

[41] La monja Jeanne des Anges, superiora del convento de Ursulinas de Loudun (1632-1636), fue poseída principalmente gracias al exorcismo (Oester-

cruz. Llena de miedo intentó recogerse y rezar; pero los ojos, apagados un momento, volvieron a encenderse sobre los suyos. Viéndolos tan cerca extendía los brazos en la oscuridad, queriendo alejarlos: Se defendía llena de angustia, gritando:

—¡Arreniégote! ¡Arreniégote!

La dueña acudió. Adega, incorporada en su lecho, batallaba contra una sombra:

—¡Mirad allí el Demonio!... ¡Mirad cómo ríe! Queríase acostar conmigo y llegó a oscuras... Sus manos velludas anduviéronme por el cuerpo y estrujaron mis pechos: Peleaba por poner en ellos la boca, como si fuese una criatura. ¡Oh! ¡Mirad dónde asoma!...

Adega se retorcía, con los ojos extraviados y los labios blancos: Estaba desnuda, descubierta en su lecho. El cabello de oro, agitado y revuelto en torno de los hombros, parecía una llama siniestra. Sus gritos despertaban a los pájaros que tenían el nido en la torre:

—¡Oh!... ¡Mirad dónde asoma el enemigo! ¡Mirad cómo ríe! Su boca negra quería beber en mis pechos... No son para ti, Demonio Cativo, son para el hijo de Dios Nuestro Señor. ¡Arrenegado seas, Demonio! ¡Arrenegado!...

Con las primeras luces del alba, huyó el Malo batiendo sus alas de murciélago. La señora, al saber aquello, decidió que la zagala fuese en romería a Santa Baya de Cristamilde.

Este estado obsesivo, en que el Demonio se manifiesta a través de una visión como si estuviese fuera del individuo y con características semejantes a las de un íncubo, responde sin duda a un conflicto íntimo y profundo [42].

El terror que produce en Adega la muy improbable misa en Santa Baya de Cristamilde (p. 213) no podía, como no lo había podido el

reich, *Possession*, p. 97). Su éxito depende, por lo general, de la autoridad y el poder de sugestión del exorcista (p. 105). Cf. además un texto que quizá Valle conoció (Rodríguez López, *Supersticiones de Galicia*, p. 189):

> El exorcismo puede, en muchos casos, cuando es ejecutado por un sacerdote que tenga autoridad agradable a sus súbditos, tener fuerza sugestiva bastante para modificar la mentalidad del paciente y corregir, o hacer desaparecer la alucinación o la demonomanía. Una autoridad antipática o repulsiva, por no haber sido siempre justa en sus actos, no será capaz nunca de sacar un demonio del cuerpo: los mejores exorcismos y mandatos de esa autoridad seguramente alborotarán más a los *espíritus malignos*.
>
> Por eso para que el sacerdote pueda tener virtud como exorcista conviene que antes de mandar con energía a los demonios, haya conquistado el aprecio de los fieles por su caridad, por su sabiduría y por su prudencia, dentro de su sagrado ministerio.
>
> Y lo mejor será que las autoridades eclesiásticas exijan a los sacerdotes, para ordenarlos de exorcistas, que sean médicos también.

[42] Oesterreich, *Possession*, p. 83; Thomas, *Religion*, p. 477.

exorcismo, resultar beneficioso para la curación de su trastorno. M. J. Ribet [43] lo había considerado una compulsión extrínseca que, si bien no afecta otros aspectos, se impone con tal violencia que el individuo siente en él dos seres y dos principios en pugna: uno externo y despótico que busca invadir y dominar, y otro interno, el alma, que sufre y lucha contra el dominio extraño. S. Icard (*La mujer durante el período menstrual,* 1890) lo clasificó como delirio religioso con forma alucinatoria y perteneciente a la esfera genética. Rodríguez López recoge sus peculiaridades y atribuye su causa básica a la histeria [44]; el cuadro que presenta coincide casi rasgo por rasgo con los síntomas de Adega, aunque, como era de esperar, Valle se tomó las libertades literarias que le convinieron:

No siempre es el Diablo, a veces es cualquiera de las tres personas de la Santísima Trinidad la que se convierte en esposo, y en su alucinación llegan a creerse embarazadas de cualquiera de ellas.

A veces la joven, entre los quince y los dieciocho años, es atacada de una extrema exaltación religiosa..., siente alucinaciones de la vista y del oído en forma de espectáculos y conciertos celestes.

En la pubertad es cuando a veces el misticismo tortura más con horribles pensamientos. Para desecharlos luchan las infelices jóvenes con toda su alma con el diablo, al que insultan... con los términos más extraños y originales. Se entregan abiertamente a una verdadera gimnástica de señales de la cruz, a toda clase de gestos y contorsiones.

Quizá el único remedio eficaz para la pastora hubiera sido el recetado a Anne Thorne, principal testigo de cargo en el juicio contra Jane Wenham (1712) [45]:

...Un doctor le ordenó lavarse las manos y la cara dos veces al día y que la vigilara un «robusto mozo» durante la convalescencia. El joven resultó una efectiva medicina para la histeria de Ana, y los dos terminaron casándose y siendo felices [46].

[43] *La mystique divine distinguée des contrefaçons diaboliques et des analogies humaines* (3 vols., Paris), vol. III, p. 191ss. (en Oesterreich, *Possession*, p. 83).

[44] Rodríguez López, *Supersticiones de Galicia*, pp. 164-165 y 168. Véase también Robbins, *Witchcraft and Demonology*, p. 301a.

[45] Robbins, *Witchcraft and Demonology*, p. 537a.

[46] El cuento «Beatriz» (*Electra*, Madrid, Año I, núm. 2, 23 de marzo de 1901, pp. 44-50; *HP*, pp. 63-81) parece un ensayo previo de la historia psicológica de Adega. Hay diferencias: Beatriz es noble y su perturbación no revela, por lo menos aparentemente, que esté satisfecha con la seducción de que ha sido objeto por parte del capellán de su casa, pues, de acuerdo con lo que dice su madre, ha llegado a aborrecer «todas las cosas santas» (p. 73). Pero,

Si la historia de Adega es patética, si a través de ella vemos a la víctima de la influencia que un ambiente y un grupo humano ejercen y que la expresión poética de Valle acentúa en lugar de disimular, muy otra es la impresión que recibimos ante el breve parlamento de la Boticaria en «Las galas del difunto». Juanito Ventolera, ya vestido con el traje del recién enterrado Boticario, se presenta en su casa para reclamar el sombrero y el bastón que completarán su indumentaria. De paso, dirige un «cumplido» a la viuda: «—...¡Bastón y bombín para irme de naja, que me espera una gachí de mistó! Usted tampoco está mala» (*MC*, p. 77). Ni corta ni perezosa, la Boticaria lo acepta proponiéndose, y apenas disfraza su descaro con la alusión al supuesto acoso de un íncubo:

> ¡Niño, dame el rosario! ¡Llévame a la cama! ¡Echale un aspergio de agua bendita! ¡Anda suelto el Maligno! ¡Me baila alrededor con negro revuelo! ¡Esposo mío, si estás enojado, desenójate! ¡Tendrás los mejores sufragios! ¡Aunque monten a la luna! ¡Niño, llévame a la cama!

La reacción recuerda un episodio que Jules Delassus registra en *Les incubes et le succubes* (París, 1897), donde un exorcista se sorprende como en el caso de Adega, en algún momento se la ha considerado poseída (pp. 66 y 73) y se ha pensado en someterla a un exorcismo (p. 67). Más atinado, sin embargo, que el Abad de *Flor de santidad*, el Penitenciario de «Beatriz» sólo reza por ella una oración a la Virgen —poderosa y decidida mediadora, y hasta interventora, contra los asedios diabólicos, como muy bien lo muestran los Milagros de Berceo— para que aparte de su «alma los malos espíritus que la cercan» (p. 71), y acusa ante la Condesa al fraile seductor, «sacerdote impuro, hijo de Satanás» (p. 74). Si Adega «parecía la zagala de las leyendas piadosas», Beatriz «hacía recordar aquellas blondas princesas... que martirizaban su carne ya tentada por Satanás» (p. 76) y, como aquélla, padece una visión demoníaca resultante más de su propia vergüenza después de una confesión y del enfrentamiento con su madre que de la poca habilidad de un exorcista, como en el caso de Adega:

> Beatriz retrocedió, los ojos horrorizados, fijos en el revuelto lecho:
> —¡Ahí está Satanás! ¡Ahí duerme Satanás! Viene todas las noches. Ahora vino y se llevó mi escapulario. Me ha mordido en el pecho... Me muerde siempre en este pecho...
> Y Beatriz mostrábale a su madre el seno de blancura eucarística, donde se veía la huella negra que dejan los labios de Lucifer cuando besan.

También como a Adega se intentará protegerla con la intervención divina y, si en *Flor de santidad* se recurre a la mediación de Santa Baya, en «Beatriz» lo empleado para apartar al Demonio será un crucifijo. Y tanto en el cuento como en la novela, los efectos presentados por los supuestos «endemoniadas» no resultan, naturalmente, de la acción de espíritus malignos sino de violentos choques psicológicos.

6

desagradablemente ante la conducta de la muchacha a quien debe proteger contra los ataques demoníacos [47]:

> En 1643 mis superiores eclesiásticos me ordenaron exorcizar a una veinteañera perseguida por un íncubo... después de lo que me dijo, llegué a la conclusión de que, a pesar de sus negativas, en alguna forma había alentado al demonio. A la verdad, siempre su llegada le era anunciada por una violenta sobreexcitación de los órganos sexuales; pero entonces, en lugar de buscar refugio en la oración, corría derecho a su cuarto y se arrojaba en la cama.

No nos consta que Valle conociera el texto que acabamos de transcribir. De conocerlo, aprovechó con agudeza la sugerencia para pintar caricaturescamente el ansia ridícula de una jamona; de no conocerlo, su perspicacia psicológica y su capacidad expresiva son doblemente admirables.

Posesión.—Valle-Inclán alude varias veces al segundo tipo de asalto diabólico, pero, en general, metafóricamente. En *Romance de lobos* (p. 198), sirve para caracterizar la voz angustiada de Don Juan Manuel, cuando, encerrado, llora la muerte de Doña María, culpándose de haberla apresurado con su insaciable sed de aventuras eróticas:

> *El Rapaz de las vacas:* ¡Por la noche se oían sus lamentos!...
> *La Recogida:* ¡Una voz de desespero que llenaba toda la casa!
> *Andreíña:* ¡La voz del enemigo que tenía en el cuerpo, y que turraba por salir!...

Gerifaltes de antaño (pp. 103-104) lo ofrece como expresión de lo que, desde pequeña, ha pensado Eulalia Redín de su hermano, el perverso marquesito Agila:

> —¡Tienes dentro del cuerpo el demonio manso!
> Eran las mismas palabras, llenas de un perfume supersticioso e ingenuo, con que de niños expresaban los momentos malos de Agila, la terquedad pérfida, silenciosa, encalmada, que oponía ante los castigos y los halagos.

En la *Farsa de la enamorada del rey* (p. 17), la Ventera atribuirá aspaventeramente a posesión diabólica el romántico e incomprensible amor de Mari-Justina por el Rey:

> Niña, por quimeras pierdes el recato,
> El Demonio llevas en ti revestido.

---

[47] Robbins, *Witchcraft and Demonology*, p. 258a.

¡Renegado, amén, el rabo del gato!
¡Esta niña, tiene revuelto el sentido!

Divinas palabras (p. 156) y *Cara de Plata* (pp. 52 y 107) emplean con ligeras variantes la misma expresión —el Demonio se reviste de alguien o alguien está revestido con él— para indicar que un personaje actúa como si estuviese poseído [48]. En «Sortilegio» (*RALM*, p. 337), una supuesta posesión servirá de pretexto para postergar una ejecución inminente:

> *El Sordo de Triana:* Reverendo padre: a los enemigos tengo dentro del cuerpo, y menester [¿he?, ¿es?] que me los saque su reverencia... Menda precisa de los exorcismos que le liberten del malvado. Bate su ramo dentro de mí, y sus rebates me ciegan el juicio.

Dos veces, sin embargo, la posesión se trata en forma directa. La primera ocurre al final de «Un ejemplo» (*JN*, pp. 182-184), en un contexto donde el milagro propiamente dicho no consiste en arrojar el espíritu que atormenta a la endemoniada —como podría haberse esperado—, sino en dejar que su presencia tiente a un ermitaño y provoque el acto que lo proteja:

> ...La endemoniada, enredados los dedos en los cabellos, corría...: Era una vieja vestida de harapos, con los senos velludos y colgantes: en la orilla del río se detuvo acezando..., y comenzó a retorcerse y a plañir. El santo ermitaño no tardó en verse a su lado, y como sentía los bríos generosos de un mancebo, intentó sujetarla. Pero apenas sus manos tocaron aquella carne de pecado, le acudió una gran turbación. Miró a la endemoniada y la vio bajo la luz de la luna, bella como una princesa y vestida de sedas orientales, que las manos perversas desgarraban por descubrir las blancas flores de los senos. Amaro tuvo miedo: volvió a sentir con el fuego juvenil de la sangre las tentaciones de la lujuria... Alzó los ojos al cielo, y solamente descubrió, abiertas sobre su cabeza, las alas del murciélago Satanás. El alma entonces lloró acongojada, sintiendo que la carne se encendía. La mujer habíase desgarrado por completo la túnica y se le mostraba desnuda. Amaro, próximo a desfallecer... vió en la vastedad de la llanura desierta el rescoldo de una hoguera... Y arrastrándose llegó hasta la hoguera, y... escondió una mano en la brasa, mientras con la otra hacía la señal de la

---

[48] En *La cabeza del dragón* (p. 14), Verdemar piensa que hasta un objeto puede padecer el ataque diabólico cuando se refiere a la pelota movida por las artes del Duende: «Parece que llevase dentro un diablo enredador.»

cruz a la mujer endemoniada. La mujer huyó... El santo ermitaño alzó la mano de la brasa, y en la palma llagada vio nacerle una rosa, y a su lado vio al Señor Jesucristo.

Valle-Inclán, inspirándose quizá en los ejemplos evangélicos tan realistas y objetivos en la descripción de posesiones diabólicas y en la peculiar modificación fisonómica del poseído, atribuida a un aspecto de la personalidad original[49], convierte a la endemoniada casi en súcubo seductor. La posesión de la mujer proyecta así en el ermitaño una obsesión muy semejante a las padecidas por San Antonio en el desierto[50], y el ermitaño reacciona ante ella de manera que recuerda mucho el ponderado recurso de la virtuosa Doña María Coronel[51].

Pero el más famoso de los dos casos que aparecen en la obra de Valle es el episodio de las endemoniadas en *Flor de santidad* (pp. 209 y 212-215):

> Santa Baya de Cristamilde está al otro lado del monte, allá en los arenales donde el mar brama. Todos los años acuden a su fiesta muchos devotos... Adega, la dueña y el criado, han salido a la media tarde para llegar a la media noche, que es cuando se celebra la Misa de las Endemoniadas... Las endemoniadas lanzan gritos estridentes, al subir la loma donde está la ermita, y cuajan espuma sus bocas blasfemas: Los devotos aldeanos que las conducen, tienen que arrastrarlas... Son las doce de la noche y comienza la misa. Las endemoniadas gritan retorciéndose:
>
> —¡Santa tiñosa, arráncale los ojos al frade!
>
> Y con el cabello desmadejado y los ojos saltantes, pugnan por ir hacia el altar. A los aldeanos más fornidos les cuesta trabajo sujetarlas: Las endemoniadas jadean roncas, con los corpiños rasgados, mostrando la carne lívida de los hombros y de los senos... Los gritos sacrílegos no cesan durante la misa:
>
> —¡Santa Baya, tienes un can rabioso que te visita en la cama!

[49] Oesterreich, *Possession*, pp. 5, 17, 46-47 y 116.

[50] *Ibid.*, p. 83. La relación establecida en «Un ejemplo» vuelve en «Cortesana de Alejandría» (*P*, p. 82):

> ¡Sierpe! ¡Rosa! ¡Fuego! Tal es tu armonía:
> Gracia de tres formas en tu gracia inquieta,
> Tu esencia de monstruo en la alegoría
> Se descubre. Antonio el anacoreta
> Huyó de tu sombra por Alejandría.
> ¡Antonio era Santo! ¿Si fuera poeta?...

[51] Cf. Juan de Mena, *El Laberinto de Fortuna o Las trescientas*, edición, prólogo y notas de José Manuel Blecua, Clásicos Castellanos, Espasa-Calpe, S. A., Madrid, 1943, p. 46, copla 79 y nota.

...Terminada la misa, todas las posesas del mal espíritu son despojadas de sus ropas y conducidas al mar, envueltas en lienzos blancos... Las endemoniadas, enfrente de las olas, aúllan y se resisten enterrando los pies en la arena. El lienzo que las cubre cae, y su lívida desnudez surge como un gran pecado legendario, calenturiento y triste. La ola negra y bordeada de espumas se levanta... y sube por la playa, y se despeña sobre aquellas cabezas greñudas y aquellos hombros tiritantes. El pálido pecado de la carne se estremece, y las bocas sacrílegas escupen el agua salada del mar. La ola se retira dejando en seco las peñas, y allá en el confín vuelve a encresparse cavernosa y rugiente. Son sus embates como las tentaciones de Satanás contra los Santos... La Santa sale en sus andas procesionales... Prestes y monagos recitan sus latines, y las endemoniadas, entre las espumas de una ola, claman blasfemas:

—¡Santa, tiñosa!
—¡Santa, rabuda!
—¡Santa, salida!
—¡Santa, preñada!

Los aldeanos, arrodillados, cuentan las olas: Son siete las que habrá de recibir cada poseída para verse libre de los malos espíritus... ¡Son siete como los pecados del mundo!

El pasaje se inspira básicamente en dos difundidas creencias gallegas. Una es la del mal o ramo cativo —posesión diabólica para unos y forma de locura para otros— que se alivia, según se dice, acudiendo a diversos santuarios[52]:

Es creencia general en el pueblo, sobre todo entre gente ignorante y muy especialmente en los campesinos, que todas las mujeres que blasfeman y hablan locamente de cosas del infierno, pretendiendo ser alguno de los principales diablos y aun tener comercio con Satanás, y que acuden a determinados santuarios, en donde se acentúan más sus gritos, sus blasfemias y sus desesperadas contorsiones, tienen el demonio en el cuerpo.

Varios santuarios de Galicia tienen fama de curar esta clase de enfermas, a cuyo mal llaman en el país ramo cativo, producido por el demonio que tienen en el cuerpo. Son los más notables el llamado por aquí O Corpiño de lonxe, para diferenciarlo del otro Corpiño que hay en la provincia de Lugo. En ambas iglesias se venera a la Virgen del Corpiño; Santa Eufemia, que se venera en la parroquia de Santiago, de Arteijo, partido judicial de La Coruña, y San Pedro Mártir, que se venera en el convento de Belbis, de Santiago, son muy afamados también para expulsar los demonios del cuerpo.

[52] Rodríguez López, *Supersticiones de Galicia,* pp. 155-156. Véase también Thomas, *Religion,* p. 478.

La segunda creencia —común en los puertos— es la de que las aguas del mar tienen extraordinarios poderes terapéuticos y preventivos contra varios males, pero muy en especial contra la rabia. Los enfermos o quienes no desean enfermar deben bañarse en ellas «a las doce en punto de la noche de San Juan y recibir nueve golpes de ola», porque de los múltiples de tres el nueve posee mayores virtudes [53].

Si bien ambas creencias son los puntos de partida, el episodio abarca mucho más y es demostración acabada de la capacidad modificadora, combinatoria y creadora de Valle-Inclán, quien sabe también atenerse a la realidad cuando ésta resulta suficientemente expresiva. La sugerencia de los orígenes de la enfermedad y sus características manifestaciones son verdaderas. Todas las endemoniadas, y en número impresionante, son mujeres, pues el padecimiento predomina entre los miembros de su sexo [54]. Todas parecen pertenecer a clases inferiores o ineducadas de la sociedad [55]. Sus continuas obscenidades y blasfemias durante la misa [56], debidas quizá al medio del cual provienen las posesas [57], van acompañadas de contorsiones tan violentas como las que ocurren al pronunciarse los exorcismos [58], y tampoco faltan la fuerza extraordinaria, los cambios de voz y las exposiciones lascivas [59]. Entre dos posibilidades —el temor a las reliquias, símbolos sagrados, sacramentos e imágenes por un lado y su profanación por otro [60]—, Valle se decide

---

[53] Rodríguez López, *Supersticiones de Galicia*, pp. 38 y 105.

[54] «Another very frequent cause of possession is the sight and company of possessed persons... It is necessary to remark that the true source of this infection is not the mere sight of the possessed but the concomitant lively belief in the demoniacal character of their state and its contagious nature» (Oesterreich, *Possession*, p. 92). Para el sexo, *ibid.*, p. 121.

[55] *Ibid.*, pp. 99, 121 y 205. A este respecto conviene recordar que en la narración «Santa Baya de Cristamilde» (*Los Lunes de «El Imparcial»*, Madrid, 26 de septiembre de 1904, p. 4), cuyo texto coincide en gran parte con el pasaje de la novela, el personaje llevado en romería no es la desvalida e ignorante Adega, sino Doña Micaela de Ponte y Andrade, perteneciente a una linajuda familia. Con buen tino, Valle adecuó después el personaje a la categoría que le correspondía mejor.

[56] En la lista de manifestaciones que el padre Esprit de Bosroger ofrece se incluye «el violento maldecir ante cualquier plegaria» (*La Piété affligée... Saincte Elizabeth de Louviers*, Rouen, 1652, citado por Robbins, *Witchcraft and Demonology*, p. 396a). El hecho resulta mucho más explicable durante la media hora larga de una misa.

[57] Perty, *Mystische Erscheinungen*, p. 344, citado por Kiesewetter, *Geschichte des Okkultismus*, vol. II, p. 669 (Oesterreich, *Possession*, p. 99, n. 2).

[58] *Ibid.*, pp. 22 y 23.

[59] Robbins, *Witchcraft and Demonology*, pp. 206b, 395b, 396a y 397b; Oesterreich, *Possession*, pp. 19-22. A propósito de los cambios de voz, recuérdese el horrorizado reproche de Concha a Xavier (*SO*, p. 216): «Me das miedo cuando dices esas impiedades..., porque no eres tú quien habla: es Satanás... Hasta tu voz parece otra... ¡Es Satanás!»

[60] Robbins, *Witchcraft and Demonology*, pp. 182a y 396a; Oesterreich, *Possession*, pp. 24-25.

por la agresividad desafiante de lo segundo, sin duda mucho más dramática. Pero si en cuanto a todo lo anterior Valle se mantiene dentro de los límites de lo probable, bastante distinto es lo que sucede con la misa, el lugar donde se dice y el recurso curativo. En lugar de volver a echar mano del procedimiento regular del exorcismo, Valle prefiere inventar una misa de media noche. Sin ningún respaldo canónico —por lo menos durante la época en que se escribió la novela [61]—, dicha misa quizá tuvo otros legendarios o no ortodoxos y alguno literario. Aparte de que la media noche del día de San Juan es la propicia para los terapéuticos baños marinos, en Galicia también se cree que a esa hora «se abren las iglesias por mano invisible, y los cadáveres resucitan para subir al campanario y tocar a misa de ánimas» [62]. A la media noche, igualmente, se celebraban misas de intención mágica, como la del Espíritu Santo, dicha el primer lunes del mes para vigorizar los poderes del mago y protegerlo, y la de St. Secaire, dedicada a provocar la muerte o la esterilidad [63]. A esto podría agregarse, quizá, cierto influjo de la siempre inconclusa misa nocturna rezada por el espectro del Abate de La Croix-Jugan en *L'Ensorcelée* de Jules Barbey D'Aurevilly, con cuyas obras Valle-Inclán estaba bastante familiarizado. Aunque el santuario donde se celebra la imposible misa se denomina con el hermoso nombre de uno situado en el Valle de Salnés, éste no se relaciona con la curación del ramo cativo, propiedad que se atribuye en cambio al Corpiño de Lonxe, a Santa Eufemia y a San Pedro Mártir. Santa Baya de Cristamilde tampoco se encuentra en la costa del mar, situación que corresponde a algunos verdaderamente famosos como Nuestra Señora de la Lanzada, San Andrés de Teixido y Nuestra Señora de la Barca [64]. Evidentemente, Valle aprovechó el nombre que le pareció más misterioso

---

[61] De acuerdo con el Canon 821 del *Código de Derecho Canónico* (pp. 283-284) vigente en el tiempo de Valle-Inclán, «No puede empezarse la celebración de la misa ni más pronto de una hora antes de la aurora ni más tarde de una hora después de mediodía. En la noche de la Natividad del Señor puede a la media noche empezarse solamente la Misa conventual o la parroquial, pero no otra, sin indulto apostólico. Esto no obstante, en todas las casas religiosas o pías con facultad de tener habitualmente reservada la santísima Eucaristía, en la noche de la Natividad del Señor puede un solo sacerdote celebrar las tres Misas rituales, o puede, observando lo que está mandado, celebrar una sola que sirva para que todos los asistentes a ella puedan cumplir con el precepto, y dar la sagrada comunión a los que la pidan.» Según se me informa, el único indulto con referencia a este canon es el que poseen los Misioneros de las Órdenes y Congregaciones religiosas. Conforme a él, y en caso de tener que salir a trabajos apostólicos muy temprano, pueden celebrar durante la noche, pero no antes de la una de la madrugada.

[62] Rodríguez López, *Supersticiones de Galicia*, p. 135.

[63] Cavendish, *The Black Arts*, p. 328; Hole, *Witchcraft in England*, p. 158.

[64] Posse, «Notas sobre el folklore gallego», p. 503; Rodríguez López, *Supersticiones de Galicia*, p. 156; González López, «Valle-Inclán y los escritores gallegos», p. 255.

y musical, lo aplicó a un imaginado santuario evocador de otros dedicados a la intención de curar el ramo cativo y lo situó en el lugar que le convenía para el final del episodio. En este final se combinan, además, la tradición referente al valor terapéutico y purificador de los baños de mar y una práctica mágica que no encuentro descrita ni en *Supersticiones de Galicia* ni en el artículo de Rita Posse, pero sí en *Modern Greek Folklore*. Según el libro de Lawson,

> ...En un caso registrado recientemente, una bruja consultada por una pareja así afligida [la impotencia del marido provocada por hechizo] la llevó a la orilla del mar, le ordenó que se desnudara, ató juntos a ambos cónyuges con vástagos de vid y los hizo permanecer abrazados en el agua hasta que recibieran los golpes de cuarenta olas [Καμπούρογλου Ἰστ. Τῶν Ἀθηναίων], vol. III, p. 60]. En cuanto al significado de los detalles de este ensalmo, el autor que lo registra no formula comentario alguno; pero merecen... cierta consideración. El vástago de vid... es un conocido medio de purificación... La sal posee también poderes mágicos para prevenir todas las malas influencias... y el mar es por esto más eficaz que un río en cuanto a propósitos misteriosos. Cuarenta es el número purificador; la misa de parida se celebra al cuadragésimo día del nacimiento... Finalmente, los golpes de las olas parecen haber tenido la intención de poner en fuga por coacción física al demonio o a cualquier otro poder maléfico que estuviera separando al marido de su mujer [65].

Valle cambia la intención y las peculiaridades del procedimiento y lo convierte en ceremonia liberadora de endemoniadas, a las que también se desnuda, pero para envolverlas en lienzos blancos —cuyo color simboliza pureza—, y a las cuales se deja frente al mar para que reciban los golpes de siete olas, una por cada pecado capital. Como siempre, sin embargo, es sobre todo el pecado de la carne el que se subraya con insistencia, aunque contrastando el relativamente leve efecto en Adega y el sin duda tremendo en las poseídas [66]. Como siempre, asimismo, se nos deja con la impresión de que contra esos efectos y los de los otros seis pecados toda tentativa es vana. De nada servirán ni la magia de los hombres —ensalmos [67], el recurso de hacer intervenir a un inocen-

---

[65] Lawson, *Modern Greek Folklore*, p. 20. Sobre la idea de que la sal evita las malas influencias, véanse también: Cavendish, *The Black Arts*, pp. 23-24; Scott, *Letters*, p. 15; Murray, *The God of the Witches*, p. 118; Leland, *Gypsy Sorcery*, p. 19; Oesterreich, *Possession*, pp. 215-216; Thomas, *Religion*, p. 628.

[66] «Possession does not denote a lesser but rather a deeper disturbance of the mind than does obsession» (Oesterreich, *Possession*, p. 83; véase también p. 193).

[67] Cf. los de Micaela la Roja (*CC*, pp. 135-136) y de Mari-Gaila (*DP*, pp. 183-185).

te [68]— ni el poder divino, sea impetrado a través de exorcismos o plegarias («Beatriz», *HP,* p. 71), sea por mediación de la Virgen *(ibid.) o* del Arcángel San Miguel, activo luchador contra los espíritus de las tinieblas [69], cuya imagen vemos en la capilla de los Montenegro (*RL,* p. 96) y a quien se alude en *Tirano Banderas* (p. 267). Nada podrán especialmente contra la posesión, porque en todas sus manifestaciones el Demonio es sólo el maligno escamoteo de la conciencia [70] y porque la perturbación mental resultante desaparecerá únicamente junto con la superstición y la ignorancia [71].

¿Y VALLE-INCLÁN?

Leyendo *La lámpara maravillosa,* donde Valle intentó una teoría estética a partir de la actitud propuesta por el quietismo molinista, sorprende un poco, después de todo lo visto y al principio, por lo menos, que insista tanto en la presencia e influencia del Demonio en relación con su propia persona.

A veces sólo se trata de un término dentro de una comparación, con la cual subraya la intensidad de la lucha contra las inclinaciones que podían perturbar la realización de su obra (*LM,* p. 15): «...Cuando en mí se removieron las larvas del desaliento, y casi me envenenó una desesperación mezquina, supe castigarme como pudiera hacerlo un santo monje tentado del Demonio.» Echando mano de expresiones gnósticas, Valle-Inclán llega a considerar que, en algún momento, la móvil inquietud demoníaca le quitó la paz necesaria (p. 30): «Aquel espíritu que borra eternamente sus huellas me tenía poseso, y mi existencia fue como el remedo de sus vuelos en el Horus del Pleroma» [72]. Ateniéndose

---

[68] Cf. «Mi hermana Antonia» (*CS,* p. 121).
[69] Evans-Wentz, *The Fairy-Faith,* p. 407.
[70] Oesterreich, *Possession,* pp. 95 y 121.
[71] «Demoniacal possession is a convenient portmanteau-term to describe one theory of deranged personality» (Robbins, *Witchcraft and Demonology,* p. 186b); cf. también Oesterreich, *Possession,* p. 127. «Only where a high degree of civilization prevails does it disappear or retreat into the shadows» (*ibid.,* p. 12).
[72] Valle-Inclán vuelve a emplear la expresión en un contexto vinculado con su preocupación por el tiempo (pp. 38-39): «...Satanás, estéril y soberbio, anhela ser presente en el Todo. Satanás gira eternamente en el Horus del Pleroma, con el ansia y la congoja de hacer desaparecer el antes y el después. Consumirse en el vuelo sin detenerse nunca, es la terrible sentencia que cumple el Ángel Lucifer.» Algunos conceptos pasarán parafraseados a un diálogo de *Divinas palabras* (pp. 256-257):

> *Pedro Gailo:* El Demonio se rebeló por querer saber demasiado.
> *Séptimo Miau:* El Demonio se rebeló por querer saber.
> *Pedro Gailo:* Ver y saber, son frutos de la misma rama. El Demonio

a un viejo concepto, considerará demoníaca la relación entre inteligencia y soberbia —«donde el intelecto discierne, arguye la soberbia de Satanás» (p. 58)—, y afirmará, confrontando dos posibilidades opuestas que «Amor sin dolor es una comprensión divina; Dolor sin amor un círculo de Satanás» (p. 105). No se tarda, sin embargo, en encontrar la coincidencia con lo expuesto en sus obras narrativas y dramáticas, aunque dicha más complicadamente (pp. 144-145):

> El Demonio encarna en nosotros la culpa angélica, por eso libertados del hilo de las horas, y desnudos de la tierra, perduramos en él: Nexo en tantos dolores y mudanzas como padecemos, no nos deja jamás, y está del lado de la vida como del lado de la muerte: Tiene una eternidad estéril, sin quietud, sin amor, sin posibilidad creadora, desmoronándose en todos los instantes y volviendo a nacer en cada uno: Es el que grana el rencor y la envidia, la aridez y el odio. Es la sierpe satánica del yo, la ondulación que atraviesa por todos mis días, la que los junta y me dice quién soy.

Nuevas dudas provocan algunos textos de *El pasajero*. Es lo que ocurre con las siguientes estrofas, que corresponden a «Rosa del paraíso» y «Rosa de bronce» (pp. 37 y 92):

> Mi alma, tendida como un vasto sueño
> Se alegró bajo el árbol del enigma.
> Ya enroscaba en la copa su diseño
> Flamígero, la sierpe del Estigma.
>
> Llevé sobre los ojos una venda,
> Dando sangre una herida en el costado,
> Y en los hombros la capa de leyenda
> Con que va a sus concilios el Malvado [73].

Pero, volviendo páginas, el final de «Rosa de llamas» (p. 10), casi completamente distinto del que trae *Claves líricas* [74], precisa una revelación:

> En mi senda estabas, lóbrego lucero,
> Con tu torbellino de acciones y ciencias:
> Las rojas blasfemias por pan justiciero,
> Y las utopías de nuevas conciencias.

quiso tener un ojo en cada sin fin, ver el pasado y el no logrado.
Séptimo Miau: Pues se salió con la suya.
Pedro Gailo: La suya era ser tanto como Dios, y cegó ante la hora que nunca pasa. ¡Con las tres miradas ya era Dios!
[73] En *Los Lunes de «El Imparcial»* (Madrid, 4 de noviembre de 1918, p. 3), el poema se titula «La rosa del rebelde».
[74] «Lóbrega su estrella le alumbra el sendero / con un torbellino de accio-

Tú fuiste en mi vida una llamarada,
Por tu negro verbo de Mateo Morral:
¡Por el dolor negro del alma enconada,
Que estalló en las ruedas del Carro Real! [75]

¿Cómo interpretarla? Si pensamos en el retrato de su alegre y cambiante daimón (*LM*, p. 19), y en lo que Valle-Inclán debió escribir para satisfacer su disconformidad con la España de los siglos XIX y XX, comprenderemos que, aunque atendió a los problemas de su época como hombre y como artista, éstos lo privaron de la calma necesaria para cumplir con exigencias más íntimas y más afines con su naturaleza. Los problemas —humanos, sociales, políticos— son los que resultaban de un reaccionarismo cerril semejante al de dos eminencias grises (*CM*, p. 9): «El Confesor y la Madre Patrocinio estimaban más eficaces que las muestras de amor indulgente, los anatemas con su cortejo de diablos y espantos.»

nes y ciencias: / las torvas blasfemias por pan justiciero, / y las utopías de nuevas conciencias. // Ráfagas de ocaso, dunas escampadas. / La luz y la sombra gladiando en el monte: / Mítica tragedia de rojas espadas / y alados mancebos, sobre el horizonte» (*CL*, p. 54).

[75] Los tres últimos versos aluden al atentado que el terrorista Mateo Morral (Sabadell, ca. 1880-Torrejón de Ardoz, 2 de junio de 1906) cometió contra el rey Alfonso XIII el día de su boda (31 de mayo de 1906) arrojando una bomba contra el cortejo nupcial.

V

LOS BRUJOS

En la obra de Valle-Inclán abunda la palabra *bruja*. Suele usársela como vocativo insultante: «¡Calla con esos reniegos, bruja!» (*CP*, p. 177); «¡Bruja cicatera!» (*DP*, p. 226). Puede integrarse en construcciones comparativo-descriptivas, a las que ocasionalmente se agrega un matiz desvalorativo o una intención irónico-burlona (*FS*, p. 128; *SI*, p. 50; *AB*, p. 131; *E*, p. CIV):

> Las mujerucas hablaban reunidas en torno a la fuente, sus rostros se espejaban temblorosos en el cristal, y su coloquio parecía tener el misterio de un cuento de brujas.

> ...La tos del fraile, el rosmar de la vieja y el soliloquio del reloj, me parecía que guardaban un ritmo quimérico y grotesco, aprendido en la canción de alguna bruja.

> ...Es una chimenea de piedra, que recuerda esos cuentos campesinos y grotescos de las brujas que se escurren por la gramallera abajo...

> *La Galana:* ...Vamos a cenar todos juntos una empanada, bajo la luna, al arrimo de un roble, como las brujas.

Sirve también para caracterizar la apariencia de un personaje, centralizar una activa alusión esperpéntica, expresar bromas, despecho, fantasías y hasta alguna advertencia no muy disimulada[1]:

> ...La bruja, toda en un grito, apalea las escurridas ancas de los puercos...

---

[1] *DP*, p. 208: «Las galas del difunto», *MC*, pp. 16 y 36-37; *CC*, p. 82; *AB*, p. 273; «Mi bisabuelo», *JU*, p. 161; «El miedo», p. 47.

La Bruja encaperuzó el manto sobre las sienes y voló convertida en corneja... Se anguliza como un murciélago, clavado en los picos del manto...

—Fuego no es, pero algo acontece...
Cara de Plata le dijo con burla:
—Andará alguna bruja por los tejados.

Don Farruquiño [refiriéndose al cadáver que ha puesto a hervir y cuya carne no acababa de desprenderse]: ¡Un rayo me parta si no es el cuerpo de una bruja!

...Recuerdo que algunos días [el bisabuelo] en la mejilla derecha tenía una roseola, casi una llaga: De aquella roseola la gente del pueblo murmuraba que era un beso de las brujas.

—¡Señor Granadero del Rey, hay que saber si son trasgos o brujas! [los que hacen moverse los huesos en una tumba].

Los adjetivos derivados tienden a reducir la figura humana a una impresión, a provocar una relación pictórica o a acentuar la peculiaridad de un aspecto (*RL,* p. 148; *DP,* p. 140; *SI,* p. 47; *RH,* p. 111):

...Otra sombra negra y bruja, huye de la tribuna.

...El sacristán huye por el camino de la aldea: La sotana escueta y el bonete picudo, ponen en su sombra algo de embrujado...

...me clavó los ojos hundidos, negros, brujos, como los tienen algunas viejas pintadas por Goya...

...puso en hilera las cabezas degolladas de las siete cabras: Eran de aspecto brujesco bajo el resplandor de la hoguera, con sus ojos lívidos, y sus barbas sangrientas, y sus cuernos infernales.

Tampoco faltan referencias metafóricas a las prácticas mágicas en algún parlamento o algún diálogo donde se intenta explicar la de otra manera incomprensible intensidad de un afecto o señalar posibles remedios para la locura de amor (*SI,* p. 97; *CP,* p. 31):

—¡Oh!... ¡Cuánto te quiero! ¿Por qué te querré tanto? ¿Qué bebedizo me habrás dado?

Sabelita: ¡Loco!
Cara de Plata: Pónme tú cuerdo.
Sabelita: ¿Con qué yerbas?
Cara de Plata: Con palabras.

La variedad estilística se corresponde en diversas páginas con la pulación de brujos, resultado casi natural de la importancia concedida al Diablo por los personajes, y que parecería probar el aserto de Grillot de Givry acerca de la realidad española [2]: «España empezó a ser tierra de brujos hace muchísimo tiempo y todavía lo es hoy.»

A lo largo de la historia, la actitud de la Iglesia no desmiente la afirmación. Los brujos para ella fueron herejes [3] y a veces competidores de los miembros del clero [4]: «...al lado de los sacerdotes de la religión oficial, ejercían el ministerio de conjurar, y eran tan solicitados como aquéllos, los practicantes de las viejas fórmulas no cristianas, como los saludadores.» Hubo también algún ejemplo en contrario. Por lo menos en Galicia y en el siglo XVI «la mayor parte de los considerados brujos eran sacerdotes» hasta el punto de que «el canon LIX del Segundo Concilio de Braga» prohibió «a los clérigos ser encantadores o hacer ligaduras» [5].

La Inquisición, que funcionó en España desde el siglo XIII, persiguió a los brujos y sus prácticas. Tardíamente establecida en Galicia (1562), provocó allí más daño económico —a causa sobre todo de arbitrariedades contra barcos mercantes extranjeros— que mella directa en la población. A pesar de las arraigadas supersticiones y las no escasas actividades en materia de brujería, el número de procesados es sorprendentemente bajo [6].

Quizá por esto, cuando Valle se refiere a las intervenciones del Santo Oficio y a los castigos impuestos a los reos, su tono suena más a burla que a ataques encarnizados, y su intención parece dirigida a buscar situaciones cómicas o caricaturescas.

En *Sonata de primavera* (pp. 190-191 y 207-209), se apunta a la escasa validez de una acusación como la de Polonio, en quien contrasta el miedo a los efectos de las prácticas hechiceriles y lo que ha intentado contra Bradomín; la acusación, sin embargo, será acogida con beneplácito por el Santo Oficio. La situación así creada sirve también para mostrar la cándida bondad de María Rosario frente a la cortesana

---

[2] Grillot de Givry, *Picture Museum*, p. 68.

[3] A comienzos del siglo XVI, el Inquisidor Mayor Alonso Manrique promulgó un edicto según el cual era deber de todo católico denunciar a quienes acogieran familiares y espíritus, practicaran cualquier sistema de adivinación o trazaran círculos para conjurar demonios, emplearan la astrología para predecir la suerte y poseyeran espejos o anillos para aprisionar espíritus y grimorios o cualesquier otros libros de magia. La bula de Sixto V (1585) condenó como heréticas todas las formas de adivinación y encantamiento, el pretendido control de demonios y toda clase de hechizos, magia y supersticiones. La Inquisición española conservó su convicción en la realidad de los procedimientos mágicos hasta entrado el siglo XIX (Robbins, *Witchcraft and Demonology*, p. 475).

[4] Caro Baroja, *Algunos mitos*, p. 222.

[5] Rodríguez López, *Supersticiones de Galicia*, p. 47.

[6] *Ibid.*, pp. 42 y 44.

habilidad del Marqués, brujo quizá, aunque no del tipo habitualmente condenado.

En *La Marquesa Rosalinda* (p. 157), se busca un marco verbal apropiado al despecho amoroso de Colombina contra la mujer que le roba a Arlequín. En él se proyectan simultáneamente el exagerado concepto que de ella tiene —bruja suministradora de bebedizos— y el deseo de verla ejemplarmente castigada:

> ¡Viérala a los lomos de un rucio aceitero,
> con la caperuza y con la coroza,
> entre los pregones que hace el pregonero!

Dos entrecortados diálogos de *Los cuernos de Don Friolera* (pp. 76 y 87-88) caracterizan el maligno entrometimiento de Doña Tadea por alusión a la pena capital aplicada a las brujas:

> *Don Friolera:* Doña Tadea, merece usted morir quemada.
> *Doña Tadea:* ¡Está usted loco!
> *Don Friolera:* ¡Quemada por bruja!

> *Don Friolera:* ¡El honor se lava con sangre!
> *Doña Tadea:* ¡Eso decían antaño!...
> *Don Friolera:* ¡Cuando quemaban a las brujas!

En «Las galas del difunto» (*MC*, p. 33), la rabia progresiva del Boticario convertirá verbalmente a la Bruja primero en diablo volador y luego en objeto del castigo que merecían las actividades de las terceras, tantas veces asociadas con la hechicería:

> *El Boticario:* ...¡Llévate ese papel y remonta el vuelo, si no quieres que te queme las pezuñas!...
> *La Bruja:* ¡Iscariote!
> *El Boticario:* ¡Emplumada! [7]

Es el castigo que por razones parecidas había encontrado eco siglos antes en dos momentos de *La Celestina* [8]:

> *Pármeno:* ...E lo que más dello siento es venir a manos de aquella trotaconventos, después de tres veces emplumada.

---

[7] Cf. también: «Yerba del Hombre de la Montaña [Hassan Sabbah, emir de la secta mahometana de los Asesinos], / El Santo Oficio te halló en España. // Cáñamos verdes son de alumbrados, / Monjas que vuelan, y excomulgados. // Son ciencia negra de la Caldea / Con que embrujada fue Melibea» («La tienda del herbolario», *PK*, p. 140).

[8] Fernando de Rojas, *La Celestina*, Clásicos Castellanos, Espasa-Calpe, Madrid, 1963, t. I, pp. 121 y 140 (modernizo la ortografía). La p. 121 trae una nota con

Sempronio: Madre, mira 'bien lo que haces..., no vayas por lana
e vengas sin pluma.
Celestina: ¿Sin pluma, fijo?
Sempronio: O emplumada, madre, que es peor.

A él se refieren asimismo dos textos de Quevedo: el epitafio dedicado
al personaje de Rojas y el retrato de la madre del Buscón[9]:

> Yace en esta tierra fría,
> digna de toda crianza,
> la vieja cuya alabanza
> tantas plumas merecía.

...Un día, alabándomela una vieja..., decía que era tal su agra-
do, que hechizaba a todos cuantos la trataban; sólo diz que
le dijo no sé qué de un cabrón, lo cual la puso cerca de que
la diesen plumas con que lo hiciese en público... Unos la lla-
maban zurcidora de gustos; otros algebrista de voluntades, y
por mal nombre alcagüeta.

En un último ejemplo, Valle esperpentiza una cigüeña humanizán-
dola a través de una comparación (*PK*, pp. 45-46):

> Sobre una pata se arrebuja,
> Y en el tejado hace oración,
> Como una bruja
> Que escapó a la Inquisición.

Los versos sugieren dos interpretaciones: el agradecimiento —¿a
quién?— de alguien que ha conseguido hurtar el cuerpo al Santo Oficio
o una plegaria en incomodísima posición impuesta como castigo en lugar de la pena máxima.

EL CONCEPTO

El concepto que Valle-Inclán tiene de los brujos no se sujeta a ninguna definición precisa, sino que las funde todas. Encontramos así la
posibilidad de que sean de uno u otro sexo[10]: hombres —el estudiante

---

un texto aclaratorio de Quevedo: «Untábale el verdugo, desnudándole de medio
cuerpo arriba, con miel al alcahuete, y le cubría de pluma menuda, sacándole así
a la afrenta pública.»

[9] Francisco de Quevedo, «A Celestina» (*Obras completas: Verso*, p. 99a); *Historia de la vida del buscón llamado Pablos*, Libro I, Cap. I (*Obras completas:
Prosa*, p. 288a).

[10] Thomas, *Religion*, p. 436.

de «Mi hermana Antonia», el saludador de *Flor de santidad*— o mujeres, como la poderosa saludadora de Céltigos o la temible Rosa Galans.
Los hay jóvenes y viejos, de fealdad repelente o de belleza seductora.
Y clásicos a su manera son los rasgos de la Circe campesina que presenta *El embrujado* o los de la bruja de «Beatriz» (*HP*, pp. 78-79): «Era
vieja, muy vieja; con el rostro desgastado... y los ojos verdes, del verde maléfico que tienen las fuentes abandonadas, donde se reúnen las
brujas.»

Todos ellos buscan controlar la naturaleza o producir, según el
caso, efectos benéficos o malignos, para lo cual se valen en general de
hechicerías y ensalmos, no faltando quien recurra a la ayuda del mismo
Demonio[11], como la ya citada saludadora de Céltigos (*HP*, p. 81):

> La Condesa salió y trajo el breviario de Fray Ángel. La Sa-
> ludadora arrancó siete hojas y las puso sobre el espejo. Des-
> pués, con las manos juntas como para un rezo, salmodió:
> —¡Satanás! ¡Satanás! Te conjuro por mis malos pensa-
> mientos, por mis malas obras, por todos mis pecados. Te con-
> juro por el aliento de la culebra, por la ponzoña de los alacra-
> nes, por el ojo de la salamantiga. Te conjuro para que vengas
> sin tardanza y en la gravedad de aqueste círculo del rey Salo-
> món y en él te estés sin un momento de partir, hasta poder lle-
> varte a las cárceles tristes y oscuras del infierno el alma que
> en este espejo ahora vieres. Te conjuro por este rosario que
> yo sé profanado por ti y mordido en cada cuenta. ¡Satanás!
> ¡Satanás! Una y otra vez te conjuro.

La vieja saludadora, a quien por otra parte sólo vemos ejercitar sus
conocimientos para el mal tanto en «Beatriz» como en *Águila de blasón*, posee además facultades fisiopsicológicas espontáneas (p. 79)[12]:

> —¿Pero no vio a un fraile?
> —A nadie, mi señora.
> —¿Quién le llevó el aviso?
> —No fue persona de este mundo. Ayer de tarde quedéme
> dormida, y en el sueño tuve una revelación. Me llamaba la bue-
> na Condesa moviendo su pañuelo blanco, que era después una
> paloma, volando, volando por el cielo.

---

[11] Robbins, *Witchcraft and Demonology*, p. 471ab; Caro Baroja, *Algunos mitos*, pp. 224, 225 y 253; Thomas, *Religion*, pp. 436-437 y 463.
[12] Thomas, *Religion*, p. 463. De manera parecida se explica la capacidad de
leer el futuro: «...certain favored people in every generation possess a peculiar
metabolism that enables them to see into the future as they see the things around
them» (Leek, *Fortune Telling*, p. 11).

7

Casi todos los brujos valle-inclanescos pueden influir en la mente humana y producir odio, amor, simples ilusiones o franca locura; pero ejercen especialmente su poder en lo que concierne a la fertilidad, continuando así lo señalado siglos antes por la bula de Inocencio VIII (9 de diciembre de 1484): «...por sus encantos, hechizos, conjuros, sortilegios, crímenes y actos infames, destruyen y matan el fruto en el vientre de las mujeres... impiden que los hombres puedan engendrar y las mujeres concebir» [13]. Por esto, la Pichona supone que la repentina frialdad de Cara de Plata para con ella se debe a mal de ojo provocado por alguna bruja (*AB,* p. 249); por esto, la mujer sometida a Milón de Arnoya (*JU,* pp. 195-202) [14] por una pasión irrefrenable la achaca a hechizo y presenta muchos de los síntomas de posesión debida a embrujo, tan similares a los de la demoníaca [15]; por esto la moza del ciego piensa que el hombre dominado y enloquecido por Rosa Galans sólo se curará recibiendo las ondas del mar a media noche (*E,* p. XCIX); y por esto, también, la mujer del mayordomo, en *Los cruzados de la causa* (pp. 52-53), podrá atribuir su esterilidad a maleficio y tratar de contrarrestarlo con una higa de azabache. Y si en los casos anteriores los brujos han tenido por lo menos un éxito de sugestión, tampoco falta en la lista una impostora, a quien sólo desenmascara un español nacido en Galicia (*SP,* p. 169).

MAGIA NEGRA

Valle-Inclán ilustra en su obra casi todos los maleficios que, según Nider (1435), podían causar los brujos [16]: 1) inspirar amor, de lo cual se jacta la hechicera italiana (*SP,* p. 175); 2) inspirar odio; 3) provocar impotencia, poder que también se atribuye la bruja de *Sonata de primavera* (pp. 171 y 174-175); 4) provocar enfermedad, como Máximo Bretal; 5) quitar la vida, como la saludadora de Céltigos; 6) privar de la razón, como Rosa Galans en *El embrujado;* 7) dañar la propiedad o los animales, de lo cual es causa la maldición del falso peregrino en *Flor de santidad.* En todos estos casos, y en algunos otros, prácticamente nadie duda ni por un momento de que la desgracia acaecida se

[13] Hole, *Witchcraft in England,* pp. 17 y 54; Lethbridge, *Witches,* p. 14; Caro Baroja, *Brujas,* p. 141. Para el texto completo de la bula de Inocencio VIII, véase *Malleus maleficarum,* pp. XLIII-XLV.
[14] Apareció por primera vez en *Los Lunes de «El Imparcial»,* Madrid, 22 de junio de 1914, p. 3.
[15] Robbins, *Witchcraft and Demonology,* p. 335a. *Malleus maleficarum,* Part II, question I, chapter 10, pp. 128b-134.
[16] Robbins, *Witchcraft and Demonology,* p. 331a.

deba a una misteriosa actividad humana [17], y el empeño de los brujos se apoya sólidamente en la «fe» de las víctimas [18].

La mayoría de los efectos, sin embargo, recibe el nombre general y popular de *mal de ojo*, el cual designa en conjunto la hechicería hostil y ha sido temido por los hombres desde la remota antigüedad [19]. Reconocido por Santo Tomás de Aquino (1225-1274) y registrado por Martín del Río (1599) con el nombre más culto de *fascinación* [20], resultaría de un invisible pero potente efluvio de los ojos de los brujos, aunque no sea exclusivo de ellos y en ocasiones incluso determine autodaños [21]. Universal creencia entre el campesinado, de ninguna manera es extraño a las clases supuestamente más cultas, si bien no lo confiesan con la franqueza de aquél [22], y, naturalmente, en Galicia su influjo es general [23].

En las obras de ambiente rústico o cuando hace hablar a personajes de poca educación, Valle-Inclán aplica el mal de ojo [24] a distintas circunstancias. En *Flor de santidad* [25] lo refiere a una repentina e inexplicable enfermedad del ganado [26]:

> ...Las ovejas iban saliendo una a una, y la ventera las contaba en voz baja. La última cayó muerta en el umbral..., la ventera exclamó:
> —¡Ay!... De por fuerza hiciéronle mal de ojo al ganado...

En *El embrujado* (p. XCIX) se vincula con las manifestaciones de la pasión de Anxelo en que el deseo y el temor se confunden, y en la *Farsa de la enamorada del rey* (p. 15) aparece en un comentario acerca de los efectos de lo que no se sabe si es capricho o romanticismo juvenil: «*La Ventera:* ¡Ser dama de reyes! ¿No te da sonrojo?/... ¡Cuidado la niña!

---

[17] Thomas, *Religion*, p. 436.
[18] Hole, *Witchcraft*, p. 18.
[19] Leland, *Etruscan Magic*, p. 170; Lawson, *Modern Greek Folklore*, p. 15.
[20] Robbins, *Witchcraft and Demonology*, pp. 29a y 194b.
[21] Thomas, *Religion*, pp. 437 y 464; Lawson, *Modern Greek Folklore*, pp. 9 y 10.
[22] Thomas, *Religion*, p. 9. Cf. también Spence, *An Encyclopaedia of Occultism*, p. 156, y Caro Baroja, *Algunos mitos*, pp. 264ss.
[23] Rodríguez López, *Supersticiones de Galicia*, pp. 149-155.
[24] En ocasiones parece significar lo mismo que «echar una mala fada» (*FS*, p. 114 y *E*, p. LXXII).
[25] Pp. 51-52; cf. también pp. 71 y 72.
[26] «... the more unusual occurrence might still be attributed to witchcraft —the epidemic which spread through one farmer's herd, but did not affect those of his neighbors» (Thomas, *Religion*, p. 538). De la lista de preguntas obligatorias utilizadas por los jueces de Colmar (Alsacia) para interrogar a los brujos, interesa aquí la número 21: «¿Qué animales ha usted hechizado hasta el punto de enfermarlos o matarlos, o por qué cometió usted tales actos?» (Robbins, *Witchcraft and Demonology*, p. 107a.) (Cf. también *Malleus maleficarum*, Part II, question I, chapter 15, p. 147a.)

¡Te hicieron mal de ojo!» Y en una ocasión se asimila a la *mala sombra* (*VMD,* pp. 259-260), con la cual algo tiene en común[27]:

> —...Le acompaña a ese hombre un sino muy negro... ¿Recuerdas cuando le vimos en la feria? Pues con solamente verle, me ha hecho mal de ojo. Esta zaragata del espanto y la otra de la plaza te lo confirman.

De cuando en cuando alguien se permite poner en tela de juicio su existencia, quizá en un despliegue jactancioso de sólida razón (*TB,* p. 100): «—¡El mal de ojo! No creo en ello.» Lo normal, sin embargo, es que lo acepten incluso aquellos en quienes una mayor delicadeza de espíritu lo haría más o menos impensable. Tal es el caso de Feliche Bonifaz (*CM,* pp. 168-170 y 281), cuyo terror ante la maligna mirada de la molinera —que ella juzga agüero de un destino nefasto— quizá pretendía anticipar algún nuevo giro de sus relaciones con Bradomín.

De otra manera funciona el mal de ojo cuando Valle se burla o esperpentiza. La ilustrada Marquesa Rosalinda (*MR,* p. 142), al criticar los celos de su marido y la superstición española, deja traslucir asimismo su propia actitud mental: «...A mi marido / le entró un furor sangriento que nunca había tenido. / ¡No sé qué mal de ojo le hicieron en España!» En *Los cuernos de Don Friolera* (p. 261), la mención del maleficio sirve de contraste ridículo con otro cargo, unido al cual ha contribuido a la injusta prisión de dos personajes: «*Don Manolito y Don Estrafalario... son huéspedes de la trena, por sospechosos de poner bombas y de haber hecho mal de ojo a un burro en la Alpujarra.*»

En estrecha relación con el mal de ojo —forma de sugestión de una mente más enérgica sobre otra más débil y atemorizada—, están los casos evidentes de *hipnotismo,* ejercido por ciertos brujos[28]. Fundiendo en un concepto el de mal de ojo y el de hipnotismo, Avicena (980-1037) le dedicó un párrafo: «el alma de ciertas personas puede influir en el cuerpo de otros, por su virtud y fuerza natural para trastornarlo y cambiar el sentido de las personas y fascinar los ojos»[29]. En cuanto a los ocultistas, lo han considerado uno de los recursos de la magia negra[30]. Valle, quien desde años atrás sentía gran interés por el hipnotismo (*PP,* pp. 214-215), suele echar mano de él. Fuerza magnética es la que experimenta sobre sí el niño en «Del misterio» (*JN,* p. 189):

> ...Yo estaba medio dormido en el regazo de mi madre, y sentí el peso magnético de sus ojos que me miraban. Mi madre tam-

[27] Thomas, *Religion*, p. 437.
[28] Hole, *Witchcraft in England*, p. 123; Caro Baroja, *Vidas mágicas*, II, p. 102. Véase también Grillot de Givry, *Picture Museum*, p. 325.
[29] Rodríguez López, *Supersticiones de Galicia*, p. 40.
[30] Blavatsky, *The Theosophical Glossary*, p. 147.

bién debió advertir el maleficio de aquellas pupilas que tenían el venenoso color de las turquesas.

Siguiendo acaso un procedimiento aconsejado a los brujos de todas las edades —obligar a la mujer deseada a mirarlos al fondo de los ojos [31]—, Máximo Bretal practica el hipnotismo en «Mi hermana Antonia» (CS, pp. 105-106):

> Antonia murmuró blanca como una flor:
> —Déjeme usted, Don Máximo.
> —No te dejo. Tú eres mía, tu alma es mía... Mírame, que tus ojos se confiesen con los míos. ¡Mírame! [32]

Fuerza magnética es igualmente la que permite a Rosa Galans esclavizar a Anxelo (E, pp. LXXIII-LXXIV): «—...¡Rosa Galans vendrá por mí!... Mauriña, vamos para adentro de la casa, cierra la puerta. ¡No la dejes entrar, que si me mira he de irme con ella!» Valle, además, ofrece un caso en que los hipnotizados no son hombres sino perros (CC, p. 218):

> —¿Cómo no ladrarían los perros?
> —Esa gente que anda por los caminos, tiene mañas para los hacer callar.
> —Parece, talmente, que con los ojos los encantan [33].

Después de todo lo visto, no sorprende que Lupita la Romántica pregunte desconfiadamente al Doctor Polaco si es brujo cuando éste la incita «al estudio de los iniciados en los misterios del magnetismo» (TB, pp. 114 y 115).

Aunque no con frecuencia, los maleficios se identifican más precisamente.

La ligazón (o ligadura) da título a un breve esperpento teatral, donde una de carácter amatorio asocia física y criminalmente a dos personajes [34]. Nuevamente se alude a ella en el diálogo entre Pichona la Bisbisera y la voz del Fuso Negro (CP, p. 256):

> Pichona la Bisbisera: Me tiene ligada.
> La voz de la chimenea: Si en la cama te meas, quiebras el lazo.

---

[31] Haining, The Warlock's Book, p. 56.

[32] Esto explica el aspecto y los actos de Antonia páginas después: «... abrió el balcón y miró a la plaza con ojos de sonámbula. Se retiró andando hacia atrás, y luego escapó» (p. 119).

[33] Cf. Barrett, The Magus, p. 43.

[34] «Ligazón», RALM, pp. 50-53. Caro Baroja, Brujas, p. 143, indica, sin explicar, que el Malleus maleficarum hace referencia a diversas clases de ligazones amatorias.

En el rápido y concentrado intercambio de palabras, la referencia a la ligazón es de intención sexual y el consejo del Fuso Negro no es un rasgo grotesco más sino que apunta a un ingrediente empleado en brujería [35].

Otro tipo de maleficio recurre básicamente a objetos de uso religioso y es una de las más perversas y heréticas prácticas de los brujos [36]. Dos ejemplos de ello figuran en «Beatriz», donde la saludadora de Céltigos empleará primero el breviario de Fray Ángel y luego un rosario (*HP*, pp. 80-81) [37]. Linda con la brujería la profanadora intención de las misas que la madre de Beatriz piensa ofrecer para librar de culpa a la saludadora:

> —¿Sabe hacer condenaciones?
> —¡Ay, señora mi Condesa, es muy grande pecado!
> —¿Sabe hacerlas? Yo mandaré decir misas y Dios se lo perdonará [38].

Valle, sin duda, quiere subrayar además la pseudopiedad de la Condesa, quien por un lado confiesa haber sufrido viendo a Beatriz aborrecer de «todas las cosas santas» (p. 73), y, por otro, está presuntuosamente convencida de que mediante las misas obligará a la Divinidad para que perdone al instrumento de su venganza.

Aparte de los objetos religiosos usados con intención maléfica, en la obra de Valle encontramos otros medios utilizados por los brujos para realizar sus propósitos.

El primero es la imagen de cera que deberá imposibilitar a Bradomín para continuar sus aventuras donjuanescas (*SP*, pp. 174-175):

> —¿Y vos qué intentábais hacer?
> —Ya antes os lo dije... Me mandaban privaros de toda vuestra fuerza viril... Hubierais quedado como un niño acabado de nacer...
> —¿Cómo obraríais ese prodigio?
> Siguió revolviendo en las cenizas y descubrió una figura de cera toda desnuda, acostada en el fondo del brasero. Aquel ídolo, esculpido sin duda por el mayordomo, tenía una grotesca semejanza conmigo. Mirándole, yo reía largamente, mientras la bruja rezongaba.

[35] Haining, *The Warlock's Book*, p. 63; Caro Baroja, *Vidas mágicas*, II, pp. 17, 35 y 37.

[36] Hole, *Witchcraft in England*, p. 157; Robbins, *Witchcraft and Demonology*, p. 472b, *Malleus maleficarum*, Part II, question I, chapter 5, pp. 114-117.

[37] «Beatriz» ofrece, además, el remedio de un momento de la misa cuando la Saludadora levanta el espejo «igual que hace el sacerdote con la hostia consagrada» (*HP*, p. 80).

[38] Caro Baroja menciona absoluciones profanadoras durante el siglo XVI español (*Vidas mágicas*, II, pp. 19 y 20). Cf. *infra* cap. VI la actitud de Isabel II.

—¡Ahora os burláis! ¡Desgraciado de vos si hubiese baña-
do esa figura en sangre de mujer, según mi ciencia…! ¡Y más
desgraciado cuando la hubiese fundido en las brasas!…

Este es quizá el procedimiento más conocido y criminal de la magia
imitativa. El lazo de unión con la víctima es la imagen que la representa y a la cual, en su carácter de réplica, se somete a toda clase de
malos tratos que, se espera, terminarán por afectar al destinatario [39].
Para completar su labor destructora, la bruja ha hecho que robaran al
Marqués un anillo con una amatista, pues necesitaba una piedra que
éste hubiese usado durante muchos años (p. 174), es decir, algo que
hubiera estado en contacto estrecho con su cuerpo y por esto mantu-
viera la relación con él después de separado [40]. Lo que solicita la saludadora de Céltigos para romper la atracción entre Sabelita y Don Juan
Manuel se asemeja bastante (*AB,* pp. 300-301):

> *Liberata:* …De por fuerza le ha dado algún hechizo para tener
> así cautivo su corazón.
> *La Manchada:* Contra hechizos hay hechizos, y si una bruja
> sabe mucho, dos saben más.
> *Rosalva:* Los hechizos se rompen.
> *La Manchada:* ¿Por qué no ves a la Saludadora de Céltigos?
> Ésa sabe de conjuro y tiene remedios para congojas de
> amores.
> *Liberata:* Ya la he visto… Díjome que si hay hechizo, para
> romperlo precisaba una prenda que hubiese llevado mucho
> tiempo Doña Sabelita… ¿Vosotras no podríais darme esa
> prenda?
> *Rosalva:* Yo guardo un pañuelo bordado, regalo suyo. Te lo
> daría, pero temo que le venga algún mal… ¡Cuéntanse tales
> cosas de la vieja de Céltigos!…

Rosalva termina por entregar el pañuelo, y la Manchada se lo reprocha
(pp. 302-303). Los temores de las dos mujeres acentúan la aprensión
del lector, ya despierta por el presentimiento de otros personajes y por
el indudable proceso psicológico de Sabelita.

Otro medio para maleficiar es la manzana, que por ser comestible
goza de la preferencia de los brujos en la realización de sus peores propósitos [41]. En la obra de Valle funciona para encadenar la voluntad de

---

[39] Hole, *Witchcraft in England,* p. 17; Cavendish, *The Black Arts,* p. 20;
Lawson, *Modern Greek Folklore,* p. 17.
[40] «Another kind of link is provided by the magical law that anything
which has once been part of a man's body or in close contact with him retains
its connection with his body even after it has been physically separated from
him» (Cavendish, *The Black Arts,* p. 19).
[41] Leland, *Etruscan Magic,* p. 207. Recuérdese el membrillo hechizado que

una mujer —según solían emplearla los brujos en provecho propio [42] —tanto en «Mi hermana Antonia» (CS, p. 102) como en «Milón de Arnoya» (JU, p. 196), y sirve además para privar a una madre en espera del hijo en gestación (AB, p. 204):

> Vino una vieja... y trajo de regalo un azafate de manzanas reinetas. En una de aquellas manzanas dijeron después que debía estar el hechizo que hechizó a mi hermana Antonia.

> —...cuando estaba buscando amo caí con el alma en el cautiverio de Satanás. Fue un embrujo que me hicieron en una manzana reineta.

> La Preñada: Una mala mujer dióme un hechizo en una manzana reineta, y no logro familia.

En el capítulo III vimos que el espejo se emplea en las prácticas necrománticas. Tales prácticas son dilectas de los brujos. No es excepción, pues, la polifacética médium que aparece en «Del misterio» (JN, p. 188):

> ... Aquella señora me infundía un vago terror, porque contaba que en el silencio de las altas horas oía el vuelo de las almas que se van, y que evocaba en el fondo de los espejos los rostros lívidos que miran con ojos agónicos [43].

En «Beatriz» el uso es doble. La saludadora utiliza un espejo para descubrir un maleficio (HP, p. 80):

> —A esta rosa galana le han hecho mal de ojo. En un espejo puede verse si a la mano lo tiene mi señora.
> La condesa le entregó un espejo guarnecido de plata antigua. Levantólo en alto la Saludadora, igual que hace el sacerdote con la hostia consagrada, lo empañó echándole el aliento, y

---

una mujer desdeñada ofrece, por consejo de una morisca, al Tomás Rodaja cervantino.

[42] «The more subtle warlock could achieve his desires still more simply by pressing upon the desired girl an apple», y sigue una indicación de lo que debe escribirse sobre ella y la fórmula que debe pronunciarse para lograr el efecto apetecido (Haining, The Warlock's Book, p. 55). Por lo demás, si el valor simbólico de la manzana consiste en que fue el fruto con el cual se tentó a nuestros primeros padres, su valor «real» para los brujos reside en ofrecer inmejorable escondrijo al Demonio (Robbins, Witchcraft and Demonology, p. 393a).

[43] En «La rosa del reloj», Clave IV de El pasajero (p. 77), vuelve a insistirse en las actividades necrománticas de las brujas, pero sin referencia a espejo alguno: «Es la hora del alma en pena: / Una bruja en la encrucijada, / Con la oración excomulgada / Le pide al muerto su cadena. / ¡Es la hora del alma en pena!»

con un dedo tembloroso trazó el círculo del rey Salomón. Hasta que se borró por completo tuvo los ojos fijos en el cristal:

—La Condesita está embrujada. Para ser roto el embrujo han de decirse las doce palabras que tiene la oración del Beato Electus al dar las doce campanadas del medio día, que es cuando el Padre Santo se sienta a la mesa y bendice a toda la cristiandad.

El mismo instrumento sirve para reflejar el rostro de un culpable [44] todavía vivo y a quien se desea destruir (p. 81). La reunión de las dos intenciones nos demuestra, por una parte, lo acertado del concepto de Guazzo (1608) acerca de que la magia blanca puede convertirse en nociva e ilegal si se aplica a un fin perverso que ponga en peligro, con ayuda diabólica, los cuerpos y las almas; por otra parte, muestra la malicia de los brujos al emplear magia blanca o magia negra según lo pidan las circunstancias, y, más aún, el hecho muy probable de que el brujo blanco y el brujo negro sean una misma persona [45].

De la misma naturaleza que el maleficio, aunque no se sujete a una determinada fórmula, y de acuerdo con lo que se supone desde hace siglos, la maldición puede herir con el enunciado de sus palabras hostiles y se espera de ella que alcance deliberadamente el blanco propuesto [46]. La maldición consta de dos partes fundamentales. La primera es la formulación del deseo de que un daño se produzca, o *damnum minatum,* cuya fuerza más profunda e intensa conoce bien la Bruja de «Las galas del difunto» (*MC,* p. 15):

> *La Daifa:* ¡No habrá una peste negra que se lo lleve!
> *La Bruja:* Tú llámale por la muerte, que mucho puede el deseo...

[44] «... others... used mirrors or crystal balls in which the client would be asked if he could perceive the features of the guilty party» (Thomas, *Religion,* p. 215; v. también p. 549).

[45] Robbins, *Witchcraft and Demonology,* p. 540b; Hole, *Witchcraft in England,* p. 131; Tindall, *Handbook,* p. 35.

[46] Spence, *An Encyclopaedia of Occultism,* p. 378a; Glass, *They Foresaw the Future,* pp. 170-187; Thomas, *Religion,* p. 502; Lawson, *Modern Greek Folklore,* p. 388. En relación con el poder destructor de la palabra, vale la pena transcribir el siguiente texto: «Indeed, the virtue of man's words are so great, that, when pronounced with a fervent constancy of the mind, they are able to subvert Nature, to cause earthquakes, storms, and tempests... Almost all charms are impotent without words, because words are the speech of the speaker, and the image of the thing signified or spoken of..., words are a kind of occult vehicle of the image conceived or begotten, and sent out of the body by the soul; therefore all the forcible power of the spirit ought to be breathed out with vehemency, and an arduous and intent desire...» (Barrett, *The Magus* [I], p. 30). Entre los quince crímenes atribuidos a las brujas la maldición figura en segundo lugar (Scot, *Discoverie,* Book II, Chapter IX, p. 183, y Book XII, Chapter XXI, p. 159).

La segunda parte es el consiguiente cumplimiento del deseo, o *malum secutum* [47]. Ambas están minuciosamente presentadas en *Flor de santidad*. El peregrino, irritado por la falta de caridad de la dueña de la venta —pecado que por sí mismo favorece la realización del daño [48]—, maldice la casa (p. 32):

> ... De pronto volvióse, y rastreando un puñado de tierra lo arrojó a la venta. Erguido en medio del sendero, con la voz apasionada y sorda de los anatemas, clamó:
> —¡Permita Dios que una peste cierre para siempre esta casa sin caridad!

Poco tiempo después se inicia la misteriosa enfermedad que arrebata una a una las ovejas, provocando el despecho del hijo de la ventera y su decisión de matar al peregrino. Esto, sumado a otros crímenes cometidos en la casa y acerca de los cuales la gente murmura —«Los pastores referían historias... de caminantes que se hospedaban en la venta y desaparecían... y de muertos que amanecían en los caminos» (p. 81)— determina su arresto y, muy posiblemente, la clausura de la mal afamada casa.

MAGIA BLANCA

Mientras la finalidad de la magia negra y de quienes la practican es perjudicar, la magia blanca pretende causar beneficios, entre los cuales figura muy particularmente el contrarrestar los efectos de la primera. Tales son las tareas del saludador, séptimo hijo varón en una línea exclusivamente masculina y de quien se cree «tiene una cruz en el cielo de la boca o debajo de la lengua» y su saliva, la virtud de curar [49]. Sus

---

[47] Robbins, *Witchcraft and Demonology*, p. 331a.

[48] Según Bodin, la caridad era la mejor protección porque las brujas no podían dañar al hombre caritativo aun cuando tuviera otros defectos (*ibid.*, p. 88b). F. Trigge (*A Godly and Fruitfull Sermon*, Oxford, 1594, f. 4v) opina que las brujas no pueden dañar a quienes son caritativos con los pobres y que la mejor salvaguardia cristiana contra la brujería es ser generoso (Thomas, *Religion*, p. 564). En la misma obra encontramos, además, que muy característicamente las supuestas víctimas de una bruja habían faltado a sus obligaciones con ella negándole limosna (p. 555) y que la mayoría de las acusaciones informales registradas durante los siglos XVIII, XIX y XX se ajustan al mismo patrón: caridad eludida seguida de desgracia (p. 582).

[49] Rodríguez López, *Supersticiones de Galicia*, p. 117. Vale la pena transcribir el pasaje que Antonio de Torquemada dedica a los saludadores: «... parece que tienen gracia particular o don de Dios para curar las mordeduras de los perros rabiosos, y también para preservar que no puedan hacer daño en las gentes ni en los ganados... [tienen una] rueda de sancta Catherina en el paladar o en otra parte de su cuerpo..., es cosa de ver y oír sus oraciones y conjuros, sus palabras torpes y groseras y mal compuestas, que algunas veces bastan para provocar a risa a todos los que las oyen, y con todo esto parece que aseguran

actividades coinciden en general con las de todos los brujos blancos, cuyo retrato ideal ofrece Christina Hole [50].

> El brujo blanco... era el protector de la comunidad..., se atenía a la magia, pero la aplicaba sobre todo a propósitos benéficos : curar enfermedades, anular sortilegios, descubrir ladrones y encontrar bienes robados... Su influencia fue muy grande, y no se ha extinguido por completo... Cuando no abundaban los doctores y su experiencia era escasa, podía a menudo curar dolencias sencillas por medio de hierbas y sentido común, guarnecidos con ensalmos. Era el depositario natural del saber campesino, que no siempre fue tan disparatado como se tiende a creer hoy. Poseía cierta familiaridad con la psicología práctica y con las hierbas medicinales, e incluso solía tener conocimientos médicos y veterinarios extremadamente útiles en las aldeas aisladas.

Que muchas veces no fueron tan diestros, atinados y veraces lo prueban las reacciones de muchos particulares [51] y muy especialmente de la Iglesia [52] :

> ... los prelados reunidos en el concilio de Tours el año 813 ordenaron a los sacerdotes que advirtieran a sus fieles que los encantos no pueden aliviar nada ni a las personas ni a las bestias enfermas o moribundas y que no son más que engaños y ardides del demonio.

A la categoría de charlatanes ineptos e ignorantes parece pertenecer el saludador de *Flor de santidad*, pese a la fe lugareña —«¿Van a ver al saludador?... ¡A mi amo le sanó una vaca! Sabe palabras para deshacer toda clase de brujerías» (p. 68)— y al supuesto conocimiento de remedios «contra todos los males así de natural como de brujería» (p. 60). Además de condenarlo los resultados que presenciamos, pesa también sobre él una amenaza de excomunión, con la cual la ley eclesiástica había amenazado ya a todos los brujos blancos desde el año 900 [53].

Cuando la avarienta y supersticiosa ventera advierte el mal que diezma su rebaño, sospecha que está embrujado y decide solicitar al

---

a los que por ellas son saludados..., son gente baja, perdida, aun de mal ejemplo de vida y que se alaban de más de lo que saben» (Torquemada, *Jardín de flores curiosas*, Coloquio III, f. 144r).

[50] Hole, *Witchcraft in England*, p. 129.

[51] Robbins, *Witchcraft and Demonology*, pp. 540b-541a; Thomas, *Religion*, p. 536.

[52] Caro Baroja, *Brujas*, p. 88.

[53] Robbins, *Witchcraft and Demonology*, p. 540b.

saludador que diagnostique el daño y lo detenga[54]. Después de alternar cazurramente negativas con intencionados elogios de los animales y de destacar codiciosamente un cordero especial —que se le entrega en pago, arriesgando el éxito del tratamiento[55]—, el saludador desafía a la autoridad eclesiástica proporcionando diagnóstico y consejo (pp. 75-77):

... benigno y feliz como un abuelo de los tiempos patriarcales, dejó caer una larga bendición sobre el rebaño...:
—¡Habéis de saber que son tres las condenaciones que se hacen al ganado!... Una en las yerbas, otra en las aguas, otra en el aire... ¡Este ganado vuestro tiene la condenación en las aguas!
La ventera escuchaba al saludador con las manos juntas y los ojos húmedos de religiosa emoción. Sentía pasar sobre su rostro el aliento del prodigio...
—La condenación de las aguas solamente se rompe con la primera luna, a las doce de la noche. Para ello es menester llevar el ganado a que beba en fuente que tenga un roble, y esté en una encrucijada...
... La ventera, con el rostro resplandeciente de fe, cavilaba recordando dónde había una fuente que estuviese en una encrucijada y tuviera un roble, y entonces el saludador le dijo:
—La fuente que buscas está cerca de San Gundián, yendo por el camino viejo...

En la prescripción del saludador se destacan cinco elementos importantes —la primera luna, la media noche, la fuente, el roble y la encrucijada— más uno aparentemente ocasional: la cercanía de San Gundián. Tal reunión se relaciona con antiguos cultos paganos. La patrocinadora de la brujería y de quienes la practicaban fue una triple diosa vinculada con la luna y sus fases —Selene-Hécate-Diana o Luna-Prosérpina-Diana—, que era asimismo deidad de las encrucijadas (Τριοδῖτις) donde a la media noche se celebraba un banquete en su honor; la luz de la luna, reflejada en una fuente, tenía la virtud de ahuyentar la enfermedad y el sufrimiento hacia la cima de las montañas[56]. Esto explica no sólo parte de las indicaciones del saludador, sino también la preocupación de Candelaria (SO, p. 120), una alusión de Gerifaltes de antaño (p. 249) y el

---

[54] Cf. ibid., p. 335a, y Thomas, Religion, p. 548.

[55] Si bien Grillot de Givry dice que, en caso de enfermedad o peste, el brujo proporcionaba el tratamiento a cambio de una retribución razonable (Picture Museum, p. 177), Christina Hole sostiene que esta actitud mercenaria es síntoma de decadencia, pues un pago en dinero podía arriesgar el éxito de una cura; por esto el brujo blanco sólo recibía un regalo insignificante pasado cierto tiempo (Witchcraft in England, p. 142).

[56] Thomas, Religion, pp. 47 y 48; Hole, Wichcraft in England, p. 27; Evans-Wentz, The Fairy-Faith, pp. 223, 428 y 434-435; Posse, «Notas sobre el folklore gallego», pp. 515-516; Lawson, Modern Greek Folklore, p. 165.

lugar donde se encuentra Mari-Gaila al mudarse el decorado en la escena del Trasgo Cabrío (*DP,* p. 185):

> —¡Ay!... Llévate esa luz.
> —¿Pero van [a] estar a oscuras? Miren que es malo tomar la luna.
> Concha preguntó sonriendo:
> —¿Por qué es malo, Candelaria?
> La vieja repuso, bajando la voz:
> —Bien lo sabe, señorita... ¡Por las brujas!

> ... De nuevo iba a comenzar la huida, sañuda y rebelde, con el paso a la media noche por las aldeas dormidas al claro lunar que aman las brujas.

> ... *Otra vez se trasmuda el paraje. Hay una iglesia sobre una encrucijada. Las brujas danzan en torno.*

El último texto de alguna manera encadena lo anterior con los elementos restantes. Pertenecen éstos a un culto quizá más antiguo: el de los árboles y las fuentes [57], que solían encontrarse en las encrucijadas. La Iglesia, que condenó las persistentes supersticiones originadas en el culto a la luna (Concilio de Compostela, 1056), también había intentado desarraigar el de los árboles y las fuentes, como lo demuestran las prohibiciones emanadas de los Concilios de Arles (452), de Tours (567), de los Toledanos XII y XIII y de los de Braga,[58] a las que deben agregarse las contenidas en el Edicto de Carlomagno. Nada se consiguió y se terminó por disfrazar el viejo culto asociándolo con imágenes cristianas o levantando en las proximidades santuarios o edificios consagrados, de los cuales son ejemplo Nuestra Señora del Roble tanto en Anjou como en Maine [59] y el convento de Gondarín, del que se ocupó Valle-Inclán en un artículo primerizo (*PP,* pp. 60-63). La Iglesia, sin embargo, recordó el viejo culto cuando le convino, como en el juicio contra Juana de Arco, acusada de haber frecuentado un añoso roble y la fuente que estaba al pie [60]; mejor suerte y más larga vida tuvieron las brujas gallegas que se reunían en torno a otra en el arenal de Coiro [61]. Las fuentes pasaron a ser «pozos santos», donde, tanto en Grecia como en *Flor de santidad,* acuden a beber los enfermos de mal de ojo [62]. El viejo y

---

[57] Rodríguez López, *Supersticiones de Galicia,* pp. 95-101; Posse, «Notas sobre el folklore gallego», pp. 508-511. Sobre fuentes y pozos, véase también *Man, Myth and Magic,* vol. 20, pp. 2684-2687.
[58] Rodríguez López, *Supersticiones de Galicia,* pp. 37 y 39.
[59] Evans-Wentz, *The Fairy-Faith,* pp. 434-435.
[60] Scott, *Letters,* p. 164.
[61] Rodríguez López, *Supersticiones de Galicia,* p. 44.
[62] Lawson, *Modern Greek Folklore,* p. 14.

católico saludador merecería, pues, un comentario semejante al que Christina Hole dedica a sus compatriotas de otras épocas [63]:

> ... hubo quienes se dedicaban... a la magia durante la semana e iban a la iglesia el domingo... o quienes juntamente usaban elementos paganos y sagrados para sus sortilegios, y curaban con un antiguo cantarcillo que reunía en un solo verso el nombre de Cristo y el del nórdico dios Baldur.

Base de muchas curaciones realizadas por los saludadores es la magia natural procedente del conocimiento de distintas hierbas (*FS*, p. 106) [64].

> ... Adega arreó sus ovejas, y... las llevó a que bebiesen en la fuente del atrio... el estremecimiento del negro follaje... uníase al murmullo de la fuente milagrosa... donde una mendiga sabia y curandera ponía a serenar el hinojo tierno con la malva de olor.

El cuadro se repetirá con un rasgo nuevo en «Flor de la tarde» (*AL*, p. 42):

> En el oloroso atrio de la ermita,
> ....
> la fontana late como un corazón,
> y pone en el agua yerbas olorosas,
> una curandera murmurando prosas
> que rezo y conjuro juntamente son.

En ambos textos advertimos que el agua de las fuentes pagano-cristianas no sólo ejerce su poder por contacto directo sino también indirecto.

Según el saber popular de la curandera valle-inclanesca, «no hay mal en el mundo que no tenga su medicina en una yerba» (*AB*, p. 107). Lo tienen incluso los más desesperados; pero su virtud debe ser acompañada por la seriedad de la fe (*SO*, pp. 32-34 y 75):

> ... la inocente parecía una sombra milenaria... En la mano traía un manojo de hierbas. Me las entregó con un gesto de sibila, y murmuró en voz baja:
> —Cuando se halle con la señora, mi Condesa, póngale, sin

---

[63] Hole, *Witchcraft in England*, pp. 112-113.

[64] Evans-Wentz (*The Fairy-Faith*, p. 174) recoge un episodio según el cual una bruja de Cornwall, después de pronunciar un ensalmo en el dialecto de la región, dio a un granjero unas hierbas para sus caballos, que estaban muriéndose de una enfermedad desconocida; aplicado el remedio, la peste cesó, pues las hierbas habían ahuyentado todos los malos espíritus del establo. Jules Michelet (*Satanism and Witchcraft*, p. 81) afirma que lo más seguro que conocemos acerca de los métodos de las brujas es el uso frecuente que hacían para los más variados propósitos de hierbas de dudosa reputación y peligrosas propiedades, pero que resultaban salutíferas, fuera como calmantes o como estimulantes, para sus enfermos.

que ella lo vea, estas hierbas bajo la almohada. Con ellas sanará...

Yo sentí, como un vuelo sombrío, pasar sobre mi alma la superstición, y tomé en silencio aquel manojo de hierbas mojadas por la lluvia. Las hierbas olorosas, llenas de santidad, las que curan la saudade de las almas y los males de los rebaños, las que aumentan las virtudes familiares y las cosechas... ¡Qué poco tardaron en florecer sobre la sepultura de Concha...!

...Cerca de la cama... estaba mi capote de cazador..., y esparcidas encima aquellas hierbas de virtud oculta, solamente conocida por la pobre loca del molino. Me levanté en silencio, y fui por ellas. Con un extraño sentimiento, mezcla de superstición e ironía, escondí el místico manojo entre las almohadas de Concha [65].

Si anulado por una ironía descreída a medias el poder de las hierbas sólo ha terminado por convertirse en centro de una melancólica evocación, puede serlo también de una escena cómica, donde lo evocado será su empleo maléfico (*MR*, p. 159):

> Colombina: ¿Cuál es tu delito? ¿De qué eres culpado?
> Arlequín: ¡Tal vez de hechicero!...
> Por un bebedizo de yerbas donceles,
> Cuentan que una bella me dio sus anillos...

A diferencia del sistema terapéutico a base de hierbas, el procedimiento de curar con palabras, al que se alude en *Cara de Plata* (p. 31), es puramente mágico —si aceptamos que la sugestión pertenece a esa categoría— y su eficacia depende del poder de convicción de quien lo aplica y/o de la crédula voluntad de aceptar de quien recibe el trata-

[65] En el folklore de las yerbas y demás vegetales «curativos», no es necesario que el enfermo los reciba por vía oral: su contacto o su presencia suelen bastar. Un caso nada poético es el de las rodajas de papa que usan en mi tierra las mujeres del pueblo para librarse del dolor de cabeza; la posible explicación del resultado, generalmente positivo, es la frescura emanada de ellas o la sugestión de las doloridas. Caso parecido es el que encontramos en Gabriel García Márquez (*La increíble y triste historia de la cándida Eréndira y de su abuela desalmada*, Barral Editores, Hispánica Nova, Barcelona, 1972, p. 131): «La madre de Ulises estaba en la terraza, tumbada en un mecedor vienés y con hojas ahumadas en las sienes para aliviar el dolor de cabeza.» Recuérdese también el uso del incienso para espantar al Diablo o del benjuí para atraerlo y el de la palma bendita para interrumpir una granizada. Según Scot, «to be delivered from witches..., they hang in their entries an hearbe called pentaphylon, cinquefole, also an olive branch, also frankincense, myrrh, valerian, verven, palme, antirchmon, etc.» (*Discoverie*, Book XII, Chapter XII, p. 153). Véase también Wimberly, *Folklore*, pp. 352 ss. Valle Inclán puede haberse permitido ciertas libertades, pero básicamente no se ha alejado demasiado de las creencias populares.

miento [66]. Nada tiene de extraño, entonces, el efecto causado por una lengua incomprensible pero religiosamente prestigiosa sobre una multitud exaltada, como ocurre al final de *Divinas palabras* (pp. 284-285).

Cuando de una manera u otra alguien o algo ha sido perjudicado por maleficios, una de las precauciones urgentes consiste en buscar al causante por medios tan mágicos como el daño mismo (*FS,* pp. 114-115):

> —Yo tuve un amo a quien le embrujaron todo un rebaño.
> El hijo de la ventera, que estaba echado sobre un arcón en el fondo de la cocina, se incorporó lentamente:
> —¿Y tu amo qué hizo?
> —Pues verse con quien se lo había embrujado y darle una carga de trigo porque lo libertase. Mi amo no sabía quién fuese, pero una saludadora le dijo que cogiera la res más enferma y la echase viva en una fogata. Aquella alma que primero acudiere al oír los balidos, aquélla era...
> —¿Y acudió?
> —Acudió.

El consejo de la saludadora refleja una realidad [67]: «Otra práctica era quemar... vivo uno de los animales... embrujados... Estos métodos se proponían devolver al brujo a la escena del crimen.» El hijo de la ventera sigue la sugerencia del interlocutor, y la casualidad contribuye al efecto (pp. 118-119):

> ... La vieja atizaba el fuego, y con los ojos encendidos vigilaba el camino... De pronto llamó al hijo:
> —Mira allí, rapaz.
> Y le mostraba una sombra... que parecía haberse detenido a lo lejos.
> El mozo murmuró:
> —Deje que llegue quien sea...
> ... El peregrino estaba detenido en medio de aquel sendero donde se había mostrado a la pastora por primera vez.

---

[66] Sólo puedo ilustrar el caso con una anécdota. Un pariente mío, estudiante de medicina y practicante en un hospital de provincia, tuvo que enfrentarse con una muela en tal estado que sus conocimientos y habilidad no podían tratarla. Quizá encomendándose a Esculapio, miró muy serio al paciente y le dijo: «Te voy a curar de palabra.» Agregó inmediatamente algunos vocablos de repentina invención. El enfermo se fue muy contento y volvió a la semana para que le aplicara de nuevo el efectivo remedio. Naturalmente, la muela seguía tan mal como antes, pero el dolor desaparecía cada vez que mi pariente pronunciaba las misteriosas palabras.

[67] Thomas, *Religion,* p. 544. Cf. además: «In 1624 John Crushe was presented to the Essex Archdeacon's Court accused of burning a bewitched lamb alive... in order to break the spell of witchcraft from which his flock were suffering» (*Man, Myth and Magic,* vol. 6, p. 755b).

El mozo, impulsado por una subyacente violencia sanguinaria, anunciada simbólicamente en una anticipación descriptiva —«dos zagales andan encorvados segando el trébol... y... las hoces brillan con extraña ferocidad» (p. 67)—, se hace justicia por su propia mano (pp. 121-122):

> ... Una sombra llamaba sigilosa en la venta: La hoz que tenía al hombro brillaba en la noche con extraña ferocidad. De dentro abrieron sin ruido, y hubo un murmullo de voces. Adega las reconoció. El hijo decía:
> —Esconda la hoz.
> Y la madre:
> —Mejor será enterrarla.

El sobreentendido acto de violencia es quizá magnificación de la menos contundente costumbre de arañar al malhechor hasta hacer correr su sangre, con lo cual, se decía, finalizaba el daño[68].

Otras soluciones, sin embargo, no necesitaban ser tan drásticas, aunque acaso satisficieran menos la furia de los damnificados. Una de ellas es el empleo del *círculo del Rey Salomón*[69], que quizá sólo sea esa figura[70], a la cual habría quedado reducido el sello —pentagrama o exagrama inscrito en un círculo—, o el escudo —pentagrama dentro de la misma figura—, de los que se afirma obran milagros, alejan a los vampiros y son salutíferos[71]. Pero según el pensar corriente «más vale prevenir que curar», y a ese fin se aplica la virtud de la higa protectora que, hecha de azabache, sirve de amuleto[72], y, en su ausencia, se reemplaza con un muy expresivo gesto de la mano que devuelve con creces el daño a quien lo intenta y ha sido así descrito por el maestro Gonzalo Correas: «higa es hecha del dedo pulgar metido entre los dos siguientes, el de enseñar y el mayor, cerrado el puño»[73].

A la magia blanca pertenecen también ciertos procedimientos terapéuticos y preventivos en los cuales intervienen sacramentos, símbolos o palabras pertenecientes a la tradición cristiana y a los que se hace

---

[68] Thomas, *Religion*, p. 544.

[69] *FS*, pp. 56 y 113; *AB*, p. 202; *HP*, pp. 80 y 81; *CC*, p. 135.

[70] Cf.: «...se habla de una especie de círculo (sobre todo en la zona de Pontevedra) identificado con el símbolo del Rey Salomón» (Posse, «Notas sobre el folklore gallego», p. 513).

[71] Cavendish, *The Black Arts*, pp. 239, 242 y 243; Grillot de Givry, *Picture Museum*, pp. 97 y 339-340; Blavatsky, *The Theosophical Glossary*, p. 303; Budge, *Amulets and Talismans*, pp. 40, 203 y 233; Lawson, *Modern Greek Folklore*, p. 113, n. 1; Scot, *Discoverie*, Book XV, Chapter XIII, p. 241; Wimberly, *Folklore*, pp. 362ss.

[72] *VG*, p. 113; *E*, p. XXXIX; *CM*, pp. 224 y 225: *FS*, p. 20; *CC*, p. 53. Cf. Caro Baroja, *Algunos mitos*, p. 270.

[73] Lawson, *Modern Greek Folklore*, p. 14; Caro Baroja, *Algunos mitos*, pp. 270 y 275.

funcionar con carácter de sortilegios benéficos. Tal es el caso del bautismo prenatal que presenciamos en *Águila de blasón* (pp. 207-208):

> *La preñada... descubre el vientre hidrópico... Sabelita traza una cruz sobre aquel vientre fecundo que porta una maldición..., repite en alta voz las palabras que el abuelo dicta en voz baja: La fórmula sagrada que rompe el hechizo:*

Sabelita: Yo te bautizo con el agua santa del Jordán, como al Señor Jesucristo bautizó el Señor San Juan. Yo te bautizo y te pongo el nombre bendito que porta la santidad y la sanidad consigo. Si niña hubieres de nacer, el nombre de la Virgen Santísima habrás de tener, y si de varón hubieres la condición, tendrás el nombre de San Amaro Glorioso, que se sienta a la mesa de Dios Nuestro Señor Todopoderoso. Amén Jesús.

La escena se inspira en una creencia que todavía sobrevive en zonas rurales y según la cual los niños medran mejor después de bautizados. Esta, a su vez, continúa otra de la Edad Media tardía que consideraba esencial el sacramento para la supervivencia física de la criatura y que, ocasionalmente, dio lugar a situaciones como la dramatizada por Valle-Inclán, pues se llegó a administrar el bautismo a la placenta donde nacía envuelto el niño[74]. Por otra parte, la familia se atiene a una serie de exigencias especiales (pp. 201-202):

El Abuelo: Perdone, señora, mas habrá de servirnos de madriña en un bautizo. Tengo una hija que no logra familia por mal de ojo que le hicieron siendo moza, y nos han dicho que solamente se rompía el embrujo viniendo a una puente donde hubiese una cruz, y bautizando con el agua del río después de las doce de la noche. Tres días llevamos acudiendo a este paraje, y el primero no pasó nadie que pudiera apadrinar, el segundo deshizo la virtud un can que venía escapado de la aldea, y que cruzó la puente... Pues sabrá mi señora que para ser roto el embrujo no ha de cruzar la puente, hasta hecho el bautizo, ni can ni gato, ni persona humana..., una saludadora nos dijo que para arre-

[74] Thomas, *Religion*, p. 37. Ilustrativo y ampliatorio es, además, el siguiente pasaje de Gillian Tindall: «the child unbaptised... was outside Christian Providence, and therefore accessible to the witches. Early baptism was thus used by the common people —as it is by some today— as a form of hasty protection against nameless evils rather than as a real ceremony of admission into the Christian community» (*Handbook*, p. 48).

drar al trasgo, y lo mismo a las brujas, en cada
cabo de la puente pusiésemos un ochavo moruno
de los que tienen el círculo del Rey Salomón.

Tales exigencias recuerdan otras semejantes acerca del día en que debe
celebrarse la ceremonia, el tipo de agua conveniente y los requisitos apro-
piados de los padrinos [75]. A todo ello se agrega en este caso la precaución
poco cristiana y no demasiado eficaz de colocar en lugar estratégico las
monedas con el signo curativo-protector.

Cuando Valle-Inclán retrata a Adega, señala entre las varias muestras
de su fetichismo la presencia de «hojas de misal» (*FS*, p. 20), que deben
de ser «los evangelios» de los cuales habla Rodríguez López [76]:

> ... Llaman así a unos trocitos de papel impreso que contienen
> algún párrafo o versículo del Evangelio, y que envueltos en
> tela y metidos en saquitos cerrados... traen los creyentes co-
> sidos a la ropa interior, con el fin de librarse del *mal de ojo*
> o de otros maleficios..., aunque otra cosa crean las personas
> piadosas, está prohibido su uso por los obispos.

Del mismo orden, aunque extendidos a otros círculos y favorecidos
por la Iglesia, son los escapularios con ensalmos escritos [77]. Debe colo-
carse entre ellos el «Detente, bala» aludido en *Sonata de invierno*
(p. 74):

> La Reina clavó la aguja en el acerico de damasco rojo..., y
> sonriendo me mostró el escapulario:
> —¡Ya está! Es un regalo que te hago, Bradomín.
> Yo me acerqué para recibirlo de sus manos reales. La Se-
> ñora, me lo entregó, diciendo:
> —¡Que aleje siempre de ti las balas enemigas!

Volverá a recordársele en «Aires nacionales»: «Las comunidades de
monjas bordaban escapularios con el detente bala» [78]. Su virtud, de
acuerdo con el resultado que tiene en el caso de Bradomín, es tan dudosa como la de los ochavos morunos, a no ser que prefiramos pensar
que los excesivos pecados del personaje la anularan.

No sólo aceptado sino difundido por la Iglesia es el *Agnus Dei*, al
cual se atribuye la salvación de un herido en *¡Viva mi dueño!* (p. 252).
Basándose irónicamente en un libro aprobado por la autoridad ecle-

---

[75] Thomas, *Religion*, p. 37.
[76] Rodríguez López, *Supersticiones de Galicia*, p. 64.
[77] «The use of written charms placed in amulets was indeed sanctioned by
the Church, and won the approval of Thomas Aquinas» (Robbins, *Witchcraft
and Demonology*, p. 86b).
[78] *CMS*, 21 de octubre de 1931, capitulillo X, col. 1.

107

siástica —*Fisonomía,* G. Cortés, Madrid, 1745—, dice Rodríguez López que era una imagen del cordero de Dios impresa en cera blanca, reproducida en cantidad limitada y bendecida por el Papa «el año de su elección y después de cada siete años»; las figuritas eran, además de escasas, «muy estimadas», pues, por ruego del Pontífice, quienes la usaran «con pureza y devoción» podían confiar en librarse de todo mal: enemigos, peligros, visiones y espastos [79].

Resumen de magia negra y magia blanca y acumulación de objetos paganos y cristianos con los cuales se defiende la gitanería andaluza es el siguiente pasaje de *La corte de los milagros* (pp. 224-225):

> ...Aquel rancho gitano tiene un resalte de ochavo moruno: —Luces cobrizas, magias y sortilegios, ciencia caldea de grimorios y pentáculos—. En Castril de las Cuevas la herradura, el cuerno, el espejillo rajado, los azabaches y corales de las gigas, el santico bendico con ataduras y por los pies ajorcado, son los mejores influjos para torcer y mejorar los destinos del castigado Errate. El cuerno hace mal de ojo a los vellerifes: El espejillo enferma de muerte a los jueces: El santico ligado y ajorcado, abre las cárceles: La herradura, prospera sobre los caminos y saca adelante en los pasos apurados: Las gigas, mejoran la estrella del nacimiento.

El texto demuestra hasta qué punto la inseguridad de un grupo mantiene vivas tales creencias, pues, viéndose discriminado por las autoridades y carente de toda protección, necesita buscarla espontánea o forzadamente en lo sobrenatural.

LOS ADORADORES DEL DIABLO

De acuerdo con el concepto tradicional, el Sabbat es la reunión de brujos durante la cual rinden homenaje y culto al Diablo [80] y se corresponde en español con el demasiado impreciso y general aquelarre. Sus

---

[79] Rodríguez López, *Supersticiones de Galicia,* pp. 185-187. Cf. también Scot: «These vertues under these verses (written by pope Urbane [su papado se extendió de 1362 a 1370] to the emperour of the Graecians) are conteined in a periapt or tablet, to be continuallie worne about one, called *Agnus Dei,* which is a little cake, having the picture of a lambe carrieng of a flag on the side; and Christ head on the other side, and is hollow: so as the gospell of S. John, written in fine paper, is placed in the concavitie thereof; and it is thus compounded or made, even as they themselves report: «Balsamus et munda cera, cum chrismatis unda / conficiunt agnum, quod munus do tibi magnum...: / fulgura desursum depellit, et omne malignum, / peccatum frangit, ut Christi sanguis, et angit / praegnans servatur, simul et partus liberatur / dona refert dignis, virtutem destruit ignis, / portatus munde de fluctibus eripit undae», (*Discoverie,* Book XII, Chapter IX, p. 131).

[80] En realidad sólo había cuatro Sabbats durante el año, celebrados respec-

verdaderas características provienen de una combinación de antiguas prácticas y leyendas de hechicería y de ideas heréticas más recientes. Existen vehementes posibilidades, sin embargo, de que mucho de lo que se le atribuye fuera «fabricado principalmente durante los siglos XIV y XV por los investigadores y jueces vinculados con la Inquisición... y aceptado definitivamente como aspecto de la brujería europea en el siglo XVI» [81]. Los presuntos adeptos de la religión satánica eran considerados herejes y por esta razón encarnizadamente perseguidos y castigados. Gracias a un temor fomentado desde arriba, estos brujos invadieron la imaginación de la gente con rasgos y peculiaridades sugeridos o forjados en los interrogatorios y las cámaras de tortura, y terminaron barriendo superficialmente con otros más antiguos y más reales. Estos perduran todavía; de aquéllos sólo subsiste hoy —salvo en regiones donde predomina el temor al Diablo o en esporádicas explosiones como las de los últimos años— lo más exterior, postizo o pintoresco, y, quizá vagamente, el recuerdo de la herejía que se les atribuyó. A lo último apunta Valle-Inclán, a través de un concepto no imposible, por boca de una indignada Andreíña, cuando responde al insulto de Montenegro (RL, p. 122): «¡Bruja! Nadie en el mundo me dijo ese texto, que vengo de muy buenos padres, y no habrá cristiano que me haya visto escupir en la puerta de la iglesia, ni hacer los cuernos en la misa mayor.»

El sometimiento al Diablo y los conocimientos derivados de la situación permitían a los brujos disfrutar de prerrogativas sobre los demás hombres. Merced al ungüento [82], aplicado al cuerpo o a la tan mentada escoba, podían, vía chimenea, volar hacia donde se realizaba el aquelarre. Cuando Valle lo recuerda es, sobre todo, en circunstancias que requieren respuestas rápidas y cortantes a un personaje sospechoso de artes malignas (E, p. CXXVI):

> Diana de Sálvora: Venía a vuestra puerta por un puñado de harina leveda para amasar.
> Juana de Juno: ¿Para amasar o para un unto?
> Diana de Sálvora: ¡Ni que fuera bruja!
> La Navora: Bruja no; pero les echas un requiebro.

Unido a la idea del indecente baile celebrado en el Sabbat [83] —al cual también alude Arlequín cuando habla de «la cabriola de una bruja sa-

tivamente el 2 de febrero, la víspera de mayo, el 1.º de agosto y el 31 de octubre por la congregación de brujos en pleno; los Esbats o reuniones semanales de cada conventículo en particular no ocurrían necesariamente en un determinado día de la semana ni siempre en el mismo sitio (Murray, *The God of the Witches*, pp. 67 y 75).

[81] Robbins, *Witchcraft and Demonology*, pp. 414b-415a.
[82] *Ibid.*, pp. 364b-366b.
[83] *Ibid.*, p. 421b.

bática» (*MR*, p. 78)—, el ungüento aparece en el diálogo entre el Fuso Negro y Pichona la Bisbisera (*CP*, p. 254):

> *La Voz de la Chimenea:* ¡Sube, Pichona, y echamos un baile!
> *Pichona la Bisbisera:* Me falta el unto para los sobacos.

En cuanto al vuelo en sí —cuya primera ilustración conocida se encuentra en *Le Champion des dames* de Martín le Franc (ca. 1440)[84]—, es negativamente aplicado a Don Pedro Bolaño por Juana de Juno en su intencionada contestación a Rosa Galans (*E*, p. LIV):

> *La Galana:* ¿Está el amo?
> *Juana de Juno:* Adentro entró, por la puerta no salió, brujo no nació y por la chimenea no voló.

El diálogo sostenido en «Ligazón» por la Raposa y la Ventera se refiere nuevamente al fantástico vuelo a propósito de un apenas disimulado estallido de rivalidad entre ambas mujeres, y no falta en él la jactanciosa pretensión del comercio sexual con el Diablo (*RALM*, pp. 29-30):

> *La Ventera:* ¡Comadre, somos de un arte!
> *La Raposa:* ¿Usted es volandista?
> *La Ventera:* A las doce del sábado monto en la escoba, y por los cielos. ¡Arcos de sol! ¡Arcos de luna!
> *La Raposa:* ¡Está usted amonada!
> *La Ventera:* Amonada porque le saco ventaja.
> *La Raposa:* ¡A mí todas las noches me visita el Trasgo!
> *La Ventera:* ¡Usted lo sueña!

El comercio sexual aludido se volvía promiscuo en uno de los momentos culminantes del Sabbat[85], como lo señala una descripción de *Sonata de estío* (p. 172), inspirada sin duda en Goya: «sus senos negros y colgantes recordaban las orgías de las brujas y los trasgos.»

En la simbólica escena del Trasgo Cabrío (*DP*, pp. 186 y 189-190), se menciona nuevamente el vuelo, pero el vehículo cambia: es el Trasgo mismo quien arrebata con él a la ansiosa mujer del sacristán:

> *El Cabrío:* ¡Vente conmigo al baile!
> *Mari-Gaila:* De tus romerías saber no quiero.
> *El Cabrío:* ...Te llevaré por los aires, más alto que el Sol y la Luna...
> *...Mari-Gaila se siente llevada en una ráfaga... El impulso acrece, va suspendida en el aire, se remonta y suspira con deleite carnal. Siente bajo las faldas la sacudida de una*

---

[84] *Ibid.*, p. 30a; cf. también pp. 366b y 418a.
[85] *Ibid.*, p. 423a.

> *grupa lanuda, tiende los brazos para no caer, y sus manos*
> *encuentran la retorcida cuerna del Cabrío...*
> *Mari-Gaila:* ¿Adónde me llevas, negro?
> *El Cabrío:* Vamos al baile.

Todo el pasaje trae a la memoria una ilustración del *Compendium maleficarum* y lo dicho por su autor: «A veces las brujas eran realmente transportadas por el Diablo bajo el aspecto de un chivo u otro animal fantástico»[86].

Intencionadamente ambiguo, por el contrario, resulta el texto de «Mi hermana Antonia» (*CS,* pp. 139-140): «oía en la casa batir las puertas, y gritar buscando a mi hermana Antonia... Desde la puerta de la catedral una beata la descubrió desmayada en el tejado...». Valle-Inclán nos deja en duda acerca de cómo y por qué Antonia ha llegado a semejante lugar. Para despejarla, quizá cabría dar algunas respuestas vinculadas con lo oculto: vuelo, metamorfosis o proeza bajo influjo hipnótico debidos a los poderes de Máximo Bretal. Y si pensamos en un caso de sonambulismo no nos saldríamos en absoluto del terreno, pues, de acuerdo con el *Malleus maleficarum* (Part II, Question II, Chapter 6, p. 186a), «los que caminan en sueños durante la noche» por las partes más altas de los edificios son guiados por malos espíritus.

Valle-Inclán, quien en un alarde estilístico fundirá hacia 1921 el recuerdo de un dramaturgo célebre por su tratamiento de la honra y la alusión a un imprescindible utensilio de las brujas en el apellido de Tadea Calderón, años antes había señalado incisiva y rápidamente dos propiedades de la condición de los brujos. Una es atribuida por la Dueña a Arlequín, agregando con ella un rasgo no al cómico de la lengua sino a su propio retrato (*MR,* pp. 165-166):

> *La Dueña:* ¿Pues no estaba en prisión por hechicero?
> *Dorotea:* ¡El Diablo debe ser en su figura,
> o le dejó escapar el carcelero!
> *La Dueña:* A fuer de mago con sus artes pudo
> salir por un resquicio del postigo.

La peculiaridad a que alude la Dueña en los dos últimos versos es la misma mencionada por Guazzo en el *Compendium maleficarum:* los brujos podían transformarse en animales diminutos y escurrirse por agujeros imperceptibles[87]. La segunda propiedad es la de hacerse invi-

---

[86] *Ibid.,* p. 513b. El concepto es corolario del préstamo que Santo Tomás de Aquino tomó de Alberto Magno; según éste, antes de tentar a Cristo en la cumbre de la montaña, Satán lo había llevado allí sobre los hombros (*ibid.,* p. 28b).

[87] *Ibid.,* p. 344ab; Scot, *Discoverie,* Book I, Chapter IV, p. 6 y Book XV, Chapter X, pp. 236-237.

sible, inspirada quizá en «Schalken the Painter» (cf. *supra*), y de la cual goza Máximo Bretal (*CS,* p. 108): «De pronto, aquella tarde, estando mirándolo, desapareció»[88].

Más o menos directamente en *La Marquesa Rosalinda,* como continuación necesaria en «Mi hermana Antonia», encontramos la propiedad de metamorfosearse. En el cuento, el estudiante tomará primero el aspecto de un fraile franciscano —cuando intenta convencer a la madre de Antonia— y luego el de un gato negro —visible unas veces, invisible otras— durante la realización de su venganza[89].

La última mutación está registrada en casi todos los libros que se ocupan de brujería. Según Grillot de Givry, los gatos negros desempeñaron en ella importante papel y se los consideraba brujos transformados, los cual explicaría las masacres gatunas a que se dedicaron hasta no hace mucho los campesinos europeos[90]. Fueron causa, además, de un cargo recurrente en los juicios contra supuestas brujas. Así en el de Anne Bodenham, ahorcada en Salisbury (1653), sobre quien pesaba la acusación de haberse cambiado en gato negro para inducir a Ann Styles al servicio del Diablo; así también en el de la Madre Samuel, ejecutada en 1553, de quien se dijo había maldecido a Lady Cromwell y provocado en sus sueños el ataque de un gato, de cuyas resultas la dama enfermó y murió al poco tiempo[91]. ¿Fue este caso, u otro parecido, la fuente de varios detalles de «Mi hermana Antonia»?

También *El embrujado* acoge la metamorfosis, pero la aprovecha más ampliamente. En respuesta a la jactanciosa seguridad del Pajarito, quien no teme los supuestos embrujos de Rosa Galans en los que sólo reconoce el atractivo de «sus buenos colores, y el andar garboso, y el aire del refajo, y el pico» (pp. XCI-XCII), Anxelo cuenta su propia historia (pp. XCII-XCIV):

> Volviendo de la siega, ya puesto el sol, salióme al camino un can ladrando, los ojos en lumbre. Le di con el zueco y es-

---

[88] Con cierto sesgo burlón, Valle-Inclán alude al poder de hacerse invisible en *La lámpara maravillosa* (pp. 178-179): «caí en la tentación de practicar las ciencias ocultas... aun cuando no hallé en las artes mágicas el filtro con que hacerme invisible.»

[89] *CS,* pp. 115, 121, 122-123, 128-130. El tema del gato atormentador volverá en «La rosa de papel» (*RALM,* p. 71) con el delirio de la Encamada y en un contexto muy diferente. El gato, aquí, posiblemente sólo sea el símbolo de la preocupación de la enferma acerca de la suerte que el dinero tan duramente ahorrado por ella correrá en manos de su marido si éste logra adueñárselo. Eso es lo que se desprende de la pregunta de una vecina: «¿Luego es verdad que la difunta deja un gato de dos mil pesos?» (p. 99). Recuérdese, además, que la palabra *gato,* en la conocida letrilla de Quevedo «Poderoso caballero es Don Dinero», significa 'ladrón' y 'bolsillo o talego para guardar monedas'.

[90] Grillot de Givry, *Picture Museum,* p. 136.

[91] Robbins, *Witchcraft and Demonology,* p. 140a; Hole, *Witchcraft in England,* p. 50.

capó dando un alarido que llenó la oscuridad de la noche como
la voz de una mujer cautiva. A poco andar descubro un ven-
torrillo, y a ella sentada en la puerta. Entré para recobrarme...
¡Nunca entrara! Por su mano me llena un vaso. Lo bebo, y al
beberlo siento sus ojos fijos. Lo poso, y al posarlo reparo que
a raíz del cabello le corre una gota de sangre. Recelándome,
le digo: Tienes sangre en la frente. Ella toma un paño, se lo
pasa por la cara y me lo muestra blanco. Luego salta a decir-
me: ¿Tú vienes por el camino del río?... ¿A quién topaste en
el camino? Y en aquel momento, yo reconozco en su voz el
alarido del perro al darle en la cabeza la zocada. ¡Ya no pude
salir de su rueda! Sin apartarme los ojos, se pone a decir que
precisa un criado... Ella, riendo, me dio con el paño que se
había pasado por la cara, y en un lóstrego se me aparece cu-
bierto de sangre.

Además de la habilidad de preparar bebedizos que doblequen la voluntad de los hombres, la Galana goza de la capacidad de transformarse,
concedida por el diablo a sus servidores más devotos y competentes[92].
Gracias a ella se torna en perro, uno de los animales que, según Apuleyo, servía de disfraz a las brujas de Tesalia para realizar sus fecho-
rías[93]. Pero sufre. de acuerdo con lo afirmado por Gervasio de Tilbury
y el *Malleus maleficarum,* la herida que ha afectado a la bestia oculta-
dora, riesgo constante del brujo que la reviste[94] y que padece con mayor
efectismo el estudiante de Bretal (*CS,* pp. 129-130 y 140):

...apenas puse la cruz, mi madre empezó a retorcerse, y un
gato negro escapó de entre las ropas hacia la puerta. Cerré los
ojos, y... oí las tijeras de Basilisa. Después... a la luz de las
velas, [el sastre] enseñaba dos recortes negros que le mancha-
ban las manos de sangre, y decía que eran las orejas del gato.

...cuando partíamos, se apareció en el atrio... el estudiante de
Bretal. Llevaba a la cara una venda negra, y bajo ella creí ver
el recorte sangriento de las orejas rebanadas a cercén.

Aún antes del relato de Anxelo, sin embargo, el modo de caminar de
la Galana había sugerido un comentario a Malvín y a un viejo el revelar su convicción sobre la doble y maligna naturaleza de Rosa, especie
de licantropía por ayuda diabólica (*E,* pp. LXII-LXIII):

Una vieja: ¡Qué andar de malterciar!
Malvín: ¡Qué andar de perra ladronera!

[92] Robbins, *Witchcraft and Demonology,* p. 344b; Grillot de Givry, *Picture
Museum,* p. 68.
[93] Caro Baroja, *Algunos mitos,* p. 212.
[94] Hole, *Witchcraft in England,* p. 72; Lida, *El cuento popular,* p. 25; Robbins, *Witchcraft and Demonology,* p. 326b; *Malleus maleficarum,* Part II,
Question I, Chapter 9, pp. 126b-128.

El más viejo de los foráneos: No sabes mozo cuánta verdad hay en esa que hablas a modo de ventolera. Es monstruo, y como tal desenvuelve una parte de bestia. Murió poco ha quien con esa mujer cazó en el monte y pieza cobró.

Esto anticipa lo que se desarrollará después y que culminará con la muda escena final, inspirada acaso en *La transformación de las brujas de Goya*[95] (p. CXLVII):

> *Anxelo y Mauriña salen delante, humilladas las frentes, con un tremido trágico bajo sus harapos. La mirada dura y negra de Rosa Galans los sigue hasta que pasan el vano del arco. La Galana, en el umbral, se vuelve, escupe en las losas y hace los cuernos con la mano izquierda. Las gentes de la cocina se santiguan. Un momento después tres perros blancos ladran en la puerta.*

La mímica indicada en la apostilla muestra primero un acto mágico, cuyo propósito explica Gonzalo Correas al mencionar el dicho «Escúpote para que no me escupas» y que, según él, consiste en ganar de mano y adelantarse al daño que otro pueda provocar[96]; presenta después la modificación diabólica del gesto defensivo de hacer los cuernos[97]; nos obliga finalmente a presenciar la metamorfosis tanto de la bruja como de quienes sufren su dominio, lo cual añade a sus ya poderosas artes la de convertir a los hombres en bestias[98].

La segunda parte de la escena inicial de *Romance de lobos* (pp. 18-19) combina elementos interesantes:

> *...a la orilla de un río... las brujas departen sentadas en rueda. Por la otra orilla va un entierro. Canta un gallo.*
> *Las Brujas:* ¡Cantó el gallo blanco, pico al canto!
> *...las Brujas comienzan a levantar un puente... Canta otro gallo...*
> *Las Brujas:* ¡Canta el gallo pinto, ande el pico!
>
> *A través de una humareda espesa los arcos del puente comienzan a surgir en la noche... Ya sólo falta colocar una piedra, y las Brujas se apresuran, porque se acerca el día... Canta otro gallo.*

---

[95] Grillot de Givry, *Picture Museum*, p. 69.
[96] Caro Baroja, *Vidas mágicas*, II, p. 57 n. 42.
[97] Quizá es el mismo gesto de «Asterisco» (*P*, p. 84): «la mano suspensa para obrar el mal, / con su circunflejo invoca a Belial». Y es interesante recordar que la magia negra «is called 'the Left-Hand Path' because righthandedness is normal and lefthandedness is reversal of the normal» (*Man, Myth and Magic*, I, p. 75a).
[98] Hole, *Witchcraft in England*, p. 17.

Las Brujas: ¡Canta el gallo negro, pico quedo!
  *El corro de Brujas deja caer en el fondo de la corriente
  la piedra que todas en un remolino llevaban por el aire, y
  huyen convertidas en murciélagos.*

Al construir el fantástico puente las servidoras del Diablo cumplen con
un trabajo que éste solía realizar en persona cuando nadie más podía
terminarlo, por lo cual muchas de tales estructuras llevan su nombre
tanto en Inglaterra como en España [99]. *El mago* de Luis Quiñones de
Benavente (m. 1651) atribuye también a su intervención los acueductos
de Segovia y de Toledo [100]. Pero en el texto de Valle-Inclán el puente
levantado por las brujas evoca el que debían atravesar los muertos en
su viaje al otro mundo [101] y se funden intencionadamente poderes diabólicos y de ultratumba como suele ocurrir con las creencias populares
(cf. *supra* Cap. III). El canto de los dos primeros gallos ritma la prisa
con que se construye el puente y el del tercero pone fin a la presencia
de las brujas, quienes, por lo que parece, dejan inconclusa la estructu-
ra, augurio de que la muerte de Don Juan Manuel no será inmediata.
Y con el irresistible canto del gallo negro concluiremos nosotros la re-
corrida por la zona más rica y variada del ocultismo en Valle-Inclán.

[99] Grillot de Givry, *Picture Museum*, p. 150.
[100] Caro Baroja, *Vidas mágicas*, I, p. 241.
[101] Patch, *El otro mundo*, pp. 17-18, 43, 60, 69, 75, 91, etc.; Ellis, *The Road
to Hel*, pp. 173, 186, 189, 190, 191.

VI

LAS ARTES ADIVINATORIAS

Entre las preocupaciones de la humanidad figura el deseo de conocer el futuro, y entre las artes dedicadas a adivinarlo se destacan la astrología, la quiromancia y la cartomancia. Misteriosas para el común de la gente, en algunas épocas se consideraron lo más diabólico de la brujería[1]. Este hecho parece reflejarse en la reacción de Cara de Plata (*CP,* p. 193), quien asocia inmediatamente una lectura de naipes con magisterios malignos:

> *Pichona la Bisbisera:* Pues echa la pena de ti. La suerte muda.
> ¿Quieres que te lea las cartas?
> *Cara de Plata:* ¿De qué bruja aprendiste tu Arte?

No podían, pues, faltar en la obra de Valle; pero no son las únicas. En ella se registran, además, desde un sistema quizá de rancio abolengo, aunque reducido hoy a diversión de feria, hasta otros mucho menos comunes y popularizados. Y la razón de la presencia de todas estas artes adivinatorias responde, en parte, a que los personajes prefieren olvidar la relación de causas y efectos para adoptar la solución más cómoda y menos comprometedora de atribuir la «suerte» a una fatalidad ineludible o ajena a los actos y responsabilidades[2].

LA SUERTE DEL PAJARITO

Según Rodríguez López, no hay muchacha soltera en Galicia que no trate o haya tratado «de saber *el sino de su persona*» por medio de las cedulillas que pájaros amaestrados seleccionan en todos los mercados

---

[1] Robbins, *Witchcraft and Demonology,* pp. 138a y 545ab. En cuanto a la astrología, fray Miguel de Medina (*De recta in Deum fide*) afirma que es la madre de todas las artes condenadas y condenables (Caro Baroja, *Vidas mágicas,* I, p. 291).
[2] Cf. *SP,* pp. 212-213; *SI,* p. 140; *E,* p. CXXXV; *TB,* pp. 133 y 274.

y ferias[3]. No una moza soltera sino una casada proclive a la infidelidad y a la vida de aventuras es la que recurre a esta práctica en *Divinas palabras* buscando un destino satisfactorio. El «Pájaro sabio» encargado de sacar su suerte viaja a espaldas de Séptimo Miau (pp. 26 y 28) hasta que le llega el momento de participar activamente. En Viana del Prior (pp. 117-118), «el alcázar del pájaro mago aparece sobre los hombros del farandul... El pájaro entra y sale en su alcázar, profetizando». Por intervención del Padronés y merced a la suerte del pajarito, Mari-Gaila se pone en contacto con el hombre al cual ha soñado varias veces (pp. 118-120):

> *Miguelín:* Compadre Miau, una suerte del pajarito para esta mujer. Yo la abono.
> *El Compadre Miau:* Yo se la regalo, que más merece por su gracia. Colorín, saca la suerte de esta señora. Colorín, interroga su estrella.
> *Mari-Gaila:* Mi suerte es desgracia.
> *Colorín, caperuza verde y bragas amarillas, aparece en la puerta de su alcázar, con la suerte en el pico. Mari-Gaila recoge el billete, y sin desdoblarlo se lo entrega al farandul, que hace la lectura en una rueda de rostros atentos.*
> *Lectura del Compadre Miau:* «Venus y Ceres. En esta conjunción se descorren los velos de tu destino. Ceres te ofrece frutos. Venus, licencias. Tu destino es el de la mujer hermosa. Tu trono, el de la Primavera.»
> *Mari-Gaila:* ¡Quebrados aciertos! Mi suerte es desgracia.

El contenido de la cedulilla —sin duda inventado por Séptimo Miau— concreta sus intenciones respecto de Mari-Gaila, si bien se escudará luego en las habilidades del pájaro (pp. 128-129):

> *El Compadre Miau:* Esa mujer, en unas manos que supiesen conducirla, pudo llegar adonde la otra.
> *El Vendedor de agua de limón:* ¡Mucho decir es!
> *El Compadre Miau:* No soy el primero. Colorín también se lo ha pronosticado, y en su pico está toda la ciencia de lo venidero.

Pero, sobre todo, la lectura provoca en Mari-Gaila el despertar incontrolable de sus anhelos íntimos, que terminarán precipitándola en la «desgracia» ya aludida y a la que volverá a referirse después (cf. *infra*).

---

[3] Rodríguez López, *Supersticiones de Galicia*, p. 75.

ASTROLOGÍA

Muchos personajes valle-inclanescos mencionan la estrella como sinónimo de destino: la mujer de Don Friolera, para lamentar la terquedad del Teniente (*CDF*, p. 219); Zacarías el Cruzado, vinculando la del anillo que le dio el Coronelito con sus propias desdichas familiares (*TB*, p. 222); la Mozuela de «Ligazón», para explicarse el segundo encuentro con el Afilador (*RALM*, p. 42). Pero, aunque los personajes acepten el influjo ineludible de la estrella, la astrología en sí no aparece [4]. Sólo muy de vez en vez encontramos un resultado de este antiguo y esencialmente mágico método de adivinación, que se basa en la teoría hermética de «así como es lo de arriba, así es lo de abajo», o sea en el paralelo entre acontecimientos celestes y terrenos [5].

Arte cuyos principios arrancan de un cuerpo de conocimientos iniciado en Babilonia, desarrollado por griegos y romanos, y llevado a su apogeo por los astrólogos árabes de la temprana Edad Media, la conquista mora la introdujo en la Península Ibérica [6]. No resulta raro que en *Voces de gesta* —cuya acción ocurre en una España mítica o simbólica [7], convertida en contemporánea de la dominación árabe— un capitán invasor se sienta seguro de sus éxitos mujeriegos porque su horóscopo se lo ha asegurado así (p. 73). Lo dicho por las estrellas no se cumple en este caso, quizá porque, del mismo modo que la voluntad puede modificar los presagios celestes —según lo demuestra el clásico ejemplo de Segismundo—, el dejarse llevar ciegamente por ellos originaría un destino mucho más preciso e inevitable que el escrito en los astros. Como tantos otros reyes, el cristiano e inseguro Carlino reverencia también «los solemnes augurios astrales / que dicen en lo alto las constelaciones» (p. 124). Un moderno, nada legendario pero igualmente débil miembro de su familia, el pretendiente Juan de Borbón,

---

[4]   *La lámpara maravillosa* tampoco la emplea como tal, pero suele aludir a ella y a sus cultores. Servirá a Valle para caracterizar el siglo XIII (p. 109): «Yo me lo imagino como esos cielos cubiertos de constelaciones y de zodíacos nigrománticos que hay en los libros de Astrología.» Volverá a echar mano de ella para confirmar una explicación por medio de una referencia (p. 229): «El arco del círculo basta para deducir el centro y deducido el centro el círculo está cerrado: Tal es el fundamento de la Astrología como la enseñaba Albertus Theutorius.» Especulando acerca del único momento en que tendremos conciencia de toda nuestra vida, comentará (p. 234): «Y esta intuición hizo decir a los antiguos astrólogos, que la muerte desvela el enigma de lo que fue.» Finalmente, Valle se refiere en forma indirecta a la astrología (p. 167): «Decía Leonardo que el movimiento sólo es bello cuando recuerda su origen y define su término, y lo comparaba con la línea de la vida en los horóscopos.»
[5]   Grillot de Givry, *Picture Museum*, pp. 219 y 221; Cavendish, *The Black Arts*, p. 181.
[6]   Thomas, *Religion*, p. 283; Spence, *An Encyclopaedia of Occultism*, p. 43a.
[7]   Avalle-Arce, «*Voces de gesta*, tragedia pastoril».

caerá a mediados del siglo XIX en poder de una banda internacional por haber permitido que una falsa princesa polaca le hiciera el horóscopo (*VMD*, p. 441), con lo cual Valle acentúa el desprecio que por entonces le merece la rama legitimista.

Otra referencia, en *Sonata de invierno* (p. 104), anticipa rasgos esperpénticos al describir la indumentaria nocturna de Fray Ambrosio:

> ...asomó en lo alto, alumbrándose con un velón: vestía el cuerpo flaco y largo con una sotana recortada, y cubría la temblona cabeza con negro gorro de calceta, que daba a toda la figura cierto aspecto de astrólogo grotesco.

Y si en *Tirano Banderas* (p. 337), «la rueda de compadres y valedores rodeaba el catalejo y la escalerilla astrológica, con la mueca verde encaramada en el pináculo», el adjetivo *astrológica* cuando esperábamos *astronómica* contribuye a varios efectos estilísticos: por un lado subraya el obsecuente acatamiento tributado a Don Santos, hasta entonces arbitrario e incontrovertible oráculo de Punta Serpientes; por otro lado, nos obliga a recordar el tan mentado axioma de que los adivinos ignoran por completo las desgracias que los aguardan, como lo demostrará poco después el terrible fin del Tirano.

QUIROMANCIA

Antigua es asimismo la quiromancia, que está en relación estrecha con la astrología porque, mientras ésta considera al hombre un microcosmo respecto del universo, aquélla considera la mano un microcosmo del microcosmo [8].

Pese a su antigüedad y prestigio no atrae demasiado la atención de Valle. De hecho sólo hay tres referencias en su obra. La primera está en «Comedia de ensueño» (*JN*, p. 219), donde el capitán de bandidos solicita a la vieja que los sirve le revele la identidad de la mujer cuya mano ha cortado y por quien, sin conocerla, se siente atraído. La segunda referencia ocurre en *Cara de Plata* (p. 194), con el pintoresco desafío al libro de Vilham en el texto introductorio a una lectura de naipes:

> *Pichona la Bisbisera:* Dame lo secreto libro de Villano, si no quieres que lo pida a las rayas de la mano. Señala caminos, alumbra destinos, por las varillas de Mosén, ábrete naipe para que lea el mal y el bien.

---

[8] Lawson, *Modern Greek Folklore*, p. 329; Grillot de Givry, *Picture Museum*, p. 292.

La tercera referencia aparece casi al final de *¡Viva mi dueño!* (p. 446), cuando se enumeran los métodos adivinatorios del carbonario disfrazado que asiste a los cafetines londinenses concurridos por la emigración española. Las dotes del personaje, a las cuales Valle da indudables visos de autenticidad, servirán para anticipar violenta y dramáticamente un acontecimiento que, como veremos más adelante, le interesa particularmente.

HIDROMANCIA Y OINOMANCIA

Tampoco merece mucho espacio la adivinación por el agua o hidromancia[9], aplicada en «Ligazón» para comprobar un presente que transcurre en lugar relativamente distante (*RALM,* p. 40: «*La Mozuela:* No soy sirena, pero, sin serlo, en estas aguas del dornil, desde que te fuiste, he visto todos tus pasos reflejados.»

En cuanto a la oinomancia o adivinación por el vino, la importancia del contexto donde se le coloca compensa el poco espacio que se le concede (*VMD,* pp. 446-447):

> ...sonaba la bolsa un caballero jaquetón, enfermo de los ojos, andaluza fachenda. El italiano llevóse la diestra al turbante... El jaquetón de la pestaña tierna soltó un mal texto:
> —¡Vas a leerme el porvenir en el fondo de este vaso!
> El farandul doblóse con sonrisa de sabio...
> —Hermano, sírvete, a mi vista, dar tres sorbos en el vaso.
> —Voy a complacerte...
> El farandul tomó el vaso:
> —¡Tu estrella es negra! ¡Tu sino adverso!
> Se atufó, con repentino ceño, el jaquetón de la barba rala y los ojos enfermos:
> —¿Veré la revolución en España?
> —¡La verás!
> —¡Pues no es tan negra mi estrella!
> —¡Lo es!
> —Tú buscas que te sepulte el vaso en los sesos. ¿Quién traerá la revolución?
> —¡Todos!
> —¡Y Don Juan!
> —Pesará sobre ti la acusación de su muerte...
> —¡Te la has ganado!
> El caballero de la pestaña tierna, con vigoroso golpe, estampó el vaso en la frente del mago...

[9] No habiendo en el texto ninguna indicación acerca de la clase de agua utilizada, prefiero atenerme al nombre etimológicamente más general de hidromancia.

El anónimo caballero es Paúl y Angulo. En efecto, vio el triunfo de la revolución de 1868, se enemistó con Don Juan Prim y se le acusó de planear y dirigir contra él un atentado que fue causa indirecta de su muerte. A estos hechos Valle se referirá años después en una serie de artículos donde expone una teoría muy personal acerca de la inocencia de Paúl y la culpabilidad de los Borbones [10]. La adivinación de lo que ocurrirá es, pues, un melodramático recurso anticipatorio de lo que Valle pensaba incorporar detalladamente a volúmenes posteriores de *El ruedo ibérico*. En cuanto al italiano profetizador, aunque utiliza muchos medios para teatralizar sus funciones, no parece necesitarlos demasiado y sí poseer, en cambio, las dotes de que habla Sybil Leek: «el material no importa mucho... La persona que *ve* no lo precisa..., los medios externos... son innecesarios para el lector que posee perspicacia psíquica...»; «a los verdaderos profetas de cualquier época no les hacen falta accesorios ornamentales» [11]. O, dicho de otra manera, Valle atribuye al personaje una facultad que considera posible y cuya exteriorización nada tendría de farsa ni de carácter sobrenatural.

CARTOMANCIA

La cartomancia pertenece al grupo de artes adivinatorias en que la suerte es factor primordial y se la considera uno de los misterios más desconcertantes del ocultismo [12]. Practicada en un principio con los naipes del Tarot [13], compuesto de dos series de arcanos, más tarde sólo se utilizó la serie de los menores, en la cual se originaron la baraja francesa —que mantiene el rey, la reina, el paje y los diez números, pero cambia los palos— y la española, que conserva el rey, el caballo, la sota y los palos (oros, copas, bastos y espadas), pero suprime los números del ocho al diez. Sobre todo medios para concentrar las facultades psíquicas, las barajas no son realmente necesarias para la adivinación. Los personajes de Valle-Inclán, sin embargo, adivinan con ellas, unas veces, y, otras, dicen que lo hacen para alcanzar determinados fines. Valle se las pone en las manos, un poco, por ser sistema generalizado en España y bastante corriente en Galicia [14], y, quizá un mucho, como alusión crítica a la actitud de sus compatriotas, alusión que llegó a concretar en

[10] «Paúl y Angulo y los asesinos del General Prim»; véase Speratti-Piñero, «Los últimos artículos de Valle-Inclán», *De «Sonata de otoño» al esperpento*, pp. 331-338.

[11] Leeck, *Diary*, pp. 171 y 173; *Fortune Telling*, p. 11.

[12] Spence, *An Encyclopaedia of Occultism*, p. 126a; Grillot de Givry, *Picture Museum*, p. 296.

[13] Sobre los orígenes, características y significados del Tarot, véase Waite, *Pictorial Key*.

[14] Rodríguez López, *Supersticiones de Galicia*, p. 76.

dos epigramáticos versos: «si alguno sueña, consulta la baraja, / tienta la lotería, espera, y no trabaja» (*FER*, p. 71).

Águila de blasón (1907) es, en orden cronológico, la primera obra valle-inclanesca donde la cartomancia cumple una función (p. 277):

> *Cara de Plata:* ¡Adiós, Pichona! Puede ser que no volvamos a vernos porque me voy con los carlistas.
> *La Pichona:* Ya lo sabía.
> *Cara de Plata:* ¿Quién pudo decírtelo si lo decidí esta noche?
> *La Pichona:* Las cartas de la baraja me lo dijeron.

Su valor reside en mostrar claramente no sólo una práctica que reaparecerá con distintas intenciones y provocará reacciones diferentes, sino en fijar una de las facultades paranormales que Valle consideró seriamente. Porque lo revelado a la Pichona por los naipes más que resultado de su habilidad para interpretarlos lo es de sus dotes telepáticas. La mujer, enamorada del joven Montenegro, preocupada e inquieta por él, ha leído en la mente de su amante lo que creyó leer en las barajas.

El embrujado (1913) ofrece dos ejemplos que pueden parecer opuestos, pero que en el fondo coinciden. Diana de Sálvora, conocedora del conflicto interior de Don Pedro Bolaño, le propone la ayuda de su arte para resolverlo (p. CXXVI):

> *Diana de Sálvora:*... Señor Don Pedro, ¿quiere que le lea las cartas y le manifieste su mañana?
> *Don Pedro:* Ya sabes que maldigo de hechicerías.

Durante una conversación en la solana de la casa, se comenta como verdad indiscutible que las barajas predijeron el destino del hijo del amo (p. LII):

> *Una de las cinco mocinas:* Por nuestra aldea corrióse que la víspera de morir estuvo el hijo del amo con la diversión de leer en las cartas, y que por tres veces le salió en ellas que una mujer de espadas le guardaba traición.

Don Pedro, paradójicamente, acepta con su rechazo la posibilidad de que los naipes revelen lo que nos acecha en el tiempo. Sus criadas, en cambio, dejan sin dificultad que las gane la voz de la aldea. Y la voz de la aldea atribuye a la «mujer de espadas» el valor que posee la reina del palo en el Tarot cuando se presenta invertida —malignidad, ardid, engaño, trampa— y el sentido generalmente adverso de todos los naipes del mismo grupo [15].

---

[15] Waite, *Pictorial Key*, pp. 226-253, y en particular p. 228. Debo indicar que los valores del Tarot —por lo menos como los registra Waite— no vuelven a aparecer en otras situaciones de la obra de Valle donde se recurre a la cartomancia.

Divinas palabras (1920), donde ya vimos a Mari-Gaila atraída por la suerte del pajarito, vuelve a mostrarla bajo el influjo de las barajas. Su ansiosa credulidad se hace evidente momentos antes de entregarse a Séptimo Miau (p. 148):

> ...*Mari-Gaila, en la puerta de la garita, se agacha y levanta un naipe caído en la arena.*
> *Mari-Gaila:* ¡Las siete espadas! ¿Cómo se interpreta?
> *Séptimo Miau:* Que de siete trabajos te recompensas durmiendo esta noche con Séptimo.

Mari-Gaila busca fetichistamente en el cartoncillo un valor fijo y determinado que éste por sí solo no posee, circunstancia que el farandul aprovecha para llevar agua a su propio molino. Desencadenando su deseo merced a la aventura de la garita, Mari-Gaila queda, no muy paradójicamente, más insatisfecha que antes y, en consecuencia, más débil ante las insinuaciones de una tercera. Esta comienza sus manejos explotando un recuerdo vinculado con la cartomancia (pp. 231-232):

> *La Tatula:* ¿Recuerdas de la suerte que una cierta ocasión te pronosticaron las cartas?
> *Mari-Gaila:* ¡Cartas veletas!
> *La Tatula:* Prendas de amor te salieron tres veces.
> *Mari-Gaila:* ¡Fallidos pronósticos!
> *La Tatula:* Tú misma pudiste leerlas.
> *Mari-Gaila:* Mi suerte no muda.
> *La Tatula:* Será porque tú no quieras... He de darte cierto aviso.
> *Mari-Gaila:* ¿Qué es ello?
> *La Tatula:* Palabras de uno que espera las tuyas.

La vieja predicción, convertida en acicate, produce efectos parecidos a los del horóscopo del capitán moro, pues determina el dejarse ir hacia el vergonzoso episodio del cual Mari-Gaila pudo salvarse con un mínimo de voluntad autoprotectora.

Más complicada e insistente es la presencia de la cartomancia en *Cara de Plata* (1922-1923). Hay allí referencias breves. Una es el comentario directo de la reacción del indiano ante una lectura poco favorable (p. 170):

> *Pichona la Bisbisera:* ¡Condenado beato, qué miedo tiene a la muerte! Viró la color de cera porque le señalaba el tres de copas contrapuesto con el siete, que son médicos.

Otra, es la imagen que emplea Montenegro al considerar lo que ha hecho con Sabelita (p. 266): «¡No hay en mi vida un naipe tan negro como el que ahora levanto!» Pero más importante es la función de la cartomancia en una escena entre la Pichona y Cara de Plata (pp. 195-197), pues contribuye a fijar la atención del lector en particulares situaciones del drama e introduce una innegable impresión de misterio:

> *Pichona la Bisbisera:* Alza con la mano izquierda. Vuelve una carta. Voy a leértelas a la portuguesa. Oros y detrás espadas. Celos con rabia. Repara el tres de copas por bajo del siete de espadas, copas aquí son campanas y espadas ansias de muerte. ¿No sacas hilo ninguno?
> *Cara de Plata:* ¡Maldita jerigonza!
> *Pichona la Bisbisera:* Este dos, este cuatro, este seis, pares contrapeados, para mi representan las luces de un entierro. Este caballo de oros, es un enamorado. Si no eres tú, otro no veo. Esta sota de espadas cabeza para abajo, es una llorosa Madalena. ¡Tal se me representa! Y este cinco de copas es licencia, y pecado con este rey del palo de bastos, que vino encima de todas las cartas. Hay aquí tres ases, que son poderes y luego tres caballos contrapuestos. Caballos son caballeros. ¿Te explicas alguna cosa?
> *Cara de Plata:* ¡Nada!
> *Pichona la Bisbisera:* Voy a echarlas encubiertas por ver si se clarean.
> *... al levantar el caballo de espadas queda con él en suspenso, recordando.*
> *Pichona la Bisbisera:* ¿Tú has pensado alguna vez en hacer una muerte?
> *Cara de Plata:* De haberlo pensado, lo hubiera hecho...
> *Pichona la Bisbisera:* Las cartas te ligan con un muerto. Está representado en este dos de copas, aun cuando nunca es carta de fundamento. Pero me lo hace decir que haya venido el caballo pisando sobre ella. Y el montado de oros, galán enamorado, eres tú. ¡Manifiesto!

En la escena se funden conocimientos y temores previos: la ruptura de relaciones y el encono entre el Abad, el Caballero y Cara de Plata, quienes han chocado por cuestiones de autoridad y a quienes se representa con los tres caballos contrapuestos (pp. 45, 49 y 151); la convicción de que Cara de Plata está enamorado de Sabelita, concentrada en el comentario de la Pichona al enterarse del rapto —«¡Si el padre y el hijo se encuentran!»—, que explica los «celos con rabia» de la lectura y anticipa las intenciones parricidas del mozo [16]. A esto se agregan sospechas e intuiciones: imaginar el desconsuelo de Sabelita, tantas veces presentido por ella misma —«Yo soy para llorar muchas penas»; «Mi destino es llorar»— y expresado por la Pichona casi con las mismas

[16] *CP*, pp. 160-161, 172, 192, 260-261 y 268.

palabras de la vieja que llevó la noticia al Abad: «Sabeliña en los brazos de aquel turqués era una despeinada Madalena!»[17]; entrever la situación que el rapto provocará y que será empeorada por el dominio que el Caballero ejerce sobre Sabelita y por su condición de padrino[18]. Pero también se integran en la escena revelaciones de circunstancias futuras que sólo la capacidad adivinatoria de la Pichona podía descubrir, como las falsas ansias de muerte del sacristán y las campanas que doblan anunciando la salida del sacramento para el simulador[19]. Otros datos, en cambio, son interpretados a medias o erróneamente —hecho que suele ocurrir a los videntes—, pues ni el muerto ligado a Cara de Plata resulta de su deseo de matar sino de haberle cerrado el paso al Abad —«¡Aquel pecador murió sin auxilios!»— ni las luces pertenecen a un entierro sino al cortejo del rencoroso sacerdote durante la realización de su descabellado propósito[20].

También digno de consideración es el caso que presenta *La corte de los milagros* (pp. 347-351) a través de un diálogo entre Isabel II y su camarera:

—¿Crees tú que estaré condenada?... Contesta, mujer. ¿Qué dicen tus naipes?
—¡No los he consultado!...
—¿Por qué no has consultado la baraja?
—Lo tengo prohibido por el confesor...
—Debías buscar un confesor que no fuese tan raro. ¿Tú le explicaste que lo hacías sin mala intención, como un honesto pasatiempo? ¿Se lo has explicado?
—¡Naturalmente!
—¿Y mantuvo la prohibición?
—¡Con la amenaza de no absolverme!
—¡Pues es una ridiculez, y que me perdone ese santo! ¿Por qué no lo dejas?
—¡Todos son iguales!

Reina y azafata quedaron silenciosas, apenadas, cavilando en los rigores del confesonario y entreviendo castigos del otro mundo: Para las dos eran motivo de dramáticas preocupaciones, las calderas del Infierno...

—¿Crees tú que sea masón, como dicen, González Bravo?
—Afirmándolo condenaría mi alma.
—¿Pero lo has oído?
—¡Desde los tiempos de El Guirigay!
—Si fuese verdad, tendría que firmarle los pasaportes. ¿Pero

---

17 *Ibid.*, pp. 42, 203 y 183.
18 *Ibid.*, pp. 82, 150 y 204-214.
19 *Ibid.*, pp. 221, 235-245 y 267.
20 *Ibid.*, pp. 50, 51, 54, 64, 74, 211, 245 y 270.

a quién llamo? ¿Para ese fin, no será pecado consultar las cartas?

—¡Para ese fin!...

—¡Mira, tráelas! Yo me confesaré por ti del pecado, si lo fuese... Doña Pepita, santiguándose para alejar toda sombra de pecado, sacó de la faltriquera el naipe y miró a los rincones, buscando una mesilla. Batió en la colcha... la Reina:

—Aquí, mujer.

Y se santiguó como lo había hecho la azafata. Doña Pepita puso la baraja al corte, y luego extendió las cartas en hileras de siete. Preguntó Doña Isabel:

—¿Es a la francesa?

—Sí, Señora.

—Como no salgan a mi gusto, me las echas a la española.

Doña Pepita, con los espejuelos en la punta de la nariz, doctoral y condescendiente, sonrió a la regia chanza: Quedó en gran meditación, estudiando las cartas alineadas. Alentó la Reina:

—¡Acaba! ¿Qué dicen?

—Tenemos un as de oros entre espadas: Tiene dos significados: una guerra, considerando que el as aquí representa la España...

—¡Otra guerra civil! ¡Están buenas tus cartas!

—¡Puede ser en África, en Cuba, en Joló!

—¡Con tal que no sea entre hermanos! ¡Una guerra civil es la mayor desgracia! Mira, quiero que le preguntes a las cartas, con qué bando estaría el Santo Padre.

—Aún no he acabado. Este as de oros, también puede representar el Trono. Entonces las espadas que tiene a los lados, como son figuras, representarían Generales. Este caballo de la izquierda podía ser el Conde de Reus... Las espadas de la derecha, representan a los leales del Trono.

—Novaliches y Pezuela. ¡Ay, de qué poco me valen! Sigue, mujer, y no hagas melindres.

—Bastos contrapeados. No sé cómo interpretarlos. El tres de bastos siempre representó el patíbulo.

—¡No será para mí!

—¡Ave María! España no es Francia. También puede este naipe representar el Infierno. ¡Bien considerado, es el patíbulo de los pecadores!

—¡Pues lo estás arreglando! Mira, recoge las cartas, siéntate y espera que me duerma.

Todo el pasaje es uno de los mejores exponentes del juicio que merece a Valle la monarquía borbónica a través del desgobierno de la hija del Deseado. Lo primero que se indica en relación con la cartomancia son los peculiares rasgos de la religiosidad de Su Majestad Católica, a veces tan semejantes a los de la Condesa de «Beatriz»: miedo supersticioso a la condenación eterna sin un solo movimiento interior para frenar los impulsos perjudiciales; falta total de respeto o acatamiento por las decisiones bien intencionadas y sensatas de un miembro de la Iglesia; convencimiento de que los errores sugeridos deliberadamente a otros pueden enmendarse con la irreverente confesión de un intermediario que es al mismo tiempo el instigador. Pero, aún más importante que la actitud religiosa personal, es la actitud de la soberana como cabeza del reino, actitud que busca consejos y soluciones de Estado en las barajas consultadas por una servidora no demasiado fiel, quien, a través de ellas, pretende influir en el ánimo real. Por otra parte, el chiste de la Reina —«Como no salgan a mi gusto me las echas a la española»— y su disconformidad ante lo apuntado por Doña Pepita, parecen evocar un verso de Curros Enríquez —«Por forza anda mal esta baraxa»—, con que la mujer de un contrabandista comenta unas predicciones de desgracia [21]; tal evocación contribuye todavía más a disminuir el ya muy menguado concepto que el lector ha ido formándose de Isabel, pues la reduce intelectualmente a uno de los niveles sociales más bajos. En cuanto a Doña Pepita Rúa, a quien volveremos a encontrar en el capítulo VIII, no carece de ciertas facultades —por lo menos de observación— que le permiten anticipar lo que no será una guerra, sino la revolución de 1868.

CONCLUSIONES

Resumiendo lo visto, podemos afirmar que Valle, apoyándose en una tendencia española colectiva, muestra a sus compatriotas sometidos a los azares de las artes adivinatorias. La tendencia puede afectar al país entero cuando los sometidos son la cabeza de la monarquía, como la reina Isabel II, o un pretendiente, como Don Juan de Borbón. Al mismo tiempo, advertimos que Valle acepta ciertas probabilidades de verdad en algunas de ellas, debido sobre todo a dotes particulares de quienes las ejercen. De donde, la introducción de las artes adivinatorias en su obra le sirve para retratar, criticar o satirizar a los españoles o como instrumento dramático de ese misterio que nunca dejó de interesarle, pero que nunca tampoco dejó que pasara de ciertos límites.

[21] Rodríguez López, *Supersticiones de Galicia*, p. 78.

VII

LOS SUEÑOS

> *... We are such stuff as dreams are made on...*
> *The Tempest*, Act IV, Scene I.

Si el conocimiento del futuro ha preocupado al hombre desde tiempo inmemorial, lo mismo ha ocurrido con la significación de los sueños, y tanto los serios cultores del ocultismo [1] como los psicoanalistas y sus sucesores le conceden particular importancia. Los ejemplos de visiones oníricas que Valle-Inclán incluye en su obra expresan distintos valores, de acuerdo con la finalidad que lo ha llevado a utilizarlas.

Saber que el común de la humanidad aceptará casi supersticiosamente los sueños como revelaciones, determina en *Sonata de primavera* (pp. 209-210) el cínico embuste con que un Bradomín muy joven explota la credulidad de la ingenua María Rosario:

> —No, no fuisteis creída. Vos lo sabéis. ¡Y cuántas lágrimas han vertido en la oscuridad vuestros ojos!
> María Rosario retrocedió hacia el fondo de la ventana:
> —¡Sois brujo!... ¡Han dicho la verdad!... ¡Sois brujo!...
> —¿También vos me acusáis?
> —¿Decid entonces, cómo habéis sabido?...
> La miré largo rato en silencio, hasta que sentí descender sobre mi espíritu el numen sagrado de los profetas:
> —Lo he sabido, porque habéis rezado mucho para que lo supiese... ¡He tenido en un sueño revelación de todo!

Intención ridiculizadora tiene en cambio el tres veces repetido sueño de los jureles asados al que el sacristán de *Cara de Plata* (pp. 135 y 183) atribuye burdamente categoría de agüero nefasto. *La corte de los mila-*

---

[1] Spence, *An Encyclopaedia of Occultism*, pp. 130a y 131a.

gros (p. 351) destacará con sorna los gustos populacheros de Isabel II proyectando contenidos de su inconsciente :

> Se durmió con entrecortados suspiros, que, lentamente, fueron cambiando hasta tornarse en plácido roncar. —¡Guadarrama de azules lejos, ya, cansados de llorar, los azules ojos se han dormido! ¡La boca sonríe libre del pucherete que la apenaba! Sueña la graciosa Soberana. ¡Ole! ¡Ole! Don Luis González Bravo, terciada la capa, templa el guitarrillo, cantando las boleras antiguas, de la salvación de España. ¡Ole! ¡Ole!

Posiblemente porque *La guerra carlista* quedó inconclusa, el sueño de Ciro Cernín en *Gerifaltes de antaño* (pp. 127 y 140-141) nos dejará dudosos. Tal como aparece, sin embargo, muestra la reacción del pastor después de la muerte de Egoscué —una voluntad acicateada por la piedad ingenua— y sirve, además, para conmover la hasta entonces insensible perversidad del marquesito :

> —¿Y por qué no temes, Ciro Cernín?
> —Porque el Ángel se me apareció, ordenándome ir con los pastores que tienen sus ganados por los contornos del Santuario. Y el mandato del Ángel toda la vida se ha cumplido. Un caballero que murió sin quererlo cumplir, tuvo por castigo hacerse piedra. Y rodando, rodando por los caminos miles de años, llegó aquella piedra a la misma puerta del Santuario. Y conforme llegó fue perdonado.
> Agila pensó desesperado :
> —¡Piedra mía, corazón mío, piedra la más dura, qué caminos aún rodarás para ser perdonada!

Pero sobre todo son las visiones oníricas utilizadas como recursos literarios para concentrar y subrayar situaciones o conflictos las que merecen un estudio pormenorizado. Y casi todas ellas manifiestan alguna idea más o menos ocultista.

ANTICIPACIÓN SUBJETIVA

Las preocupaciones diurnas y las peculiaridades de carácter y formación causan los sueños de anticipación subjetiva [2]. A ellos parece pertenecer el excesivamente elaborado sueño de Concha (*SO*, pp. 144-146) :

> ...La pobre Concha enojárase conmigo porque oía sonriente el relato de una celeste aparición que le fue acordada, hallándose dormida en mis brazos: Era un sueño como los tenían las

[2]   Fodor, *Freud, Jung and Occultism*, p. 131.

santas de aquellas historias que me contaba cuando era niño, la dama piadosa y triste que entonces habitaba el Palacio. Recuerdo aquel sueño vagamente: Concha estaba perdida en el laberinto, sentada al pie de la fuente y llorando sin consuelo. En esto se le apareció un Arcángel: no llevaba espada ni broquel: era cándido y melancólico como un lirio: Concha comprendió que aquel adolescente no venía a pelear con Satanás: Le sonrió a través de las lágrimas, y el Arcángel extendió sobre ella sus alas de luz y la guió... El laberinto era el pecado en que Concha estaba perdida, y el agua de la fuente eran todas las lágrimas que había de llorar en el Purgatorio. A pesar de nuestros amores, Concha no se condenaría. Después de guiarla a través de los mirtos verdes e inmóviles, en la puerta de arco, donde se alzaban las dos quimeras, el Arcángel agitó las alas para volar: Concha, arrodillándose, le preguntó si debía entrar en un convento: el Arcángel no respondió; Concha, retorciéndose las manos, le preguntó si debía deshojar en el viento la flor de sus amores; el Arcángel no respondió: Concha, arrastrándose sobre las piedras, le preguntó si iba a morir; el Arcángel tampoco respondió, pero Concha sintió caer dos lágrimas en sus manos... Entonces Concha había comprendido el misterio de aquel sueño... La pobre, al contármelo suspiraba y me decía:

—Es un aviso del cielo, Xavier.

—Los sueños, nunca son más que sueños, Concha.

—¡Voy a morir!... ¿Tú no crees en las apariciones?

Me sonreí, porque entonces aún no creía.

Aunque el límite entre sueños normales y paranormales es difícil de establecer [3], el de Concha, quien está muriéndose de tuberculosis, impresiona como un resultado de su condición física [4], al que se suma el conflicto entre sus deseos, afectos, temores y creencias. Nada tiene de raro, pues, que sea justamente en brazos de Xavier donde, a través de una visión onírica, un arcángel le revele lo que está en su próximo futuro. Y si pensamos que el arcángel en cierto modo representa a la divinidad que, según Macrobio, anunciaba lo por venir al soñador —supuesto antiquísimo del cual hay ecos en las Sagradas Escrituras [5]— cualquier extrañeza inicial desaparecerá. Los detalles del sueño, por otra parte, son típicamente decadentistas: el aspecto del juvenil Azrael, la impresión de atravesar un paisaje sin movimiento que simboliza o anticipa la muerte, lo acentuadamente melodramático en la selección y pro-

[3] Fodor, *Encyclopaedia of Psychic Science*, p. 107b.
[4] Holzer, *ESP and You*, pp. 104 y 105.
[5] Spence, *An Encyclopaedia of Occultism*, p. 130b; Holzer, *ESP and You*, p. 107.

gresión de los movimientos de Concha y, finalmente, las dos quimeras que decoran el arco. Estas, en particular, fueron tema o subtema favorito de pintores y escritores de fin de siglo : Gustave Moreau, Odilon Redon, Jules Bois, Jean Lorrain; en la Sonata quizá representen algo semejante a lo dicho por Phillipe Jullian acerca de las fuerzas gemelas que dominaron durante los veintitantos años que duró la tendencia : «la Quimera mística y la Quimera erótica están a menudo muy próximas» [6]. El sueño, además, encuentra en Xavier una inmediata respuesta irónica, seguida de un comentario que se enlaza con un resultado posterior : el convencimiento supersticioso adquirido con la repentina muerte de Concha y la noche de terror que, como consecuencia, se ve obligado a vivir.

Sueño telepático

A pesar del interés de Valle por la telepatía, el sueño telepático sólo aparece una vez en su obra. Se encuentra en el diálogo de «Beatriz» que transcribimos en el capítulo V para ilustrar las espontáneas facultades fisiopsicológicas de la Saludadora de Céltigos. Esas mismas facultades, que le permiten leer a distancia el pensamiento de la Condesa y captar su llamado, se manifiestan en un sueño telepático, cuyo carácter se considera típica y claramente supranormal [7].

Sueño cognoscitivo

Las visiones oníricas de algunos soñadores a veces revelan hechos previos o simultáneos respecto de ellas mismas; de esta manera han solido conseguirse informaciones valiosas [8]. A este tipo pertenecería el sueño que la vieja médium comunica a la mujer de un preso en «Del misterio» (*JN*, p. 192) : «Esta noche huyó de la cárcel matando al carcelero. Lo he visto en mi sueño.» Este hecho supranormal es el primer eslabón en una cadena de extraños acontecimientos que tocarán muy de cerca al infantil protagonista del cuento.

Histérica y visionaria, en un determinado momento Adega también sueña. Así como la condición del soñador está determinada por varios tipos de experiencias [9], dos circunstancias confluyentes determinan el sueño de la pastora : antes de recogerse, ha intuido la presencia del romero, quien se ha presentado frente a la venta como atraído por el

---

[6] Jullian, *Dreamers of Decadence*, p. 101.
[7] Fodor, *Encyclopaedia of Psychic Science*, p. 108b.
[8] *Ibid.*, p. 108b.
[9] Holzer, *ESP and You*, p. 104.

recurso mágico puesto en práctica para obligarlo a descubrirse; al poco rato, ha visto pasar ante la puerta del establo al «hijo de la ventera con una hoz al hombro» (*FS*, pp. 119 y 120). Ambas circunstancias la perturban porque las asocia con efectos trágicos para ella y, sobre todo, para el hombre al cual está inconscientemente ligada por el sexo. Bajo la influencia de este estado de ánimo empieza a dormirse (pp. 120-121):

> ... El sopor del sueño la vencía con la congoja y la angustia de un desmayo. Era como si lentamente la cubriesen toda entera con velos negros... De pronto se halló en medio de una vereda solitaria... Sentíase el rumor de una fuente rodeada de árboles llenos de cuervos. El peregrino se alejaba bajo la sombra de aquellos ramajes. Las conchas de su esclavina resplandecían como estrellas en la negrura del camino. Una manada de lobos rabiosos, arredrados por aquella luz, iba detrás... Súbitamente la pastora se despertó.

Sueño de ansiedad provocado por los hechos anteriores, se presenta revestido por rasgos simbólicos: la luz sobrenatural que despiden las conchas de la esclavina expresan la santidad que Adega atribuye al peregrino —Freud diría algo más, pero dejémoslo así—; los lobos rabiosos —acaso sugerencia de los «moradores del umbral» [10]— son los pensamientos asesinos del perseguidor; el resplandor maravilloso que amedrenta a las sanguinarias bestias manifiesta el deseo íntimo de que el peregrino se salve. Pero el temor por el hombre en peligro no se limita a estos efectos, sino que despierta en Adega una percepción subconsciente o una hasta entonces dormida capacidad de clarividencia que le revela el lugar exacto del crimen y le permite reconocerlo después (pp. 122-123):

> Pavorida se lanzó al campo... Ya amanecía cuando la pastora, después de haber corrido todo el monte, llegaba desfallecida y llorosa al borde de una fuente. Al mismo tiempo que reconocía el paraje de su sueño, vio el cuerpo del peregrino tendido en la yerba.

SUEÑOS DE NATURALEZA PROFÉTICA

También de clarísimo carácter supranormal, los sueños proféticos constituyen una parte considerable de las visiones oníricas humanas [11]. Es la categoría que podría corresponder a la simple y directa visión

---

[10] Hartman, *Magic White and Black*, p. 40.
[11] Fodor, *Encyclopaedia of Psychic Science*, pp. 108b y 109a.

recurrente que anuncia a Mari-Gaila la proximidad de Séptimo Miau (*DP*, pp. 115-116 y 118):

> *Mari-Gaila:* Será de reír la primera vez que nos encontremos. No le conozco, y llevo tres noches que sueño con él y con su perro.
> *Miguelín:* Falta que el hombre de tu sueño tenga la cara del Compadre.
> *Mari-Gaila:* Padronés, si tal acontece, también te digo que tiene pacto.
>
> *Miguelín:* ¿Reconoces al hombre de tu sueño?
> *Mari-Gaila:* Cambia por el ojo que lleva tapado.

Aunque más complicado, algo de premonitorio posee igualmente el sueño de la mujer de Montenegro en *Águila de blasón*. Afligida por haber dejado alejarse a Sabelita sin ofrecerle oportunamente y con insistencia su ayuda (pp. 185-189), angustiada por la partida de Cara de Plata que va a unirse a los carlistas y al cual teme no volver a ver (pp. 225-226), la dama se ha quedado dormida frente a la imagen de un Niño Jesús (p. 229). Como en el caso del desvanecimiento de Don Juan Manuel en *Romance de lobos* (cf. *supra*), el sueño se inicia a partir de la última percepción consciente —los fuegos fatuos en la segunda Comedia Bárbara, la imagen en la primera— y las preocupaciones se organizan en proyección dramática (pp. 231-236):

> *Van el Niño Jesús y Doña María perdidos en el monte, y se sientan a descansar a la orilla de un camino... doce campanas negras doblan a muerto en la lejanía: Las doce campanas cuelgan, como doce ahorcados, de las ramas de un árbol gigante.*
>
> *Doña María:* ¿Divino Niño, no me dirás por quién doblan esas campanas?
> *El Niño Jesús:* Doblan por Sabelita. ¿No la has visto caminando por la otra ribera del río, y que un demonio negro le tiraba de la falda arrastrándola hacia las aguas?
> *Doña María:* ¡Sálvala de morir en pecado, mi Niño Jesús!
> *El Niño Jesús:* Si tal sucede, tú habrás regalado esa alma a Satanás.
> *Doña María:* ¡Vamos en su ayuda, mi Niño Jesús!
> *El Niño Jesús:* No sabemos el camino y nos perderíamos en los breñales del monte, Doña María.
> *Doña María:* Iremos a la aventura, mi Niño Jesús. Yo te llevaré en mis brazos, Divino Infante.
> *El Niño Jesús:* Tú eres muy vieja y te cansarías. Dame la mano. Nos guiaremos por aquella paloma blanca...

Se alejan por el sendero, hacia el árbol de cuyo ramaje cuelgan las doce campanas, y al acercarse las hallan convertidas en doce cuervos que vuelan graznando sobre sus cabezas. Doña María se estremece.

Doña María: ¡El vuelo de los cuervos cubre mi corazón! Niño Jesús, deja que me arrodille y que rece por mi ahijada.
El Niño Jesús: Reza por ella y por ti, que cuando la viste arrepentida no te condolió su desamparo. Si muere en pecado mortal, tú irás también al Infierno.
Doña María: Niño Jesús, no acongojes mi alma.
El Niño Jesús: Aprende a oír la voz de la verdad, Doña María. Llora, pero no oscurezcas con tu llanto mis palabras. Don Juan Manuel oye las burlas crueles que le dice su criado, y tú no quieres oír al Niño Jesús.
Doña María: ¡Perdóname, Divino Infante!
El Niño Jesús: ¿Ignorabas que aquella desgraciada iba a verse sola, sin amparo de nadie? ¿Por qué no la guardaste a tu lado, para llevarla al convento contigo? No has querido ampararla, porque eres muy mala, Doña María. En el Cielo están enojados contigo, pues dejaste que la mujer arrepentida volviese a caer en el pecado. Eres muy mala, y por serlo tanto sufres el castigo de que el mejor de tus hijos se vaya a la guerra, donde hallará la muerte.

Doña María, llora desconsolada. El Niño Jesús se aleja por la orilla del sendero, cogiendo margaritas silvestres, y la señora, cuando después de un momento levanta hacia él los ojos llenos de lágrimas, le llama con maternal y piadosa alarma.

Doña María: Niño Jesús, que el camino está lleno de trampas que ponen los pastores para los lobos.
El Niño Jesús: ¡Qué miedosa eres, Doña María!

Aún viven en el eco estas palabras, cuando en lo profundo de una cueva desaparece el Niño Jesús. Doña María lanza un grito, y cierra los ojos donde queda luciente el aleteo afanoso que agitó las manos del Niño. Entonces, de la sombra de los breñales sale una doncella que hila un copo de plata... y acercándose al borde de la cueva, deja caer el huso que se columpia como una escala de luz por donde sube el Niño. Ante aquel milagro la señora se arrodilla y reza reconociendo en la doncella... a la Virgen Santísima...

Aunque el sueño recuerda el de Concha por la intervención de las figuras divinas, siendo Doña María más inocente y auténticamente piadosa, está caracterizado por una diafanidad muy de acuerdo con la manera de ser del personaje. La culpa que la acongoja se refleja en el disgusto del Niño, a través de cuyo reproche la dama llega a considerarse aún más intransigente que el Caballero y merecedora, por ello, de lo que más teme: la muerte de Cara de Plata en la guerra. El presentimiento del peligro que puede correr Sabelita resulta a veces simbólico, como en las doce campanas que doblan a muerto y los cuervos en los cuales se convierten después; pero se concreta premonitoriamente en las palabras del Niño, donde el único simbolismo consiste en representar con un demonio negro la tentación suicida que acosará a Sabelita. La escena muda donde interviene la Virgen cumple la función de advertencia atribuida a las visiones oníricas de carácter profético[12]: sólo un amor alerta y semejante al de la Madre de pecadores salvará a Sabelita del abismo en que su desesperación está a punto de arrojarla. Valle acoge, además, otra peculiaridad de los sueños proféticos: la impresión profunda que dejan en el soñador y que se prolonga durante la vigilia[13]: «Esta noche tuve una visión que llenó mi alma de remordimiento. Un sueño que fue como un aviso del Cielo» (p. 291).

Recurso literario, sin duda, y, acaso, demostración de que Valle tomaba en serio la existencia de los sueños premonitorios es la incorporación de uno de ellos a *Baza de espadas*. Como la predicción por el vino realizada por el carbonario disfrazado de mago, se vincula con una intentona de eliminar al Conde de Reus (*BE*, pp. 93 y 95):

—...En Londres, Indalecio... Ese trabuco lo descargarás en Londres...
—¿Contra quién?
—Lo sabrás a su tiempo.
—¡Contra Prim! El día que embarcamos tuvo un sueño la Sofi.
—Indalecio, no delires con grandezas ni te guíes por los infundios de la Sofi.

...Una voz tronaba contra el nombre de Prim. La histérica mujer se santiguó, brizada por las imágenes de aquel mal sueño que había tenido, frente a las luces de Gibraltar. Un sueño dramático, salpicado de sangre como estampa de novela por entregas. El trabuco del amante, que ella había pasado bajo las faldas, comparecía en una rueda de puñales... Juntaba los enigmas del sueño al enigma de aquel pasajero vestido de blanco, con cadena luciente en el chaleco.

[12] Holzer, *ESP and You*, p. 104.
[13] Fodor, *Encyclopaedia of Psychic Science*, p. 108b.

Los dos textos se encuentran en el libro «Alta mar». A bordo de la nave viaja un grupo de revolucionarios españoles cuya finalidad es entrevistar a Prim en Londres y averiguar si está dispuesto a dirigir militarmente el movimiento que se prepara. Son pasajeros del mismo barco dos siniestros personajes —el Pollo de los Brillantes y Don Teo— y una pareja irregular: la de Indalecio y la Sofi. Los cuatro, aunque en distinto grado, están comprometidos en un proyecto de asesinato político, según nos lo revela el confuso sueño de la histérica mujer. El complot no tiene éxito, pues los personajes son detenidos al llegar a Londres (pp. 155-156). Por otros detalles, sin embargo, cabe suponer que la visión onírica de la Sofi no se refería a hechos inmediatos sino a los que en realidad —en España y tiempo después— pusieron fin a la vida del Héroe de los Castillejos. Recuérdese que Valle sostenía la inocencia de Paúl y Angulo, y que trató de demostrarlo en sus artículos. En ellos achacó el crimen directo a unos encartados, de los cuales «dos hallaron la muerte en un oportuno motín que sobrevino en el Saladero», otro «a poco dobló asesinado en la calle de Toledo» y los dos restantes «acabaron sus días de modo misterioso y violento» [14]. Es posible que Valle pensara identificar a algunos de ellos con Indalecio y Don Teo. El sueño profético resulta, literariamente, una anticipación más de lo que Valle iba a desarrollar oportunamente en otro volumen de *El ruedo ibérico*. Por otra parte, si comparamos esta visión con el resto de las manifestaciones oníricas vistas hasta ahora, se advierte que, pese a la importancia interna que su autor le concede, éste ya no intenta explayarse en elaboradísimas situaciones psicológico-simbólicas que acentúen la nota ocultista, sino que, por el contrario, reduce la visión a lo esencial y sólo parece preocupado por indicar su persistente impresión en la Sofi y la reacción de Indalecio ante lo que ella le ha contado.

SUEÑO HIPNÓTICO

Quizá porque la historia del hipnotismo está estrechamente relacionada con el ocultismo y/o porque, siendo el sueño hipnótico afín al normal, en él suelen también liberarse poderes subconscientes [15], Valle-Inclán, ya interesado desde antes de 1895 en teorías y experiencias que se vinculaban con ellos (*PP*, pp. 214-215), empleó decididamente el sueño hipnótico en *Tirano Banderas*. Es allí el punto de partida de una

[14] «Paúl y Angulo y los asesinos del General Prim», IV «Los encartados», 28 de agosto de 1935.
[15] Spence, *An Encyclopaedia of Occultism*, p. 216a; Fodor, *Encyclopaedia of Psychic Science*, p. 179a.

serie de acontecimientos que contribuyen a precipitar la caída del déspota. De las consecuencias y su interpretación me ocuparé en el capítulo VIII. Me limitaré aquí únicamente al sueño mismo, a las características que presenta y a la posible intención de Valle al utilizarlo.

Como se recordará, en el Congal de Cucarachita un Doctor Polaco —cuyo nombre, apodo o procedencia determina siempre asociaciones especiales [16]— se dedica durante la víspera del Día de Difuntos a hipnotizar a una de las pupilas, de cuyas dotes le ha hablado el Coronel De la Gándara (pp. 108-109):

> ...Lupita la Romántica... suspiraba caída en el sueño magnético, bajo la mirada y los pasos del Doctor Polaco...
> —Responda la Señorita Médium.
> —¡Ay! Alumbrándose sube por una escalera muy grande... Ya no está... Se me ha desvanecido.
> —Siga usted hasta encontrarle, Señorita.
> —Entra por una puerta donde hay un centinela.
> —¿Habla con él?
> —Sí. Ahora no puedo verle. No puedo... ¡Ay!
> —Procure situarse, Señorita Médium.
> —No puedo.
> —Yo lo mando.
> —¡Ay!
> —Sitúese. ¿Qué ve en torno suyo?
> —¡Ay! Las estrellas grandes como lunas pasan corriendo por el cielo.

Lo que Lupita dice ver al comienzo del trance continúa el pasaje con que se cierra el Libro Tercero de la Segunda Parte, el cual nos ha mostrado al Tirano cuando comienza a subir la escalera y ordena al Mayor del Valle se arreste esa misma noche al Coronelito (p. 103). Aunque desconcierte al principio la referencia a las estrellas con que termina la cita, explicaría el conocimiento total demostrado más tarde por Lupita acerca del conciliábulo y las maquinaciones contra De la Gándara. Conciliábulo y maquinaciones se inician justamente cuando Santos Banderas, habiendo pedido a los circunstantes se constituyan «en tribunal

[16] Compárese el Conde Polaco que «corría las ferias con una mujer de la vida» (*DP*, p. 111) y la sugerencia del Doctor a Lupita: «¿No se animaría usted a presentarse en público?» (*TB*, p. 114); sus poderes hipnóticos, además, coinciden con los atribuidos a la Princesa Polaca que obliga a revelar secretos políticos a Don Juan de Borbón (*VMD*, p. 441). Quizá la insistencia en el nombre y las facultades mágicas que tienen o dicen tener quienes lo llevan estén inspirados en el supuesto mago polaco a quien se atribuyó la construcción de la cabeza encantada para Don Antonio Moreno (*Don Quijote*, II, cap. LXII). De ser así, éste sería un ejemplo más de lo presente que Valle-Inclán tenía la obra de Cervantes (Cf. Speratti-Piñero, *De «Sonata de otoño» al esperpento*, p. 271, n. 20).

y resuelvan el caso con arreglo a conciencia», despliega un catalejo y se absorbe «en la contemplación del cielo» (p. 97), y terminan mientras todavía se encuentra dedicado a sus observaciones (p. 101). De hecho, Lupita parece haber abarcado entre dos puntos temporales todo lo ocurrido esa noche en San Martín de los Mostenses. Cabría preguntarse si la inexperta médium ha tenido voluntad bastante para escamotear al Doctor el aspecto principal de lo captado —lo cual sería muy improbable— o si esto ha pasado después lentamente a su propia conciencia. De todos modos, lo verdaderamente notable, dejando a un lado la habilidad de Valle para encadenar los distintos momentos, es la exactitud con que se ciñe a las características de una de las posibles experiencias psíquicas provocadas por el sueño hipnótico. Se trata de un caso de clarividencia —quizá de la llamada dirigida o viajera [17]— durante la cual Lupita ha presenciado el presente y leído el pasado inmediato o retrocedido hasta él en una transportación mental a un lugar distante, donde ha sido testigo invisible de una escena y quizá evocadora de otras [18]. Tal fenómeno, que se considera general y conocido desde antiguo, si bien el primer ejemplo registrado data de 1785 [19], adquiere un matiz especial explicado por ciertos cultores del ocultismo espiritualista. Algunos de ellos atribuyen la causa a proyección astral o experiencia del doble fuera del cuerpo y otros a una comunicación con los desencarnados [20]. Si se piensa que Valle ha colocado temporalmente la situación en la noche precisa cuando éstos comienzan a disfrutar de una libertad ilimitada [21] y que ha pintado a Lupita como fiel devota de las ánimas (p. 115), quizá se podría llegar a la conclusión de que engarzó en el trance un hecho reconocido por los ocultistas para acentuar, no el misterio —inexistente si se acepta lo natural de la clarividencia—, sino la proclividad supersticiosa de la mayoría de los personajes en la novela. Y de todos los sueños que Valle ofrece en su obra, es éste el que más se destaca por la destreza con que se lo ha empleado y por la significativa intención que demuestra.

Antes de concluir el capítulo, debe señalarse minuciosamente que, si bien Valle suele introducir en los sueños toques ocultistas, lo hace

---

[17] Fodor, *Encyclopaedia of Psychic Science*, pp. 46b-47ab y 109a; Myers (*Human Personality*, pp. 150-151) define el carácter del fenómeno: durante su realización el hipnotizador guía por sugestión al hipnotizado a lugares que éste visita gracias a dotes de clarividencia.

[18] Fodor, *Encyclopaedia of Psychic Science*, pp. 45b y 179b.

[19] *Ibid.*, p. 46b.

[20] Holzer, *ESP and You*, p. 105; Spence, *An Encyclopaedia of Occultism*, p. 221b.

[21] Frazer, *La rama dorada*, p. 173; Evans-Wentz, *The Fairy-Faith*, pp. 213-288.

sobre todo cuando quiere indicar la credulidad, la ignorancia o la confusión mental del mundo de sus criaturas. Los fenómenos psicológicos o parapsicológicos manifestados en las visiones oníricas le merecen una consideración muy distinta, tan distinta que nos lleva a pensar si Valle no estaba convencido de la realidad de muchos de ellos y los juzgaba la única explicación posible y lógica de lo que suele ser extraordinario o milagroso para sus personajes.

VIII

FACULTADES Y FENÓMENOS PARANORMALES

Hasta no hace demasiado tiempo, los fenómenos paranormales se consideraron propios de las artes de la brujería y más recientemente se
atribuyeron a mediación de los espíritus[1]. En ambos casos, quedaban
situados dentro de los límites del ocultismo. Valle-Inclán parece haber
estado más cerca del concepto contemporáneo —que los juzga efectos
de capacidades humanas naturales—, aunque no por ello haya dejado
de concederles con alguna frecuencia tonalidades misteriosas expli-
cables.

PREMONICIÓN

Como ocurre también en la realidad, de los varios fenómenos paranormales posibles el más frecuente en la obra de Valle es la premonición, a la que casi siempre se llama *presentimiento* o *corazonada* o, en
referencias a ella, se emplean otras expresiones equivalentes: *anunciar,
decir, presentir el corazón; darle a uno el alma*[2].
Definida como advertencia de un hecho futuro provocada por una
impresión o como sospecha que se anticipa al tiempo en que algo suce-
derá[3], la premonición abarca desde vagos sentimientos de un suceso
inminente —«*El Caballero:* Mi corazón me anuncia algo, pero no sé lo
que me anuncia» (*RL,* p. 23)— hasta el conocimiento preciso a través
de sueños y alucinaciones de un acontecer por venir[4], como le pasa a
Don Pedro Bolaño —«La muerte de mi hijo la vi en un sueño» (*E,*

[1] Glass, *They Foresaw the Future,* pp. 160-169; Spence, *An Encyclopaedia
of Occultism,* pp. 329a y 413b.
[2] *SE,* p. 138; *SP,* p. 182; *FS,* p. 122; *SI,* p. 220; *AB,* p. 210; *E,* p. CXIX;
CM, p. 28; *VMD,* p. 70; *SI,* p. 217; *RH,* p. 174; *E,* p. CXIX; *TB,* p. 16;
SP, p. 132; *AB,* p. 159; *RL,* p. 23; *E,* p. CXVIII; *VMD,* p. 79; *GA,* p. 181.
[3] Spence, *An Encyclopaedia of Occultism,* p. 329a; Holzer, *Predictions,*
p. 114.
[4] Holzer, *Predictions,* p. 114; Spence, *An Encyclopaedia of Occultism,*
p. 329a.

p. CXIX)— y le ocurre a Rosarito (*F*, p. 189). Todas las premoniciones están siempre teñidas de una intensa y característica coloración emotiva —por lo cual se las considera formas emocionales de la percepción extrasensorial [5]—, hecho que se comprueba no sólo en los ejemplos ya citados sino también en el caso de Adega (*FS*, pp. 121-122) y en la visión onírica de Doña María (*AB*, pp. 231-236).

La mayoría de las premoniciones está constituida por inquietantes avisos de desgracia, aunque no sea ésta una peculiaridad necesaria [6]. En Valle prepondera el primer tipo. Del segundo hay un ejemplo en *Tirano Banderas,* donde el Ranchero, discutiendo con De la Gándara las posibilidades de triunfar en la tentativa revolucionaria que prepara, afirma rotundamente (p. 16): «No soy un científico, y estoy obligado a no guiarme por otra norma que la corazonada... Es más fuerte la corazonada»; en efecto, el presentimiento de Filomeno Cuevas —encarnación literaria del general Álvaro Obregón, cuya «intuitiva estrategia» había mencionado Valle en carta a Alfonso Reyes [7]— lo lleva al éxito que acabará con la tiranía de Santos Banderas. Otro ejemplo de muy diferente categoría e intención es el que trae *¡Viva mi dueño!* (p. 79), donde la corazonada se reduce a la seguridad de recuperar una llave —hecho que se realiza— y que ofrece a Valle la oportunidad de burlarse un poco del personaje que cuenta el sucedido:

> La Feli se lanzó, picoteando los enigmas del mundo como paloma sobre una espiga:
> —¡Esta lo dijo! Vas a ver que no vuelvo sin mi llave. ¡Pues ella estaba tan ignorante como una servidora! Algo le anunciaría el corazón. Puede no ser milagro del Santo... No lo será, pero el anuncio ésta lo tuvo.

No ha dejado de tenerse en cuenta la posibilidad de que las premoniciones se originen en inferencias subconscientes resultantes de percepciones reales, aunque oscuras, de hechos previos [8]. Es lo que sugieren con vehemencia muchas de ellas en la obra de Valle. La mala conciencia de Bradomín les proporcionará base tanto en *Sonata de primavera* (pp. 132 y 182) como en *Sonata de invierno* (pp. 216-217 y 220), donde la similitud de circunstancias es evidente:

> ¡Pobre María Rosario! Yo la creía enamorada, y, sin embargo, mi corazón presentía no sé qué quimérica y confusa desventura.

---

[5] Holzer, *Predictions,* p. 114.
[6] *Ibid.,* p. 114; Spence, *An Encyclopaedia of Occultism,* p. 329a.
[7] Carta del 20 de diciembre de 1923, en Speratti-Piñero, *De «Sonata de otoño» al esperpento,* p. 203.
[8] Spence, *An Encyclopaedia of Occultism,* p. 329a.

...Con un presentimiento sombrío, sentía que mi mal era incurable y que mi voluntad era impotente para vencer la tentación de hacer alguna cosa audaz, irreparable. ¡Era aquello el vértigo de la perdición!...

—...¡Pobre hija, me lo ha confesado todo!
Yo repetí, inclinando la cabeza:
—¡Pobre hija!
Sor Simona retrocedió dando un grito:
—¡Lo sabía usted!
Sentí estupor y zozobra. Una nube pesada y negra envolvió mi alma, y una voz sin eco y sin acento, la voz desconocida del presagio, habló dentro de ella. Sentí terror de mis pecados como si estuviese próximo a morir. Los años pasados me parecieron llenos de sombras, como cisternas de aguas muertas. La voz de la corazonada repetía implacable dentro de mí aquellas palabras ya otra vez repetidas con terca insistencia.

...En los cristales de una ventana vi temblar el reflejo de muchas luces, y el presentimiento de aquella desgracia que las monjas habían querido ocultar, cruzó por mi alma con un vuelo sombrío de murciélago.

En cierto modo semejante es el caso de la mujer que, habiendo oído el relato del pastor acerca de la muerte de Egoscué a manos de Santa Cruz y sabiendo hasta qué punto esto puede ser verdad, exclama al confirmarse la noticia (*GA*, p. 181): «—¡Ved cómo no estaba loco Ciro Cernín! ¡Ay, mi alma me lo daba...!». La serie ininterrumpida de desdichas y preocupaciones más el supersticioso reconocimiento de los poderes de Rosa Galans preparan el terreno a una nueva corazonada de Pedro Bolaño (*E*, pp. CXVIII-CXIX):

Don Pedro: ¿Qué alcanzará Malvín? ¿A ti no te anuncia nada el corazón, sobrina?
Doña Isoldina: ¡Hace tanto tiempo que no creo anuncios del corazón!... ¡En el día más alegre de mi vida ocurrió la desgracia!... ¡Y mi corazón cantaba!
Don Pedro: ¿Y ahora no sientes alguna voz secreta?
Doña Isoldina: No... Ni creo en ellas.
Don Pedro: ¡Yo, sí! En todos los sucesos graves de mi vida el corazón me anunció lo que estaba oculto. La muerte de mi hijo la vi en un sueño... Y de los disgustos y de los afanes que ese huérfano había de ocasionarme, también tuve presentimiento. A guiarme de la corazonada, jamás lo hubiera traído conmigo.

Al ocurrir la nueva desgracia, Don Pedro exclama ciegamente conveñ-cido (p. CXXXII): «¡Tampoco ahora me engañó el corazón!» El aspec-to de Narváez, que ha impresionado a la Reina durante la fiesta con que se celebra la concesión de la Rosa de Oro, despierta en ella serios temores, expresados como presentimiento de algo que se confirmará más adelante (*CM*, pp. 27 y 28).

La creencia en la premonición o la autosugestión ante un engañoso presentimiento puede arrastrar a los personajes a situaciones cuyo per-juicio va desde una simple y grotesca pérdida en el juego —como la del Pollo Real, quien ha arriesgado todo «por seguir la corazonada» (*VMD*, p. 70)— hasta la pérdida de la vida, como en el caso de Miguel Egos-cué, quien ha tratado de guiarse por ella en su decisión de unirse a Santa Cruz y, habiéndola seguido, perece miserablemente ejecutado (*RH*, p. 174; *GA*, pp. 78-80).

Finalmente, en *Águila de blasón* (p. 210), Valle-Inclán utiliza la pa-labra presentimiento, pero limita su sentido en la construcción grama-tical que la incluye y sugiere así una reacción psíquica más próxima a la participación afectiva, agudizada por el estado de quien la experi-menta:

> *Sabelita se acerca a la preñada, que le ciñe los brazos al cuello, y la besa con gratitud respetuosa, en el rostro pálido y frío donde el dolor ha dejado la inmovilidad de una máscara trágica. El alma mística de la aldeana tiene como un oscuro presentimiento de las agonías y las congojas con que lucha aquel corazón que late bajo el suyo, como un pájaro asustado en la mano de un niño.*

DÉJÀ VU

El fenómeno generalmente denominado *déjà vu* —al que se asimi-lan y con el cual pueden combinarse el *déjà entendu*, el *déjà éprouvé*, el *déjà senti* y el *déjà connue*— es «el sentimiento de haber estado pre-viamente en una escena o situación, sin poder recordar» cómo ni cuán-do [9]. Todavía sin una explicación decididamente satisfactoria, ha dado lugar a distintas opiniones. Para Freud, es un falso reconocimiento o recuerdo de una fantasía que nunca había alcanzado antes la concien-cia; para Grasset, una percepción inconsciente que se abre paso en algún momento bajo la influencia de una impresión nueva pero simi-lar [10]. Es decir, que la psicología admite su existencia dándole como base un sentimiento oculto o un hecho olvidado que surgen de la incons-

---

[9] Fodor, *Freud, Jung and Occultism*, pp. 46 y 47; Holzer, *ESP and You*, p. 100.
[10] Fodor, *Freud, Jung and Occultism*, p. 46.

ciencia ante un estímulo especial. Tampoco faltan las interpretaciones parapsicológicas y ocultistas, cuyo punto de partida es en cierto modo semejante, pero que especulan con otras posibilidades. Valle-Inclán sólo recurre dos veces al *déjà vu* en textos entre los que median años; el empleo que hace de él y lo que nos sugiere varía bastante.

El primer ejemplo está en *Los cruzados de la causa* (p. 113) y quizá sólo pretende reflejar la intensidad confusa de los sentimientos de un desertor a quien se persigue de cerca:

> ...Algunas veces, creía recordar que en un tiempo lejano le habían perseguido como entonces, y que había corrido por aquella calle tortuosa, y que había pasado por delante de aquellas puertas donde asomaban los mismos rostros que ahora. Era una memoria toda ingrávida, que cambiaba de forma y se desvanecía. Más que las cosas en sí mismas, creía recordar aquella sensación de angustia, que volvía como vuelven en un sueño las imágenes vistas en otro sueño.

Mientras el comienzo se ciñe a las líneas generales de la definición, aunque se indique una sensación de pesadilla, la mención del sueño reiterativo nos recuerda que los parapsicólogos indican como posible origen del *déjà vu* una experiencia onírica de conocimiento previo [11].

Mucho más largo, insistente, complicado y significativo es el texto que trae *Tirano Banderas,* donde se muestra una de las consecuencias del sueño hipnótico de Lupita (pp. 119-121, 127, 129 y 132):

> La daifa quedóse abstraída mirando las luces de sus falsos anillos. Hacía memoria. Por la boca pintada corría un rezo:
> —Esta conversación, pasó otra vez de la misma manera: ¿Te acuerdas, Veguillas? Pasó con iguales palabras y prosopopeyas...
> La moza del pecado, entrándose en sí misma, quedó abismada, siempre los ojos en las piedras de sus anillos.
>
> —¡Ave María! ¿Esta misma plática no la tuvimos hace un instante? ¿Veguillas, cuándo fueran aquellos pronósticos tuyos, del mal fin que tendría el Coronelito de la Gándara?
> Gritó Veguillas:
> —¡Ese secreto jamás ha salido de mis labios!
> —¡Ya me haces dudar! ¡Patillas tomó tu figura en aquel momento, Nachito!
> —Lupita, no seas visionaria.
>
> —¡Santísimo Dios! ¡Esta misma letra se ha cantado otra vez estando como ahora acostados en la cama!

[11] Holzer, *ESP and You,* p. 101.

Nacho Veguillas, entre humorístico y asustadizo, azotó las nalgas de la moza...

—¡Lupita, que te pasas de romántica!...

—¡Nacho Veguillas! ¿Llevas buena relación con el Coronel Gandarita?

—¡Amigos entrañables!

—¿Por qué no le das aviso para que se ponga en salvo?

—¿Pues qué sabes tú?

—¿No hablamos antes?

—¡No!

—¿Lo juras, Nachito?

—¡Jurado!

—¿Que nada hablamos? ¡Pues lo habrás tenido en el pensamiento!...

—¡Lupita, tú tienes comercio con los espíritus!

—¡Calla!

—¡Responde!

—¡Me confundes! ¿Dices que nada hemos hablado del fin que le espera al Coronel de la Gándara?

—¿Cuándo fue que oí esas mismas músicas? ¡Nachito, aquí se dijeron esas mismas palabras!... Esta noche se me figura que ya pasó todo cuanto pasa. ¡Son las Benditas!... ¡Es ilusión esta de que todo pasó, antes de pasar!

—¡Domiciano, ponte en salvo! Este pendejo no te lo dice, pero él sabe que estás en las listas de Tirano Banderas.

—¡Ponte en salvo! ¡Si no lo haces, aquí mismo te prende el Mayorcito del Valle!

Por lo dicho en su trance y por algunas otras manifestaciones en estado de vigilia, vimos que Lupita había captado el presente y un pasado inmediato. El *déjà vu* nos demuestra que también había asistido al futuro y que, habiéndolo olvidado, recupera su conocimiento merced a «un recuerdo del porvenir» al encontrarse en la situación propicia. El hecho coincidiría totalmente con la explicación de los parapsicólogos, quienes

consideran que el sujeto ha tenido una experiencia precognoscitiva sea durante el sueño o en estado de vigilia, pero habiendo sido ésta muy rápida la ha olvidado instantáneamente. Cuando la experiencia ocurre de verdad, el sujeto recuerda de pronto la impresión como vivida antes y «ésta retorna íntegramente» [12].

[12] *Ibid.*, p. 101.

145

Yendo un poco más allá e introduciéndonos en el mundo ocultista, podríamos considerar que el fenómeno es resultado de una clarividencia viajera sugerida por hipnotismo [13]. Pero Valle tampoco se detuvo ahí, sino que ligó la situación con otras teorías. La primera de ellas está implícita en la afirmación del Doctor Polaco cuando despierta a Lupita (p. 113): «—Es usted un caso muy interesante de metensicopsis [sic]». La idea de la reencarnación no era ajena a Valle en modo alguno. La alude en *Voces de gesta* —«...si muero Rey, que renazca hombre» (p. 126)— y más ampliamente en *La lámpara maravillosa* (pp. 18-19):

...En esta rebusca, al cabo logré despertar en mí desconocidas voces y entender su vario murmullo, que unas veces me parecía profético y otras familiar, cual si de pronto el relámpago alumbrase mi memoria, una memoria de mil años. Pude sentir un día en mi carne, como una gracia nueva, la frescura de las hierbas, el cristalino curso de los ríos, la sal de los mares, la alegría del pájaro, el instinto violento del toro. Otro día, sobre la máscara de mi rostro, al mirarme en un espejo, vi modelarse cien máscaras en una sucesión precisa, hasta la edad remota en que aparecía el rostro seco, barbudo y casi negro de un hombre que se ceñía los riñones con la piel de un rebeco, que se alimentaba con miel silvestre y predicaba el amor de todas las cosas con rugidos.

Valle vuelve a recordar la reencarnación en «Rosa venturera» (*P*, p. 39):

En las voces desconocidas
sentí el pasado resonar,
y claridades presentidas
iluminaron mi avatar.

La incluye entre las creencias del místico Roque Cepeda (*TB*, p. 249) y la introduce en una comparación referida a Fernández-Vallín (*VMD*, p. 121): «Esta sensación de que con la careta se sustraería a las miradas, era como el revenir de una credulidad perdida en remotos avatares.» Con todo esto, cabe suponer que Valle sabía, además, que los espiritualistas atribuían el *dejà vu* a reencarnación y lo consideraban memoria de una vida anterior, opinión de la que también participaba Jung [14].

La segunda teoría se vincula con la preocupación por el tiempo, demostrada tanto en «Ave Serafín» y «Estela de prodigio» (*AL*, pp. 56ss. y 66) como en *La lámpara maravillosa*, y que reaparece hasta en la es-

---

[13] Véase *supra*, capítulo VII, n. 17.
[14] Holzer, *Predictions*, p. 144; Fodor, *Freud, Jung and Occultism*, pp. 50-51.

tructura de *Tirano Banderas*. La existencia o no existencia del tiempo determinaría dos interpretaciones diferentes del *déjà vu:* de existir, el futuro estaría esperando realizarse sobre la tierra, como dice Maeterlinck, y una percepción sensorial precognoscitiva podría captarlo antes, pero no reconocerlo hasta el momento exacto [15]; de no existir, la sensación del *déjà vu* sería sólo un recurso para hacer aceptable a la mente consciente la naturaleza atemporal del fenómeno [16]. Vale la pena recordar que para Valle, nuestros sentidos nos engañan creando «la vana ilusión de todo el saber cronológico» (*LM,* p. 43).

Aparte de este sugerente ensamblamiento de hipótesis, lo que sorprende en el *déjà vu* de Lupita es la riqueza de elementos que lo constituyen y la precisión de su memoria en cuanto a los detalles y su secuencia. Aunque el conjunto sólo sea resultado, posiblemente, del poder intuitivo y creador de Valle, también en esto parece responder a las afirmaciones de los ocultistas [17]:

> ...El *déjà vu* puede ser pasmosamente preciso e incluir frases enteras dichas exactamente en el mismo orden y el mismo tono de voz en que el sujeto las oyó primero. Toda una cadena de acontecimientos suele resultar familiar.

Y si Nachito interpreta los resultados como manifestaciones telepáticas —«Tú me leíste el pensamiento cuando alborotaba en el baile aquel macaneador de Domiciano... en aquella hora tú me adivinaste lo que yo pensaba» (*TB,* p. 346)— no debe sorprendernos, pues también la facultad telepática podría haberse desarrollado durante el sueño hipnótico [18]:

> ...hay una posibilidad de que la operación de la transferencia de pensamiento se lleve a cabo más fácilmente durante un estado hipnótico, y a este respecto es notable que los experimentos telepáticos más fructuosos... hayan sido realizados con sujetos bajo sugestión hipnótica.

CLARIVIDENCIA

Se llama clarividencia a la facultad paranormal de percibir conscientemente —o inconscientemente en sueños y trances— y a través de canales sin relación con la vista física imágenes que se corresponden

---

[15] *Ibid.,* p. 48.
[16] Holzer, *Predictions,* p. 147.
[17] *Ibid.,* p. 145.
[18] Spence, *An Encyclopaedia of Occultism,* p. 220b; Fodor, *Encyclopaedia of Psychic Science,* p. 384ab.

con objetos, personas, escenas y situaciones que se encuentran a diversas y a veces considerables distancias en el tiempo (pasado, futuro) y en el espacio [19]. En estrecha relación con ella está la *clariaudiencia* o captación, en condiciones semejantes, de voces y sonidos, y ambas pueden ocurrir simultáneamente [20]. Al tipo más simple pertenece el sueño de la médium en «Del misterio» (*JN*, p. 192), como también algún rasgo del de Adega (*FS*, pp. 120-121 y 122-123); pero el más completo es el de Lupita la Romántica (*TB*, pp. 97-132), en quien hasta puede sospecharse un despertar repentino de la vista espiritual mística [21].

Aparte de estos tres ejemplos, debe tenerse en cuenta la mención contenida en *Voces de gesta* (p. 76):

> *Garín:* ¡Tu alma otro tiempo tenía la doble mirada!
> *Ginebra:* ¡Hoy, no!
> *Garín:*   En otro tiempo una voz sagrada
> Te anunció las cosas que ninguno nombra...
> *Ginebra:* ¡Hoy, no!... ¡Que la estrella de los adivinos
> La nubla el rencor!...

Sería difícil establecer si la afirmación de Valle acerca de la facultad anuladora de los sentimientos negativos es verdad sostenida por autoridades en la materia o invento basado en una suposición justificada, por lo menos, en el plano normal. En «Ligazón» (*RALM*, pp. 40-42), un diálogo admite simultáneamente la posibilidad de la clarividencia y la de deducciones por observación de efectos, lo cual recuerda las peculiaridades de la lectura de naipes en *Cara de Plata*:

> *La Mozuela:* No soy sirena, pero, sin serlo, en estas aguas del dornil, desde que te fuiste, he visto todos tus pasos reflejados.
> *El Afilador:* ¿Sin faltar uno solo de sus tropiezos?
> *La Mozuela:* ¡Ni uno solo!...
> *El Afilador:* ¿Dónde, recordándote, me senté a fumar un cigarro? ¿Dónde ha sido? ¡Niña, si me lo aciertas, bruja te proclamo!
> *La Mozuela:* En la primera de las puentes estuviste recordándome.
> *El Afilador:* ¡Cierto!...
> *La Mozuela:* Y te digo más: Un susto pasaste.
> *El Afilador:* ¡Cierto!...

[19] Cf. respectivamente las obras citadas en la nota anterior, p. 105a y p. 45a.
[20] Cf. *ibid.*, p. 104b; pp. 44a y 47b.
[21] «*Clairvoyance:* The faculty of seeing with the inner eye or spiritual sight... Real clairvoyance means the faculty of seeing through the densest matter... and irrespective of time (past, present and future) or distance» (Blavatsky, *The Theosophical Glossary*, p. 85).

La Mozuela: Te salió un can y en el hombro te clavó los colmillos. Mírate en el hombro la ropa rasgada.
El Afilador: ¡Eso te dio luces!

En *El yermo de las almas* (pp. 117-119), una de las obras menos leídas y estudiadas de Valle-Inclán, encontramos un ejemplo de clarividencia penetradora, o sea la «X-ray clairvoyance» de que habla Fodor [22]:

...Octavia escucha con la mirada sonámbula... Se yergue de pronto, toda blanca, con un grito supremo.

Octavia: ¡Mi madre! ¡Mi madre con la niña!...
Pedro: ¡Vuelves a tus delirios!
Octavia: Están ahí, las veo.
Pedro: ¡Cuánto sufres, pobre amor mío!
Octavia: ¡Las he visto!

Con una expresión de terror y misterio se hace cruces la vieja criada, que acaba de aparecer en la puerta, y pudo oír el grito de la enferma.

Pedro: ¿Qué ocurre, Sabel?
Sabel: Eso mismo...
Pedro: ¿Pero están ahí?... ¿Las esperabas?
Octavia: No, no.
Pedro: ¿Por qué me engañas, Octavia? Tú sabías que iban a venir.
Octavia: Lo sabía sin saberlo...

La escena, que se cierra con la alusión a un presentimiento, parece construida sobre sugerencias de Mme. Blavatsky: «Un lúcido paciente que yace en su cama anuncia la llegada de algunas personas; para verlas tiene que haber poseído una visión capaz de atravesar las paredes [*transmural vision*]» [23].

TELEPATÍA

A lo largo de este trabajo y a propósito de otros temas, he señalado algunos casos de telepatía: la manifestación del capitán mercante a su novia en *Los cruzados de la causa* (p. 208), la visión que en un sueño tiene la Saludadora de Céltigos en «Beatriz» (*HP*, p. 81), el conocimiento de la partida de Cara de Plata a la guerra supuestamente obtenido

---

[22] Fodor, *Encyclopaedia of Psychic Science*, p. 45b.
[23] Blavatsky, *Isis Unveiled*, p. 145.

por la Pichona a través de una lectura de naipes (*AB,* p. 277). En todos ellos, alguien ha recibido «una transmisión de pensamiento independiente de los conductos comunes y reconocidos»[24]. No son, sin embargo, los únicos ejemplos en la obra de Valle-Inclán.

Valle parece pensar que la sensibilidad telepática es más frecuente en los niños, lo cual coincidiría con la opinión de algunos parapsicólogos. Dos veces alude a ello y en las dos lo que se transfiere es una emoción[25]: la del Rey Carlino en *Voces de gesta* (p. 60); la del Ranchero y su mujer en *Tirano Banderas* (p. 219), cuando Filomeno Cuevas llama a sus hijos para despedirse antes de encabezar la tentativa revolucionaria:

> *La Vieja:* ...Mis nietos pequeños, todos al redor,
> Tal que en misa estaban ante aquel dolor.
> *Ginebra:* ¡Tienen adivino de las grandes penas
> Esas almas blancas que se abren apenas!

> Los chamacos, en el círculo de la lámpara, repentinamente mudos, sentían el aura de una adivinación telepática.

Pero Valle no deja de suponerla en los mayores, como se advierte en la pregunta del Afilador a la Mozuela: «¿Y también me lees en la idea?» (*RALM,* p. 41); y en *Baza de espadas,* donde se le atribuirá a la mujer de Prim, mexicana como Lupita (p. 184):

> La Condesa de Reus, agitado el moño, las manos crispadas..., entró arrastrando la cola como una médium de tablas. Se abrazó al esposo con asustada telepatía:
> —¡Han querido matarte![26]

En este caso, lo que se capta es la idea del complot que ha amenazado la vida del Héroe de los Castillejos[27], hecho que añade al libro un nuevo detalle paranormal.

Es también fenómeno telepático el que encontramos en las últimas

---

[24] Fodor, *Encyclopaedia of Psychic Science,* p. 376a; Spence, *An Encyclopaedia of Occultism,* p. 404a.

[25] Fodor, *Encyclopaedia of Psychic Science,* p. 384a.

[26] A propósito de la comparación establecida entre la mujer de Prim y una médium teatral, debe recordarse que la mediumnidad referente a la comunicación con los muertos no parece haber atraído demasiado a Valle en cuanto a sus posibilidades literarias. Se limita a suponerla en una dama de *Sonata de invierno* (p. 257): «Había en ella algo extraño de mujer que percibe el aleteo de las almas que se van y comunica con ellas en la media noche»; la hace practicar en «Del misterio» (*JN,* pp. 193ss.) y la deja sobreentender en *Tirano Banderas* (pp. 108ss.).

[27] Cf. *BE,* pp. 155-156, 161-162 y 182-183.

páginas de *Tirano Banderas*. Se aprovecha allí para mostrar simultáneamente dos reacciones distintas sólo en apariencia (pp. 349-350):

—Señor Presidente, sólo puedo repetir experimentos parejos. La Señorita Médium... es una vidente limitada. Puede llegar a leer el pensamiento, presenciar un suceso lejano, adivinar un número en el cual se sirva pensar el Señor Presidente... Señorita, el Señor Presidente se dignará elegir un número con el pensamiento. Va usted a tomarle la mano y a decirlo en voz alta...
—¡Siete!
—Como siete puñales.
Gimió... Nachito:
—¡Con ese juego ilusorio me adivinaste ayer el pensamiento!...
—De chamacos hemos visto estos milagros por dos reales.

Por otra parte, la enfática afirmación del Doctor Polaco (p. 348) no indica ignorancia de su parte ni de la del autor que se la puso en la boca:

—Señor Presidente, tres formas adscritas al tiempo adopta la visión telepática... Este triple fenómeno rara vez se completa en una médium... En la Señorita Guadalupe, la potencialidad telepática no alcanza fuera del círculo del Presente... Y dentro del fenómeno de su visión telepática el ayer más próximo es un remoto pretérito...

La afirmación podría resultar mejor de la dificultad para establecer límites precisos entre las diferentes manifestaciones paranormales, a causa, sobre todo, de que coinciden en algunos rasgos [28]. La telepatía, como la clarividencia, puede presentarse acompañada de imágenes [29]. Podrían aplicárseles indistintamente definiciones como la de Freud, para quien la telepatía es la presentación más o menos simultánea en la conciencia de una persona distante en el espacio, y sin que intervenga un medio conocido de comunicación, de un acontecimiento que ocurre en un tiempo específico [30]. Se considera, además, que, «en circunstancias especiales, se puede transmitir el pensamiento a una médium que se encuentra en una sesión —incluso a considerable distancia— por una persona que no está presente en ella» [31]. ¿No sería factible asociar esta

[28] Fodor, *Freud, Jung and Occultism*, p. 126.
[29] Cf. diversos ejemplos en Sidgwick, *Phantasms of the Living* y Myers, *Human Personality*.
[30] Esta definición apareció en *New Introductory Lectures to Psychoanalysis*, y la recoge Fodor en *Freud, Jung and Occultism*, p. 136.
[31] Fodor, *Encyclopaedia of Psychic Science*, pp. 384b-385a.

posibilidad a todas las otras que sugiere Valle-Inclán para el conocimiento adquirido por Lupita durante el sueño hipnótico?

Debemos mencionar también aquí un ejemplo que no sé si considerar ambiguo o una oportunidad concedida graciosamente por Valle para que ejercitemos nuestra libre interpretación. Me refiero a la súbita e inesperada presencia de la monja Patrocinio en la cámara de la Reina, después que Isabel II ha visitado el convento (*CM*, pp. 361-363). Aunque trataré de explicar más adelante las diversas posibilidades sugeridas por el texto y los motivos que me hacen pensar en ellas, adelantaré ahora la que está en relación con el tema que nos ocupa: «Algunos investigadores sugieren que la proyección psíquica es sólo una forma de alucinación telepática. En otras palabras, lo que ve la persona que la padece no es un cuerpo psíquico sino una imagen de pensamiento transmitida por otro a su mente» [32]. Si se piensa que Isabel II está dominada por Patrocinio y que Valle-Inclán trata de mostrarlo desde todos los ángulos, la interpretación resulta bastante aceptable.

PROYECCIÓN ASTRAL

Este fenómeno, llamado también *desdoblamiento, bilocación, autoproyección, viaje astral o extrasensorial* y que ocurre tanto en casos de clarividencia viajera o de trance como espontáneamente, ha sido considerado por la Iglesia manifestación milagrosa de algunos santos; pero teósofos y parapsicólogos lo consideran bastante más extendido y no ven diferencias esenciales entre los ejemplos comunes y los de la experiencia mística [33]. Consiste en la separación temporaria del doble o cuerpo astral, durante la cual éste puede actuar independientemente y a distancias considerables del cuerpo físico, presentándose con diversos grados de densidad [34]. La teoría de los dos cuerpos pertenece desde hace siglos a la tradición ocultista y los teósofos se atribuyen un conocimiento igualmente antiguo respecto de la proyección astral [35]. Y mientras para Richet no es un fenómeno genuinamente paranormal, los parapsicólogos lo incluyen sin dudas entre los casos extrasensoriales [36].

El tema del doble y de su proyección e independencia [37] había dado

---

[32] Spraggett, *The Unexplained*, p. 187.
[33] Crookall, *Astral Projection*, pp. 145-146 y 150; Fodor, *Encyclopaedia of Psychic Science*, pp. 30b y 100a.
[34] Blavatsky, *The Theosophical Glossary*, p. 37; Fodor, *Encyclopaedia of Psychic Science*, p. 100a; Hartmann, *Magic White and Black*, pp. 99 y n., 103 y 177; Maeterlinck, *The Great Secret*, pp. 64 y 108-109.
[35] Spraggett, *The Unexplained*, p. 184; Crookall, *Astral Projection*, p. 150.
[36] *Ibid.*, p. 151; Spraggett, *The Unexplained*, p. 184.
[37] El tema fue literariamente famoso a partir del *Peter Schlemihl* de Adalbert von Chamisso; lo cultivó también Poe en su «William Wilson». Lo popu-

pie a Valle en 1892 para concluir con una broma su artículo «Psiquismo» (*PP,* p. 215). Pero que el asunto siguió preocupándolo se advierte en la insistencia con que vuelve a él tanto en *La media noche* como en *La lámpara maravillosa,* ya con bastante más seriedad.

En la primera, subtitulada *Visión estelar de un momento de guerra,* y en la «Breve noticia» que introduce el libro [38], la proyección astral reaparece para que Valle lamente la imposibilidad humana de estar «a la vez en varias partes» (p. 5) y recuerde en seguida que (p. 6)

> ...aquel que pudiese ser a la vez en diversos lugares, como los teósofos dicen de algunos fakires, y las gentes novelescas de Cagliostro, que, desterrado de París, salió a la misma hora por todas las puertas de la ciudad, de cierto tendría de la guerra una visión, una emoción y una concepción en todo distinta de la que puede tener el mísero testigo, sujeto a las leyes geométricas de la materia corporal y mortal [39].

Al finalizar el prólogo Valle confiesa haber intentado en su libro algo que sólo hubiera sido factible para un alma desencarnada que «mirase a la tierra desde su estrella», por lo cual *La media noche* no es «más que un balbuceo del ideal soñado» (p. 8). Pero pasando de la «Breve noticia», donde la realidad corriente parece guiar las afirmaciones de Valle, a otra muchísimo más breve, cambiamos de plano y se nos empuja hacia el mundo del ocultismo (p. 9):

> Filo de media noche encendí la lámpara. Me puse delante, y mi sombra cubría el muro. Abrí el libro y deletreé las palabras con que se desencarna el alma que quiere mirar el mundo fuera de geometría. Después apagué la lámpara y me acosté sobre la tierra con los brazos en cruz como el libro previene. Artephius, astrólogo siracusano, escribió este libro, que se llama en latín *Clavis Mayores Sapientiae.*

El Artephius que le proporciona la fórmula mágica fue un hermetista que murió en el siglo XII d. de C. después de vivir mil años y de quien se dijo era Apolonio de Tyana en persona [40]. Elogiado por Mme. Blavastky, otros lo consideran un bromista redomado que jugó con la

larizaron durante el primer cuarto del siglo XX las dos versiones de la película *El estudiante de Praga* (1913 y 1926).

[38] No figura en la publicación de *Los Lunes de «El Imparcial»* (11 de octubre de 1916).

[39] A título de inventario, vale la pena indicar que no sólo los fakires pueden proyectar el cuerpo astral, según se desprende de la afirmación de hombres comunes que dicen haber vivido la experiencia: «Mi cuerpo aún yacía en la cama... Encontré que podía ver el mundo entero tan claramente como observaba los detalles de mi propio cuarto»; «El tiempo había desaparecido, el espacio ya no existía» (Crookall, *Astral Proyection,* pp. 13 y 40).

[40] Spence, *An Encyclopaedia of Occultism,* p. 36a.

credulidad de sus lectores [41]. Se le atribuyen un libro en que habla de cómo ver en sueños el pasado, el presente y el futuro, y otro acerca del arte de prolongar la vida [42]; pero, desgraciadamente, nada encuentro acerca de *La llave de la suprema sabiduría* ni de las supuestas fórmulas para provocar la proyección astral. Por otra parte, ésta no parece haber necesitado fórmula alguna para producirse, al menos en la época de Valle y según se deduce de lo dicho por quienes se ocupaban de ella.

En *La lámpara maravillosa,* donde Valle se envuelve intencionadamente en un aura ocultista, la proyección astral se mantiene a la altura de las circunstancias y se la alude con frecuencia. Aunque naturalmente ignoramos si la experiencia que Valle se atribuye es más expresión literaria de un deseo que un hecho cumplido, lo indudable es que en el texto cumple una función y, acaso, varias.

Abundan en el libro expresiones emocionales acerca del terror sentido al comprender que la experiencia anhelada se había realizado —hecho en total desacuerdo con las manifestaciones de quienes dicen haberla tenido [43]— y que suele mezclarse con sentimientos de felicidad (pp. 25, 26, 31, 46-47):

> ... Fui feliz bajo el éxtasis de la suma, y al mismo tiempo me tomó un gran temblor comprendiendo que tenía el alma desligada.

> ... ¡Ningún goce y ningún terror comparable a este de sentir el alma desprendida!

> ... Yo sentía un terror sagrado al descubrir mi sombra inmóvil, guardando el signo de cada momento, a lo largo de la vida.

> ... ¡Desde aquel día cuántos años se pasaron mirando atrás con el afán y el miedo de volver a ver mi sombra inmóvil sobre el camino andando!

Lo que debe destacarse sobre todo, sin embargo, es la coincidencia de intenciones entre *La media noche* y *La lámpara maravillosa.* Esa coincidencia reside en la búsqueda afanosa de un recurso que permitiera mayores y mejores logros estéticos, y no sólo de comprensión humana sino también de comprensión de la propia vida de Valle, incluso en cuanto a sus errores [44]:

> ... Recuerdo que en aquellos comienzos de mi adoctrinamiento estético, cuando aún caminaba por caminos de pecado, fue tan

[41] Blavatsky, *The Theosophical Glossary,* p. 31; Spence, *An Encyclopaedia of Occultism,* p. 36b.
[42] Blavatsky, *The Theosophical Glossary,* p. 31; Baskin, *Dictionary of Satanism,* p. 37, s.v. *Artephius.*
[43] Cf. ejemplos en Crookall, *Astral Projection.*
[44] *LM,* pp. 178-179, 173, 198, 43-44 y 204.

vivo mi ardor por alcanzar la intuición quietista del mundo, que caí en la tentación de practicar las ciencias ocultas para llegar a desencarnar el alma y llevar el don de la aseidad [45] a su mirada. Y esta quimera ha sido el cimiento de mi estética...

... Y un día, por la maravillosa escala de la luz peregrinó mi alma a través de vidas y formas para hacerse unidad de amor con el Todo. Desde una ribera muy remota contemplé mi sombra desencarnada y conté sus pasos sin eco.

Sólo el alma que aprende a desencarnarse puede desvelar el enigma del quietismo estético.

... Acaso el don profético no sea la visión de lo venidero, sino una más perfecta visión que del momento fugaz de nuestra vida consigue el alma quebrantando sus lazos con la carne.

... Fui el creador de un mundo de miserias que mi alma desencarnada habrá de contemplar desde su estrella [46].

A pesar de considerar que sus tentativas habían fracasado en *La media noche,* Valle insistió luego en ellas. De los resultados son prueba las técnicas empleadas en *Tirano Banderas* —muy especialmente en el sueño de Lupita y sus consecuencias— y en *El ruedo ibérico.* Es indudable que el instrumento intuido místicamente o mientras pensaba en el fenómeno de la proyección astral fue más fructífero para Valle que el Aleph para Carlos Argentino Daneri.

Si el desdoblamiento sirvió a Valle como punto de concentración para descubrir posibilidades literarias y forjarse técnicas, le sirvió también como tema en algunas ocasiones. Las dos veces que lo encuentro en esa función se relaciona con «prodigios» de la Monja de las Llagas, y ambas ocurren en *La corte de los milagros.*

El primer caso aparece inicialmente con carácter de breve adelanto narrativo (p. 101):

... Los Duendes de la Camarilla, más de una vez juntaron allí [en los Carvajales] sus concilios, y tiene un novelesco resplandor de milagro, aquel del año 49, donde se hizo presente en

[45] «Atributo de Dios, por el cual existe por sí mismo o por necesidad de su propia naturaleza (*Diccionario de la Real Academia*). En el texto citado no parece tener esa significación sino la de «capacidad de asir», y sería uno de los tantos ejemplos en que Valle llena una palabra con un sentido distinto del original.

[46] Este último ejemplo se refiere, sin duda, a la forma definitiva de proyección astral, es decir, a la separación de cuerpo astral y cuerpo físico comúnmente llamada muerte.

figura mortal, la célebre Monja de las Llagas. ¡Notorio milagro! Se comprobó que cuando esto acontecía, la Santa Madre Patrocinio estaba rezando maitines en el convento de la Trinitá dei Monti, recoleta clausura de los Estados Pontificios...

Poco después se le enmarca en un diálogo que precisa los detalles, pero que se emplea sobre todo para mostrar actitudes diferentes: la credulidad sin límites del Marqués de Torre-Mellada, el burlón escepticismo de su mujer y la duda de Feliche Bonifaz (pp. 119-121):

—¡Aquí fue, Feliche! ¡Aquí, en esta sala, se nos apareció edificándonos a todos, la Madre Patrocinio! Veintitrés de octubre del año cuarenta y nueve...

...Feliche sonreía desengañada:

—¿Pero puede ser?

—¡Un milagro! ¿Vas a negar los milagros? Ahí tienes al Cristo de Medinaceli. ¡Pues ése todos los viernes guiña un ojo y tuerce la boca!... ¿Pero es posible que no creas en la aparición de la Madre Patrocinio? ¡Si todos la hemos visto!...

Insinuó con ironía la Marquesa:

—Estaríais alucinados...

—Querida, tú sabes que yo no me alucino fácilmente. Llevábamos una hora reunidos... De pronto una ráfaga de viento apaga las luces... Fue un momento volver a encenderlas. Ahí, hijas, en esa puerta, estaba la Madre Patrocinio. La estoy viendo, toda en un resplandor, tendiendo hacia nosotros las palmas llagadas. Yo oí muy claramente: «Traigo para vosotros la bendición del Santo Padre.» Desapareció y todos nos quedamos edificados...

Inquirió Feliche:

—¿Pero se probó que la monja estaba en Roma?

Galleó el Marqués:

—¡Plenamente!

Como apunta la Marquesa, puede tratarse de una alucinación colectiva, a la que parecen haber sido proclives en la época, según Valle señala en «Aires nacionales», desenmascarando así la velada censura en *Flor de santidad* donde las supuestas visiones de Adega son únicamente manifestaciones histéricas (cf. *supra*) [47]:

La tea anarquista y las hogueras inquisitoriales atorbellinaban sus negros humos sobre la haz de España. La furia popular trágica de rencores, milagrera y alucinante, incendiaba los campos, y en el cielo rojo del incendio creía ver apariciones celestiales. La fiebre revolucionaria, en la hora de máxima turbulencia, se infantilizaba con apariciones y presagios del milenio. El clero aldeano, predicador de la cruzada carcunda,

[47] *CMS*, foll. 2, capitulillo XI, cols. ab.

conducía a sus feligreses a las gándaras de los ejidos comunales. Ágiles pastores de cándidos ojos mostraban el sendero, como en las viejas crónicas que refieren las batallas contra el moro, con la blanca aparición de Santiago. Las negras sotanas escalaban los cerros capitaneando las fanáticas rogativas. Sobre el horizonte incendiado, los niños pastores señalaban las celestiales apariciones. La comunión de feligreses esperaba inmovilizada. En el silencio atento, rompía los cristales de la tarde el suspiro histérico de las beatas como en una cópula sagrada. Sobre las rojas lumbres de las represalias se encendían las cándidas luces del milagro. Todos los ojos contemplaban el teologal prodigio de las escalas angélicas y el trono de nubes donde pacen ovejas e hila su copo Nuestra Señora.

Del segundo caso adelantamos algo en el capitulillo sobre telepatía. Se trata de una visión percibida por la Reina Isabel II. Como se recordará, ésta, indecisa acerca de diversos problemas de Estado, ha decidido consultarlos con la Madre Patrocinio y así se lo ha informado a la Real Camarera, muy interesada en saberlo (p. 351). En el convento, la monja abandona melodramáticamente el locutorio negándose a hablar con Isabel (pp. 354-355). Las religiosas le ofrecen un refrigerio durante el cual la Soberana insiste en ver a Patrocinio, pero no consigue su propósito (pp. 356-357). Durante el regreso, despechada por la actitud de la monja, Isabel comenta con la dama que le acompaña (p. 358):

> —¡Patrocinio es una santa insoportable! Suponiendo que sea santa, porque hay quien se ríe de sus llagas..., según me han contado, en los libros de medicina vienen esos casos nerviosos de mujeres malas que tuvieron las cinco llagas, y hasta hubo una epidemia en Francia. ¡Mira tú que si lo de Patrocinio fuese también nervioso! ¡Y si continúa con estas impertinencias, habrá que pensarlo! ¡El feo de esta tarde no se lo paso! ¡Por muy santa que sea, yo soy la Reina de España! Es muy mandona y quiere que siempre le haga caso, y siempre no puede ser. Con todas sus luces místicas, también se equivoca...

Y ya en Palacio (pp. 360-364):

> ... Retirada al secreto de su cámara, dejó caer la máscara...: Tomó la pluma con ánimo de escribirle a la monja, pero le dolían los ojos, y la pluma sólo dejaba caer borrones: Llamó a Doña Pepita Rúa... La azafata, con arrumacos de bruja, daba vueltas en torno a la Reina:
> —¡Pepita, no me marees! Tú algo tienes que pedir: Habla pronto y vete. Estoy de muy mal humor... ¡Hubieras visto el feo de la Bendita Madre!

La cotillona se alargaba en un aspaviento:

—¡Jesús! ¡Jesús! ¡Esto es cosa de milagro! ¡Que por bruja me quemen si no es milagro! ¡Antes y con antes de la media tarde, está esperando aquí la Madre Patrocinio!

—¿Qué absurdo cuentas?

—¡Divino Señor, de tu poder me espanto!

—¡No me impacientes! ¡Responde! ¿Qué delirio proclamas?

—¡Por lo que oigo y lo que veo, vuelve el tiempo de los milagros!

—¿Qué decías?

—Lo que decía digo. ¡Y me hago cruces!

—Pepita, vengo del convento y acabo de ver a la Madre.

—¡Quedaré por embustera, aun cuando yo también acabo de verla y conversarla en el oratorio de Vuestra Majestad! ¡Este pañolito lo estrechó en las manos, y la reliquia de su sangre, véala mi adorada Reina!

—¡Sosténme! ¡Acompáñame! ¡Toda yo tiemblo! ¿Será ilusión tuya, Pepita?

—¿Y este pañolito con su fragancia y su sangre?

—¡Ay, muero! ¡Llévame al sofá! ¡Aflójame! ¡Ay, muero!

Los ojos negros de la azafata... tenían un extraño rigor, fijos sobre el rostro desmayado de la Reina. Doña Isabel suspiraba en el sofá, mientras la vieja servidora le soltaba los herretes:

—¡Pepita, no te vayas!... ¡Ay, sí!... ¡Procura traerla!... ¡No me dejes!

Pero la vieja se fue aspaventera y corretona.

La Reina, en desmayo, vio llegar a la monja beata. Era un canto dulcísimo su voz:

—¡Laus Deo!

Sor Patrocinio caminaba serena, y traía un dorado pomo de sales, en la mano. Suspiró la Reina:

—¿Patrocinio, cuando te he visto en el convento, tú dónde estabas? ¿Es verdad lo que cuenta Pepita?

Respondió apenándose la monja:

—¡Reina de España, la mentira puede engañar a los hombres, pero no engaña a Dios!

—¿Tú dónde estás ahora?

—¡Mi espíritu se reparte!...

—¿Estás aquí a mi lado? ¿Eres la que habla conmigo? ¡Dame una mano! ¿Eres un fantasma?

—¡Nuestros fantasmas son los remordimientos!

—¿Por qué estás tan enojada con tu Reina? ¡Patrocinio, yo quiero que tú me aconsejes para dar un poco de paz a mi querida España!

—¡Señora, los consejos de una pobre monja nada valen!

—¡A ti te visita el Espíritu Santo!

—¡Mis cinco llagas escarnecidas por la impiedad, no son favores celestiales! ¡Los falsos libros de la ciencia masónica lo declaran!

—¡No me aflijas, Patrocinio!

—¡En Francia hubo una epidemia de beatas con las cinco llagas!

—¡Me matas!

—¡Señora, ya una vez fui desterrada, y mis trabajos y persecuciones no acabaron!

—¡Yo te doy mi palabra! ¡Patrocinio, contéstame, responde! ¿Estabas en el convento cuando fui a visitarte?

—¡Allí me ha visto Vuestra Majestad!

—¿Y cómo otros te vieron en Palacio? ¿Cómo estás ahora a mi lado?

—¡Por divina gracia!

—¡Patrocinio..., haré cuanto tú me aconsejes! ¡Mi alma se ilumina con el conocimiento de tu gran santidad! ¡Un suave resplandor me ciega! ¡Ponme una mano en la frente!

—¡Vuestra Majestad no debe agitarse hablando!

La Doña Pepita incorporaba la cabeza de la Reina:

—¡Señora, un sorbo de agua de azahar!

Doña Isabel alargó una mano trémula que apenas podía sostener el cristal. Se desvanecía. ¿La santa aparición dónde estaba? ¿Por qué se iba alejando y parecía moverse en un fondo de esmalte? La veía en el cristal de la copa, distinta y miniada como una estampa piadosa. Desaparecía con un cabrilleo de la luz en el agua. Suspiró Doña Isabel:

—¿Pepita, estaba aquí la Madre Patrocinio?

—¿Ahora?

—Sí.

—¡Una sombra estaba!

—¡Antes te dije que fueses en su busca!

—Hacía intención de ir ahora, luego de servir a Vuestra Majestad.

Recogía la copa de las manos reales. Doña Isabel dejó caer el desmayo de sus ojos, en un ramo de azucenas que aparecía al pie del sofá:

—¡Pepita, llévate esas flores que me están mareando!

Doña Pepita, al levantarlas de la alfombra, vio que un papel venía prendido en el lazo..., y se lo presentó a la Reina: Traía muchos dobleces, y estaba sellado con una cruz: La escritura era de la Bendita Madre... Al fin pudo leer:

—† Nombramientos para el buen servicio de la Iglesia y del Estado...

Es indudable que la monja, la comunidad religiosa y las dos damas se han confabulado para engañar a Isabel, como lo demuestran la inquisitiva actitud de Doña Pepita la noche antes, la desaparición de Patrocinio, el tiempo que se detiene a la Reina en el convento y durante el cual la monja puede haberse trasladado a Palacio —en el caso de que se trasladara—, la posible mentira de Doña Pepita, el cuestionable pañuelo, la ausencia de la Camarera y el demasiado terreno *apport,* muy probablemente introducido por la engañosa servidora. Pero queda otro elemento sin explicación evidente: la aparición de la monja. Lo primero que debe advertirse es que, por mucha capacidad que tuvieran las complotadas para el engaño, mal podían introducir a Patrocinio en el breve desvanecimiento de la Reina. Creo que Valle nos deja en libertad de escoger entre tres posibles explicaciones, todas muy de acuerdo con lo que hemos ido viendo. La primera es la de la alucinación telepática, puesto que la telepatía es una de las facultades paranormales que Valle toma en serio. De serlo, la visión reúne los requisitos necesarios [48]: «En tal alucinación, la persona se presenta tal como es físicamente en ese momento tanto en lo que se refiere a la indumentaria como a las maneras características y al aspecto general»; por lo demás, el constante dominio de la monja sobre la Reina habría hecho más factible la experiencia. La segunda interpretación sería que Isabel ha estado bajo influjo hipnótico inducido por Pepita —«Los ojos negros de la azafata... tenían un extraño rigor, fijos sobre el rostro desmayado de la reina»—, durante el cual ha creído ver lo sugerido por la camarera; y ya sabemos que el hipnotismo figura entre las manifestaciones de influencia mental que interesan a Valle, influencia que volverá a aparecer en relación con el pretendiente legitimista y en circunstancias ridiculizadoras (*VMD,* pp. 440-441):

—Querido Bradomín... Estoy en poder de una secta carbonaria o masónica... que opera por el magnetismo... ¡Estoy en sus manos!... En Londres..., este invierno han estado de moda las sesiones de magnetismo... Mi caso es una novela de Eugenio Sué: Estoy bajo el imperio magnético de una secta carbonaria...

La tercera explicación es la de que durante el breve desvanecimiento —recuérdese el de Don Juan Manuel al comienzo de *Romance de lobos*— la Reina haya tenido una visión donde se entremezclaran sentimientos de culpa por todo lo dicho en el trayecto desde el convento hasta el Palacio, agudizados por la revelación posiblemente ficticia de la presencia de Patrocinio en el oratorio real. Y si la Reina al recobrar-

---

[48] Spraggett, *The Unexplained,* p. 187.

se sigue viéndola, se debe sobre todo a la intensidad de la impresión recibida. Después de lo expuesto, el fingido desdoblamiento de la monja sólo sería el punto de arranque para mostrar dramáticamente un aspecto de las maquinaciones palaciego-conventuales y la sugestionable e íntima debilidad de Isabel.

REACCIÓN DE LOS PERSONAJES

Es interesante observar en la obra de Valle la reacción de los personajes frente a los fenómenos paranormales. Mientras todos o casi todos se dejan arrastrar por las supersticiones y creen ciegamente en brujos, prácticas de hechicería y artes adivinatorias, pocos son los que entienden o aceptan sin obtusas limitaciones lo que muchas veces es la base explicativa de lo anterior. Fuera de las premoniciones, los demás fenómenos paranormales —déjà vu, telepatía, clarividencia— suelen saberles a cuerno quemado; la proyección astral, en cambio, los convence más, acaso por gozar de la bendición eclesiástica.

En el plano de la negación absoluta se encuentra el Coronel Sagastizábal (CM, p. 264):

> Recalcó Adolfito con mala sangre:
> —¡Mi Coronel, qué haría usted con la monja?
> —Mandarla azotar por impostora.

Las burlas de Santos Banderas —que permitirían establecer un paralelo con la reacción de Isabel durante su retorno del convento— muestran, en cambio, una incredulidad petulante, máscara del miedo profundo que aqueja a los déspotas (pp. 338-339):

> —... Según tiene manifestado, una mundana con sonambulismo le adivinó el pensamiento. Con antelación, esta niña había estado sometida a los pases magnéticos de un cierto Doctor Polaco. ¡Estamos en un folletín de Alejandro Dumas! Este Doctor que magnetiza y desenvuelve la visión profética en las niñas de los congales, es un descendiente venido a menos de José Bálsamo. ¿Se recuerdan ustedes de la novela? Un folletín muy interesante. ¡Lo estamos viviendo! ¡El Licenciadito Veguillas, observen nomás, émulo del genial mulato!

Pero los contados que los reconocen no muestran mejor comprensión. Para Nachito, las dotes de Lupita y sus efectos son embrollo de las ánimas, y lo que espera del experimento que se realizará en San Martín de los Mostenses nada tiene de inquietud científica o racional (pp. 347-348):

—Pues la pasada noche así sucedió en lo de Cucarachita... Estábamos los dos pecando. ¡Noche de Difuntos era la de ayer, Generalito!... aquella morocha... ¡Leía los pensamientos!

...Entre suspiros enajenóse la daifa. Veguillas, arrodillado en un rincón, esperaba un milagro... Lupita y el farandul le apasionaban en aquel momento con un encanto de folletín sagrado: Oscuramente, de aquellos misterios, esperaba volver a la gracia del Tirano.

La actitud no difiere mucho de la de Juan de Borbón, quien confunde un natural movimiento defensivo con la intervención de algún agente ultra-terreno (*VMD*, p. 441):

—... Yo estaba desesperado, con la pistola en la sien, cuando una fuerza superior me apartó el brazo, y disparó rompiendo la luna del espejo. Ante aquella advertencia de un poder sobrenatural, tiré lejos de mí la pistola.

En cuanto al juicio del propio Valle, quizá pueda obtenerse considerando cómo utiliza cada fenómeno, especialmente durante el período esperpéntico. Es muy posible, además, que oscilara entre el concepto de William James —«Tactically it is far better to believe much too little than a little too much»[49]— y el de Siegmund Freud: «Si uno se considera escéptico, conviene de vez en cuando serlo del propio escepticismo»[50]. De todos modos, lo que resulta claro, y para él importante, es, en última instancia, la consideración de que ciertas facultades, auténticas o fraudulentas, ejercidas por aquellos cuyos fines son dudosos o francamente malintencionados, no sólo pueden pervertir la mentalidad de un grupo, sino también minar un país a través del gobierno. Y no sería raro que el recuerdo de las peculiaridades del reinado de Felipe IV[51] y el ejemplo más inmediato de Rasputín asediaran la memoria de Valle cuando hacía hincapié en las fuerzas de que fue víctima Isabel II.

[49] James, «The Final Impressions», p. 312.
[50] Fodor, *Freud, Jung and Occultism,* p. 137.
[51] Cf.: «...la fama de debilidad de carácter de Felipe IV debía de estar extendidísima y... de ella hicieron objeto de especulación muchas personas: falsos profetas..., clérigos ambiciosos y aun una personalidad tan enigmática como sor María de Agreda, cuya correspondencia con el monarca es uno de los documentos más estremecedores que existen» (Caro Baroja, *Vidas mágicas,* p. 86).

IX

EL OCULTISMO EN LA ESTETICA

Como hemos visto antes, algunos aspectos del ocultismo acogidos en *La lámpara maravillosa* —reencarnación, proyección astral, consideraciones sobre el tiempo— resultaron beneficiosamente fructíferos para Valle-Inclán desde el punto de vista estético. Pero hay otros que, si bien contribuyeron al progreso de su obra, difieren para el crítico de la inmediata limpidez de todo lo estudiado hasta ahora. Es difícil decidir, sin más, si la falta de claridad proviene de una premeditada posición de Valle, de una deficiencia en el ensamblamiento de los conceptos y los materiales, de un abarrotado y ofuscador exceso de todos ellos, de una gárrula machaconería, de una convicción no muy firme acerca de lo expuesto, de contradicciones, de inseguridad. De hecho, y pese a los años que Valle concedió a la preparación de *La lámpara maravillosa* y de su casi mellizo *El pasajero*[1], ni uno ni otro libro logra convencer con la intensidad de la mayoría de los anteriores y de los siguientes, no impresiona como íntegramente logrado[2].

[1] Tanto fragmentos de *La lámpara maravillosa* como algunos poemas de *El pasajero* empezaron a aparecer en *Los Lunes de «El Imparcial»* a fines de 1912; pero, mientras el ensayo, con notables modificaciones y agregados, se publicó en libro en 1916, los poemas siguieron apareciendo en el periódico —alternando a veces con los que se reunirían en *La pipa de kif*— hasta comienzos de 1920, año también del volumen que los recoge.

[2] Como no volveré mayormente a ocuparme de *El pasajero*, resumiré aquí lo que me interesa señalar de su relación con *La lámpara maravillosa*. En muchos casos, pero no absolutamente, *El pasajero* es poetización de aspectos del ensayo. Los materiales, sin embargo, no resultan demasiado propicios para esa finalidad, y la relativa oscuridad del primer libro se acrecienta en el segundo. Por otra parte, salvo algunos temas, lo que parece interesarle más a Valle es el empleo del vocabulario esotérico. Vale la pena, además, recordar que *El pasajero* debió llamarse *Poemas de las rosas* (cf. *Los Lunes de «El Imparcial»*, 10 y 24 de junio, 22 de julio, 4 de noviembre de 1918; 24 de febrero, 30 de junio de 1919; 8 de febrero de 1920). El título inicial era quizá reminiscencia de las tres rosas mencionadas en el ensayo (*LM*, pp. 127ss.) o del valor simbólico que los alquimistas atribuían a dichas flores: auto-realización del yo, florecimiento de la personalidad (cf. Bessy, *A Pictorial History*, p. 125, ilust.

Las dos vertientes principales consideradas en los capítulos precedentes se continúan a lo largo de la obra de Valle-Inclán simultánea o alternadamente, con preponderancia de los aspectos más populares hasta 1913 o 1914, y, desde 1920 en adelante, de los fenómenos paranormales. Salvo en algunas imágenes o en algún poema como «El íncubo», durante el período comprendido entre esos años, poco reaparece del ocultismo al que Valle había recurrido previamente. En materia de fenómenos paranormales, por ese entonces sólo le preocupa la proyección astral. Los rasgos ocultistas que relaciona con la estética son prácticamente nuevos. De ellos sólo hay rasgos esporádicos y tardíos en la etapa anterior. Después, el empleo será sobre todo estilístico o estructural [3], con la única excepción importante de las páginas concedidas a Don Roque Cepeda en la *Novela de Tierra Caliente* (*TB,* pp. 248-249), porque siendo el modelo el caudillo mexicano Francisco I. Madero [4], ciertas referencias ocultistas eran imprescindibles para trazar su retrato.

Lo primero que suele sorprender cuando se lee *La lámpara maravillosa* es el misticismo *sui generis* adoptado por Valle para respaldar la teoría o los proyectos con los cuales esperaba continuar su carrera literaria. Lo segundo, es que recurra a personajes, referencias y palabras asociados con el ocultismo y que los coloque en un pie de igualdad con los místicos y sus experiencias. Lo tercero, es que, mostrándonos una faceta en contraste con el desenfado que le mereció a veces la acusación de plagiario, Valle ofrezca textos inverificables a pesar de mencionar específicamente obras y autores.

LA TEORÍA

Creo que, en gran parte, lo que entorpece la comprensión de *La lámpara maravillosa* consiste en que ésta no es un resultado definitivo, sino una desesperada y desordenada búsqueda. Terminado un período de su producción en que algunas obras quedaron inconclusas y otras dejaron de satisfacerle, Valle intentó ahincadamente descubrir el porqué de los errores que se atribuía y resolver sus corrosivas dudas. *La lámpara maravillosa* concretó esa lucha y encaminó a Valle-Inclán, aunque sin dejarlo todavía a salvo.

Una vez que se logra ordenar las ideas y los materiales del libro se encuentra que éste consta básicamente de una breve historia de la carrera

402). El cambio de título, muy probablemente, se debió a que, pese a toda su carga significativa, poco hubiera dicho al público común o, lo que quizá era peor, le hubiera resultado francamente ambiguo.

[3] Cf. Speratti-Piñero, *De «Sonata de otoño» al esperpento,* pp. 133-137, 147-163 y 269-270; Franco, «The Concept of Time».

[4] Speratti-Piñero, *De «Sonata de otoño» al esperpento,* pp. 201-202, n. 2.

literaria de Valle hasta el momento de publicar *La lámpara maravillosa* y de una serie de especulaciones con las cuales bosqueja un nuevo panorama para el futuro.

La historia se reduce, en general, a una constante autocrítica. Valle juzga que no ha sabido aprovechar sus intuiciones, que se ha dejado arrastrar por un febril e inútil movimiento que le ha arrebatado el poder de concentración, por los engañosos sentidos físicos que le han impedido captar la esencia eterna de los hombres y de las cosas, por un concepto cronológico lineal que le ha quitado perspectiva y discernimiento, por aspiraciones egoístas y defectos de su personalidad, por intereses centrados en torno a particularidades e individualidades que le han obstruído la visión de la suma. En consecuencia, y a pesar de los deseos y las intuiciones, los esfuerzos expresivos del escritor han sido vanos.

Para alcanzar la belleza —¿el logro pleno de la obra?— Valle se propone captar primero la suma —el Todo, el Universo— por la quietud interior que, al convertirlo en centro, determine la esfera ilimitada y unitaria, y, liberándose de los sentidos —desencarnándose—, aprehender y comprender *amorosamente* cada esencial diversidad —espúrea o noble— dentro de la totalidad. El rechazo del concepto temporal que tiene en cuenta la división en Pasado, Presente y Futuro le permitirá discernir una simultaneidad, donde lo ya ocurrido coexistirá con el momento actual y lo que está por ocurrir, aunque parezca ser su fuente. Todo esto le descubrirá «el ritmo del mundo» y su origen, pues él mismo —Valle— será cada cosa y sus «infinitas ansias», y penetrará finalmente en la responsabilidad —o irresponsabilidad— de las conciencias. La lengua que exprese los resultados adquiridos necesitará ser distinta desde la raíz, oscura quizá por alusiva y alegórica, pero a la larga inteligible. A través de esta creación casi divina, el poeta enseñará a amar el bien. Lo ayudarán en su tarea los «monstruos» de su mundo interior y los sugeridos por el espíritu gnóstico que admira. La idea de la muerte, que muestra siempre el postrer y verdadero rostro, colaborará con él. Así, aunque incluido en la ley ineludible de causas y efectos generada por los españoles, Valle, poeta, construirá su propia ley con conciencia responsable e intención determinada.

O, en pocas palabras, Valle, empujado por una responsabilidad cada vez más urgente pero inhibida por limitaciones humanas y expresivas, concibe la actitud ideal de un poeta que, rompiendo trabas, abarcara el universo siéndolo y sintiéndolo, y, descubiertas las razones últimas, trasladara su hallazgo a una lengua destructora-constructiva. Uno de los primeros pasos hacia el proyecto tan lenta y arduamente concebido parece reflejarse en el concepto del demiurgo y sus criaturas expuesto en *Los cuernos de Don Friolera*. Lo seguirán progresivamente los rasgos cada vez más definidos de los seres esperpénticos, el interés en las posibilidades del tiempo o de la atemporalidad aplicadas a las acciones humanas, la decidida ampliación de los escenarios donde éstas ocurren y aquéllos se mueven. Lo que parece ausente, sin embargo, es el amor aconsejado en *La lámpara maravillosa*. ¿Cambio de sentimientos? Recordemos, mejor, que Valle, tras las sucesivas máscaras de lo que había sido en anteriores existencias, había terminado por encontrar «el rostro seco, barbudo y casi negro de un hombre que se ceñía los riñones con la piel de un rebeco, que se alimentaba con miel silvestre y predicaba el amor de todas las cosas con rugidos» (p. 19). Este retrato —inspirado en los rasgos de Juan el Precursor, según los Evangelios (Mateo 3:4; Lucas 3: 7-14) y la *Salomé* de Wilde— tiene un paralelo en otra afirmación, pues Valle encuentra que su vida es una «en el comienzo y en el final de las edades separadas por siglos de siglos» (p. 172). Y si consideramos las intenciones y características de la obra pensada por entonces y comenzada alrededor de 1920, el retrato resulta no sólo explicable sino bastante apropiado.

Lo místico

El «misticismo» de *La lámpara maravillosa*, negado rotundamente alguna vez[5], es simultáneamente escollo para la interpretación del libro y, en cierto modo, su justificación. El escollo consiste en que no se advierta en los *Ejercicios espirituales* de Valle el intuitivo regreso a la idea de que la experiencia poética tiene mucho en común con la experiencia místico-religiosa y de que las raíces de ambas suelen entrelazarse, pero no confundirse[6]. El punto de partida y los caminos del poeta y del místico pueden ser los mismos (pp. 6, 28, 29 y 43):

... El Alma Creadora está fuera del tiempo, de su misma esencia son los [a]tributos, y uno es la Belleza. La lámpara que se enciende para conocerla es la misma que se enciende para conocer a Dios: la Contemplación.

... Los caminos de la belleza son místicos caminos por donde nos alejamos de nuestros fines egoístas para transmigrar en el Alma del Mundo.

La belleza es la intuición de la unidad, y sus caminos, los místicos caminos de Dios.

[5] «En *La lámpara*... no hay ningún misticismo» (Morón Arroyo, «*La lámpara maravillosa* y la ecuación estética», p. 454).
[6] Paz, *El arco y la lira*, pp. 117ss.

... El poeta, como el místico, ha de tener percepciones más allá del límite que marcan los sentidos, para entrever en la ficción del momento, y en el aparente rodar de las horas, la responsabilidad eterna.

Pero, mientras el místico llega a la fusión, el poeta —para Valle al menos— sólo se aproxima (pp. 18, 40, 237):

> ... cuando del arcano de mis nervios lograba arrancar la sensación, precisarla y exaltarla, venía el empeño por darle vida en palabras, la fiebre del estilo, semejante a un estado místico, con momentos de arrobo y momentos de aridez y desgana.

> ... En este mundo de las evocaciones sólo penetran los poetas, porque para sus ojos todas las cosas tienen una significación religiosa, más próxima a la significación única.

> Las almas estéticas hacen su camino de perfección por el amor de todo lo creado, limpias de egoísmo alcanzan un reflejo de la mística luz, y como fuerzas elementales, imbuidas de una oscura conciencia cósmica, presienten en su ritmo el ritmo del mundo.

Por lo demás, a causa de su naturaleza, el poeta ocupa una categoría intermedia entre la humanidad común y la Divinidad, y acaso sea el «pequeño Dios» de que hablaba Vicente Huidobro (pp. 40-41, 83):

> ... Allí donde los demás hombres sólo hallan diferenciaciones, los poetas descubren enlaces luminosos de una armonía oculta. El poeta reduce el número de las alusiones sin trascendencia a una divina alusión cargada de significaciones.

> ... La obra de belleza, creación de poetas y profetas, se acerca a la creación de Dios... El alma demiurga está en nosotros...

Valle, que parte del concepto quietista contenido en la *Guía espiritual* (1675) de Miguel de Molinos (1628-1696) y de quien «en algún modo» se considera discípulo, evoca también a otros espíritus religiosos o místicos: Meister Eckhart (1260-ca. 1329), Johannes Tauler (1300-1361)[7], Juan de Valdés (1500-1541). Todos ellos coincidieron en un punto esencial: lindaron con la heterodoxia o cayeron en ella.

Entre los neoplatónicos que Valle menciona quizá esté en deuda especial con Plotino (204-274)[8], cuya carta a Flaco debe haberle proporcionado sugerencias[9]. Y su interés por el filósofo platónico-pitagórico Má-

---

[7] Cf. O'Brien, *Varieties of Mystic Experience*, pp. 148ss. y 170ss.
[8] *LM*, p. 118. O'Brien, *Varieties of Mystic Experience*, pp. 16ss.
[9] Cf. Bucke, *Cosmic Consciousness*, pp. 101ss.

ximo de Efeso (s. IV d. C.) parece residir en que disputó con los cristianos (p. 211) y posiblemente también en que, aparte de destacarse en la magia y la teurgia, contribuyó a la apostasía del emperador Juliano.

Fuera de éstos, son los gnósticos los que más atraen la atención de Valle —aunque, curiosamente, no menciona a ninguno en especial—, por sus concepciones cosmogónicas, sus ideas acerca del tiempo, su sentido de la unidad última con el Todo, su consideración de que el Amor es la cumbre del Universo, y por la emoción estética que descubren «en el absurdo de las formas, en la creación de monstruos, en el acabamiento de la vida» (p. 117) [10]. Valle quizá intuyó, a causa de cierta afinidad íntima, «qué hombres desesperados y admirables fueron los gnósticos» [11].

La huella de los cabalistas es menos evidente que la de los gnósticos, pese a que España los tuvo de renombre y fue la patria del *Zohar*. Cuando Valle emplea expresamente el vocablo *cábala* y algunos de sus derivados lo hace o con valor negativo o para referirse a peculiaridades extrañas (pp. 7, 67, 156, 170). Pero la preocupación por las palabras que lo obsede refleja algo de las preocupaciones similares de los cabalistas, para quienes «el secreto mundo de la Divinidad es un mundo de lenguaje» donde nombres y letras representan «una riqueza de sentidos no totalmente traducible al lenguaje humano» [12].

En cantidad, Valle tampoco aprovecha mucho del misticismo oriental. Excepto una por demás pintoresca visión de los yoguis al terminar una suscinta historia del quietismo —«hacen penitencia bajo los soles caniculares, metidos en las ciénagas de los ríos cuando abren sus flores azules los grandes cañamares de Bengala» (p. 119)—, lo único importante que de él toma —y de veras importante para su teoría— es la idea de la ley del Karma, es decir, de la ley de causa y efecto o de retribución ética.

La admiración que Valle demuestra por la mayoría de estos místicos o casi místicos haría esperar especial respeto por sus obras. Pero intentar la comprobación de lo que parecen citas depara verdaderas sorpresas [13].

---

[10] Véanse, sobre distintas peculiaridades del gnosticismo, Mead, *Fragments of a Faith Forgotten*, y Legge, *Forerunners and Rivals of Christianity*.

[11] Jorge Luis Borges, «Una vindicación del falso Basílides», *Discusión*, Emecé, Buenos Aires, 1957, p. 61.

[12] Scholem, *On the Kabbalah*, p. 36.

[13] Sólo he intentado en forma exhaustiva el cotejo con la *Guía espiritual* de Molinos, el autor más accesible para Valle y que justificadamente podríamos suponer mejor conocido por él. Baste comparar los dos textos siguientes, que son los más próximos entre sí, para apreciar no sólo las diferencias, sino también lo que puede suceder con los que se parecen menos: «Siempre que se alcanza el fin cesan los medios, y llegando al puerto, la navegación» (*Guía espiritual*, p. 13); «al ser logrado el fin, cesan los medios, como cuando la nave llega al puerto acaba el oficio de la vela y el remo» (*LM*, p. 5). Deudas evidentes, sin embargo, como la de «los momentos de aridez y desgana», no tienen indicación de procedencia.

Valle-Inclán, sin duda, no andaba tras conceptos precisos sino tras sugerencias inspiradoras, y lo que «cita» son paráfrasis, amplificaciones o conclusiones muchas veces absolutamente personales. Con esto no hace más que adoptar —¿a sabiendas?— una actitud de los místicos [14]:

> Se ha dicho que... siempre se esfuerzan en poner vino nuevo en odres viejos... Es imposible no quedar fascinado por la increíble libertad con que Meister Eckhart, el autor del *Zohar*, o los grandes místicos sufíes leían en los textos canónicos...

EL OCULTISMO

Magia

A propósito del amor, al cual tanto alude en *La lámpara maravillosa,* y acaso parafraseando un texto de Plotino [15], afirma Valle (p. 220): «El corazón que pudiera amar todas las cosas sería un Universo. Esta verdad, alcanzada místicamente, hace a los magos, a los santos y a los poetas.» Es el lazo de unión entre el misticismo religioso, la experiencia poética y la magia. Porque la magia más antigua y de nivel más elevado fue «el arte de adorar a Dios» y «una búsqueda santa» [16], a lo cual debe agregarse que el elemento mágico suele no estar ausente de las prácticas y los sistemas religiosos.

Por el libro desfilan dos distinguidos cultores de la magia. Uno es el casi mítico filósofo, iniciado y reformador Apolonio de Tyana (ca. comienzos del siglo I d. C.) [17], considerado serio rival de Cristo; pese a sus personales preferencias, queda identificado como mago (p. 93). El otro es Heinrich Cornelius Agrippa (1486-1535), cuya *De Occulta Philosophia* olvida Valle para atribuirle de nuevo el apócrifo *Ritual mágico* (p. 107). No debe extrañarnos demasiado. Los libros de magia, y muy en particular los *grimorios* —progenie de las *Claviculas* salomónicas [18]— le atraen irresistiblemente, aunque sólo eran místicos en el sentido de que incluían misterio o razón escondida [19]. El motivo que pueda tener

---

[14] Scholem, *On the Kabbalah*, pp. 7 y 13.
[15] Hablando del éxtasis que permite la unión o la identificación con lo Infinito, Plotino indica que hay diferentes caminos para lograrlo: «El amor de la belleza que exalta al poeta; esa dedicación al Único y ese acrecentamiento de ciencia en que consiste la ambición del filósofo; y ese amor y esas plegarias con las cuales algún alma devota y ardiente tiende, en su pureza moral, hacia la perfección» (Bucke, *Cosmic Consciousness*, p. 103).
[16] Thomas, *Religion*, pp. 268 y 269.
[17] Philostratus, *Life;* Mead, *Apollonius of Tyana;* Robertson, *Pagan Christs,* pp. 96ss.
[18] Butler, *Ritual Magic*, pp. 80ss.
[19] *Diccionario de la Real Academia*, s.v. *místico*.

Valle para ello reside, quizá, en las fórmulas de evocación que contenían, pues relaciona sus poderes con la sugestión tanto de las palabras como de los relatos narrados por una aldeana ciega (pp. 67 y 195). Atracción semejante ejercen sobre él los únicos instrumentos mágicos que menciona: pentáculos, pantáculos y espejos [20]. No resultaría fácil decir si la diferencia ortográfica entre los dos primeros proviene de una errata o de un esmerado conocimiento adquirido en Mme. Blavatsky [21]. De hecho, los magos modernos no se detuvieron en tales minucias técnicas. Francis Barrett los llama siempre pentáculos [22]:

> ...These pentacles consist either of characters of good spirits of the superior order, or of sacred pictures of holy letters or revelations, with apt and proper versicles, which are composed either of geometrical figures and holy names of God... or they are compounded of all of them, or many of them mixed.

La traducción inglesa de la *Histoire de la Magie* de Eliphas Lévi prefiere en cambio la palabra *pantáculos* [23]. En cuanto a Valle, se tiene la impresión de que los usa indistintamente con el valor de medallas o sellos mágicos (pp. 220 y 238) [24]:

> ...Todas las cosas bellas y mortales, cuando revelan su íntimo significado, se aparecen como pantáculos de los números solares.

> ...Adustas [las almas estéticas] acaso para el amor humano, se redimen por el amor universal, y cada una es un pantáculo que sella la maravillosa diversidad del Todo.

Y es una vez más la relación con las palabras la que provoca el interés de Valle-Inclán por los pentáculos (pp. 67 y 170):

> ...Toda palabra encierra un oculto poder cabalístico: Es grimorio y pentáculo.

> ...En la música y en la idea de esta palabra cristal, yo ponía aquel prestigio simbólico que tienen en los libros cabalísticos las letras sagradas de los pantáculos.

[20] *LM*, p. 67; 170, 220, 238; 47, 93, 171, 196.
[21] Para Mme. Blavatsky (*The Theosophical Glossary*, pp. 248 y 251), el pantáculo es el pentalfa o estrella de cinco puntas formada por un triple triángulo y cuya creación se atribuye a Pitágoras; el pentáculo, en cambio, puede ser cualquier figura geométrica y, en especial, el doble triángulo equilátero con que se construye la estrella de seis puntas.
[22] Barrett, *The Magus*, Book II, Part II, pp. 80ss. Cf. también, Redgrove, *Magic and Mysticism*, pp. 65ss.
[23] Éliphas Lévi, *The History of Magic*, pp. 166-167.
[24] Butler, *Ritual Magic*, p. 52.

Los espejos mágicos sirvieron en general para predecir el futuro, encontrar ladrones y descubrir objetos robados[25]. El procedimiento de «los tres vasos de Artephius» permitía abarcar los tres tiempos y, además, captar sombras, apariencias y realidades[26]. Según el *Grimorium Verum,* tuvo características semejantes el Espejo de Salomón, pues se podían mirar en él todas las cosas que se desearan y las que estaban escondidas para el consultante[27]. Con los dos últimos se vinculan —¿o ha sido coincidencia imaginativa?— los que Valle muestra en su obra. Uno serviría para, a través del reflejo del adulto, llegar al niño que fue, «porque quien sabe del pasado sabe del porvenir» (p. 47); este concepto, semejante en cierto modo al unamuniano «el niño es el padre del hombre», está en estrecha relación con la influencia del pasado sobre el presente y el futuro que preocupa a Valle respecto de sí mismo y que indudablemente le preocupaba y le preocupó respecto de los españoles. Las quietas imágenes de otro espejo se asocian con el supuestamente inmóvil paisaje en el recuerdo de una ciega. En dos ocasiones volverán para expresar la casi obsesión de Valle por las palabras, a las que identifica con los espejos mágicos porque «evocan todas las imágenes del mundo» y cuya inocencia originaria desearía recuperar en ellos (pp. 196, 93 y 171). Valle debe de haber sabido de la existencia de otro tipo de espejos mágicos: los deformantes; de ellos se hablaba en el siglo XVII español y se afirmaba que Juan de la Espina los tenía en su casa[28]. ¿Será éste el hilo conductor desde los espejos mágicos de *La lámpara maravillosa* hasta los deformantes de *Luces de bohemia* y la creación de un rasgo esperpéntico?

Alquimia

Muy probablemente por motivos semejantes a los que le llevaron a incorporar la magia en su libro, Valle incorporó también la alquimia. Desde un punto de vista místico, su finalidad consistía en perfeccionar espiritualmente al hombre[29]:

> ...la figura de las transmutación de los metales «viles» en oro simbolizaba la salvación del hombre —la transmutación de su alma en oro espiritual— que se obtenía por eliminación del mal y desarrollo del bien merced a la gracia de Dios; la reali-

---

[25] Grillot de Givry, *Picture Museum,* pp. 304-307; Thomas, *Religion,* pp. 117, 186, 215, 221, 250, 254 y 549.
[26] Grillot de Givry, *Picture Museum,* pp. 307-308.
[27] Waite, *Ceremonial Magic,* pp. 318 y 320.
[28] Caro Baroja, *Vidas mágicas,* I, p. 398.
[29] Redgrove, *Alchemy,* pp. 2-3.

zación de tal salvación o transmutación espiritual puede describirse como el Nuevo Nacimiento o... unión con la Divinidad.

Valle, que caracteriza el siglo XIII como «siglo de alquimistas y de teólogos» y se compara con uno de aquéllos por el afán que lo empuja a depurar su lengua poética (pp. 109 y 171), sólo selecciona a dos cultores de la alquimia: Alberto Magno (1193-1280) y Paracelso (1493-1541). Pero mientras el segundo no se recuerda en cuanto alquimista[30], el primero está presentado en relación con la Piedra del Sabio —o Filosofal— a la que Valle atribuye pleno valor místico al identificarla con el amor, la pura fuerza que convierte al hombre en Universo (p. 220).

Así como la alquimia aparecerá asociada al recuerdo porque éste «depura todas las imágenes» (pp. 157-158), la maravillosa Piedra reaparecerá varias veces vinculada con el insistente motivo del amor, con éste y la purificación, con el símbolo alquimista de la ciudad (pp. 235, 238):

...Como los antiguos alquimistas buscaban el oro simbólico, sello de toda sabiduría, en el imán solar, busca tú la gracia del amor que no tienes.

Peregrino sin destino, hermano, ama todas las cosas en la luz del día, y convertirás la negra carne del mundo en el áureo símbolo de la Piedra del Sabio.

Peregrino del mundo, edifica tu ciudad espiritual sobre la Piedra del Sabio.

La ciudad fortificada donde se custodia la Piedra extraordinaria es, como la rosa, símbolo de realización, quizá por sugerencia apocalíptica de que el descendimiento sobre la tierra de la ciudad santa de Jerusalén representará la evolución humana final[31]. Y como «castillo hermético» será para Valle el alma purificada y capaz de amar (pp. 220-221).

Presente asimismo en *La lámpara maravillosa* está la alquímica unión de los contrarios, dos de cuyos símbolos son la pareja humana y la egipcia Uroboros[32]. Valle, que para llegar a ella ha partido de una con-

---

[30] «Teofastro [sic] Paracelso... me enseñó que la mirada mortal es algo tan efímero que puede comparársela con el punto que vuela» (*LM*, p. 179).

[31] Bessy, *A Pictorial History*, p. 126, ilust. 404; Cavendish, *The Black Arts*, p. 174. En el Vocabulario que Waite añade a la edición de Paracelso se lee a propósito de la Piedra de los Filósofos: «The Rosicrucian philosophers say that in the impregnable fortress of truth is contained the true and undoubted Philosopher's Stone... set up for the ruin of many and the salvatior of some» (Paracelsus, *Hermetic and Alchemical Writings*, II, p. 381).

[32] Bessy, *A Pictorical History*, p. 117, ilust. 379, y p. 96, ilust. 302 y 305.

sideración acerca de las dos columnas construidas en la parte delantera del templo salomónico, no sólo las asimila al concepto de la unión de los contrarios sino que, con entera libertad interpretativa, les aplica el significado que el *Zohar* atribuía al templo mismo (pp. 122-123)[33] :

...Estas dos columnas representaban en la doctrina oculta... los misterios del antagonismo y la lucha entre el hombre y la mujer, porque según la interpretación hermética, la mujer debe resistir al hombre y el hombre debe fascinarla, para someterla. El principio de acción busca al principio de negación, y así la serpiente del símbolo quiere morderse la cola, y al girar sobre sí misma se huye y se persigue[34].

La Tabla de Esmeralda

La alquimia es una de las ciencias de la tradición hermética, cuyo origen se atribuye a Hermes Trismegisto. Valle emplea varias veces el adjetivo *hermético,* pero, salvo en el texto que acabamos de citar, lo hace siempre con el valor de 'impenetrable': la dificultad para expresarse sellará sus labios con «los siete sellos herméticos», de evocación decididamente apocalíptica (cf. 5: 1-3); seres y cosas encerrarán algo «hermético e imposible para las palabras» (pp. 17, 21). También posee esta característica la esencial diferencia de Valle respecto de los demás

---

[33] Según el Zohar, el templo salomónico debía entenderse como la unión espiritual del hombre y la mujer y simbolizaba el misterio del sexo en su más alta interpretación (Waite, *The Holy Kabbalah,* p. 314). Posiblemente en el texto de Valle haya ciertas reminiscencias precisas de escritos alquímicos, como el siguiente de Paracelso: «Since we have treated of the furnace in which the tinctures are to be prepared, and of the fire, we now propose to describe more at length how the man and the woman meet and are joined together. This is the manner. Take Philosopher's Mercury, prepared and purified to its supreme degree. Dissolve this with its wife, that is to say, with quick mercury, so that the woman may dissolve the man, and the man may fix the woman. Then, just as the husband loves his wife and she her husband, the Philosopher's Mercury pursues the quick mercury with the most supreme love, and their nature is moved with the greatest affection towards us. So then each Mercury is blended with the other, as the woman with the man, and he with her, so far as the body is concerned, to such an extent that they have no difference... For this reason, the woman is united to the man in such a way that she dissolves the man, and he fixes her and renders her constant in every consideration as a consequence» (Paracelsus, *Hermetic and Alchemical Writings,* I, pp. 85-86).

[34] Las dos columnas, a las que la Biblia llama Jachín y Boaz (2 Crónicas 3: 15-17) y sobre cuyo significado ocultistas y teósofos especularon bastente (Éliphas Lévi, *The History of Magic,* pp. 21-22; Blavatsky, *The Theosophical Glossary,* pp. 59, 254 y 375), sirvieron además a Valle como punto de partida prestigioso para otra ocurrencia puramente personal (pp. 122-123): «Panteísmo y quietismo son aquellas dos columnas simbólicas que estaban a uno y otro lado de la magna puerta, en el templo cabalístico de Salomón: ...Quietismo y panteísmo, son las dos claves místicas, representadas en Bohas y Jakin».

hombres (pp. 52-53) y sólo las obras de cada ser humano en particular le abrirán «la puerta hermética del huerto embalsamado» (pp. 232-233).

Calificándola una vez de cabalística y otra de alejandrina —si bien lo segundo está más cerca de la verdad que lo primero—, Valle alude en varias oportunidades a la más misteriosa de las obras pertenecientes a la tradición hermética, la Tabla de Esmeralda, cuyo autor, se dice, fue el propio Trismegisto. El documento, de historia tan oscura como su texto [35] y posiblemente apócrifo, habría estado originalmente redactado en fenicio. De él había una versión latina [36] hacia 1200 y otras árabes un poco anteriores; la peculiaridad de todas es que no concuerden mucho entre sí a causa de la elusividad del contenido. Esta misma razón llevó naturalmente a variadas interpretaciones. La de Stanislas de Guaita [37], por su proximidad en el tiempo y su popularidad en ciertos círculos, es la que puede importarnos más —aunque no sea imprescindible— para comprender la actitud que Valle adopta.

Valle alude tres veces a la Tabla de Esmeralda y las tres nos depara sorpresas. La primera referencia —«No hay otra verdad que las celes-

[35] Redgrove, *Alchemy*, p. 40; Cavendish, *The Black Arts*, p. 13.
[36] Ruska (*Tabula Smaragdina*, p. 2) trae el texto latino, que transcribo a continuación:

VERSIO TABULAE SMARAGDINAE HERMETIS

Qualis ea vulgo Latino Idiomate, e Phoenicio expressa circumfertur

VERBA SECRETORUM HERMETIS TRISMEGISTI

1. Verum, sine mendacio, certum et verissimum.
2. Quod est inferius, est sicut quod est superius, et quod est superius, est sicut quod est inferius, ad perpetranda miracula rei unius.
3. Et sicut omnes res fuerunt ab uno, meditatione unius: sic omnes res natae fuerunt ab hac una re, adaptatione.
4. Pater ejus est Sol, mater ejus est Luna; portavit illud ventus in ventre suo; nutrix ejus terra est.
5. Pater omnis thelesmi totius mundi est hic.
6. Vis ejus integra est, si versa fuerit in terram.
7. Separabis terram ab igne, subtile a spisso, suaviter, cum magno ingenio.
8. Ascendit a terra in coelum, iterumque descendit in terram, et recipit vim superiorum et inferiorum. Sic habebis gloriam totius mundi. Ideo fugiat a te omnis obscuritas.
9. Hic est totius fortitudinis fortitudo fortis: quia vincet omnem rem subtilem, omnemque solidam penetrabit.
10. Sic mundus creatus est.
11. Hinc adaptationes erunt mirabiles, quarum modus est hic.
12. Itaque vocatus sum Hermes Trismegistus, habens tres partes Philosophiae totius mundi.
13. Completum est quod dixi de operatione Solis.

Sólo traduciré oportunamente al español los párrafos que interesan en relación con Valle-Inclán.
[37] Guaita, *La Serpent de la Genèse*, vol. II, pp. 104-110.

tiales palabras con que se cierra el libro cabalístico de La Tabla de Esmeralda : Te doy el amor en el cual está contenido el sumo conocimiento» (pp. 123-124)— encierra dos elementos desconcertantes : el de llamar libro a lo que apenas equivaldría a una página impresa y la oración que, según afirma Valle-Inclán, es la final de la obra. No pretendo buscar explicación a lo primero porque no creo, por una parte, que Valle ignorara la extensión exacta del documento, ni, por otra, que llegara tan lejos en la revalorización de las palabras. En cuanto a lo segundo, quizá pudo influir el comentario de De Guaita en Le Serpent de la Genèse. Piensa De Guaita en mil significados y sugiere varios : el párrafo en cuestión podría referirse a todo trabajo llevado a la perfección, a la génesis intelectual, a la fuente y al papel de las corrientes universales de los fluidos, a la evolución del Aôr andrógino o Luz generatriz, al magisterio de los alquimistas [38]. Pero de una especulación sobre significaciones Valle ha saltado a una oración completamente distinta, y donde sólo se dice «Completo está lo que dije acerca de la operación del Sol», lee archilibremente : «Te doy el amor en el cual está contenido el sumo conocimiento.» En la referencia siguiente, que mezcla la aporía eleática de la flecha y alusiones al gnosticismo y a las prácticas necrománticas, se asocia «la visión gnóstica» de los iniciados con las enseñanzas de la Tabla de Esmeralda para explicar que lo que ocurre en la tierra estaría siempre comenzando si se lo contemplara desde una lejana estrella (pp. 206-207) :

> Ya Zenón de Elea había presentado que la flecha que vuela está inmóvil... La eterna inmovilidad de la flecha no puede ser referida a la conjunción efímera, sino a la visión gnóstica que sólo alcanzan los iniciados, como enseña la ciencia alejandrina en la Tabla de Esmeralda. Hay siempre una estrella remota adonde los rayos de nuestra vida solar llegan al cabo de los siglos, y el espíritu allí desencarnado puede ver a la flecha partir del arco tenso, cuando ya se ha perdido en el mundo la memoria del arquero. Y así las almas de los muertos pueden ser evocadas en las prácticas nigrománticas, ciencia negra que las fuerza a pasar por un zodíaco desde donde vuelven a contemplar su vida carnal. ¡Acaso el César Juliano, que tanto amó la bóveda celeste, mira hoy desde un sol apagado volar la flecha que desde hace quince siglos lleva clavada en el corazón!

En el caso de que Valle se inspirara en el inciso octavo de la Tabla de Esmeralda que traducimos a continuación, no sabríamos qué admirar más, si su capacidad de hermeneuta o su desbocada fantasía :

> Sube de la tierra al cielo y de nuevo desciende a la tierra, y trae al regreso el poder de las cosas superiores e inferiores.

[38] Ibid., p. 110.

Así tendrás la gloria del mundo entero. Por esta causa huirá de ti la oscuridad.

Y entre la última referencia —«Interpreta el símbolo trino del mundo con la clave trina de tu humanidad, según enseña la palabra fragante de misterio, guarda[da] en la Tabla de Esmeralda» (p. 215)— y el inciso duodécimo —«Y así soy llamado Hermes Trismegisto, el que posee las tres partes de la Filosofía del mundo entera»—, único con el cual, a mi ver, podría establecerse alguna relación, sólo el tercer valor numérico es claramente reconocible. La influencia de De Guaita, sin embargo, quizá se haya dejado sentir también aquí, pues en nota al primer párrafo de la Tabla —«Verdadero sin mentira, cierto y muy verdadero»—, el escritor ocultista sostiene que «la triple afirmación corresponde evidentemente a los tres mundos de la magia» [39].

Dos temas recurrentes

Los cristales y el Sol aparecen con insistencia en las especulaciones de Valle. Carezco, sin embargo, de material suficiente para estudiarlos con detenimiento. Sólo puedo decir, por ahora, que deben de haber ocupado un lugar importante en ciertas creencias ocultistas. El *Libro de las rúbricas* de Oswald Crollius considera que las formas de cristalización y las marcas sobre los minerales son sellos del pensamiento que el Creador tuvo al formarlos [40]. En cuanto al Sol, *The Magus* enumera los valores que se le atribuyeron a lo largo de los siglos [41] y el *Prometeo* de Lugones (1910) se extiende sobre su significación para la historia de la humanidad, considerándolo desde un ángulo decididamente ocultista.

CONCLUSIONES

Visto todo lo anterior, no podemos afirmar, sin más, que hay ironía en «esa actitud de viejo mago o alquimista o predicador de ejercicios» [42]. Habrá alguna broma, como cuando Valle dice no haber hallado

[39] *Ibid.*, p. 106, n. 1.
[40] Éliphas Lévi, *The History of Magic*, p. 356.
[41] Barrett, *The Magus* [I], pp. 7 y 152.
[42] Morón Arroyo, «*La lámpara maravillosa* y la ecuación estética», p. 459. Sería interesante averiguar si *Les grands initiés* de Edouard Schuré (1889), obra de tendencia místico-ocultista que influyó bastante sobre varias generaciones posteriores, dejó también huella en la actitud adoptada por Valle-Inclán en *La lámpara maravillosa*. Schuré afirmaba que la literatura y el arte habían perdido su sentido de lo divino y quería volver a descubrir «el profundo saber, la secreta doctrina y la oculta influencia de los grandes iniciados, profetas y reformadores» (Jullian, *Dreamers of Decadence*, p. 33).

«en las artes mágicas el filtro con que» hacerse «invisible y volar en los aires» (p. 179) [43]; pero su actitud general es fundamentalmente seria. Busca respaldar, con la afinidad que le muestran —o cree que le muestran— otras mentalidades y sistemas, su teoría literaria en formación. Teoría centrada en torno de la inmensa riqueza de que pueden llenarse las palabras, del imprescindible retorno al pasado y a la tradición para explicarse el presente y prevenir el futuro, del hurgar en la propia personalidad hasta encontrar la preocupación auténtica, del amor rugiente que lo llevará a la comprensión y a la convicción. El conjunto originará un cosmos imaginativo pero no imaginario: el de los esperpentos dramáticos y, muy particularmente, de *Tirano Banderas* y de *El ruedo ibérico.*

[43] El hacerse invisible por medio de fórmulas mágicas parece haber sido preocupación del siglo XVII. Caro Baroja las atribuye al mexicano Agustín de Aste y al Doctor milanés Pier Giacomo Bramoselli (*Vidas mágicas,* II, pp. 209 y 261).

CONCLUSIONES

Aunque he tratado de mostrar lo más claramente posible el valor de los distintos elementos ocultistas en la obra de Valle, recapitularé ahora, ampliando en caso de necesidad, las conclusiones a que he llegado.

Antes de 1895, salvo la visión premonitoria de «Rosarito», el material ocultista empleado en los cuentos es mínimo. Interesan, en cambio, las reacciones de Valle-Inclán en los artículos, sea ante las supersticiones, sea ante el espiritualismo, porque, si bien revelan una curiosidad agudamente despierta, indican más una actitud crítica para las primeras e inquisitiva para el segundo que una sentimental complacencia localista o una convicción arraigada.

Que la curiosidad de Valle no decreció, ni decrecería, queda demostrado por la impresionante cantidad de datos que incorporará a sus obras posteriores —datos cuya procedencia es difícil establecer, pero no su existencia— y por la variedad de aspectos que abarca. Lo que desconcierta un tanto, sin embargo, es que, aunque exteriormente Valle parece asimilarse durante cierto tiempo algunos rasgos del decadentismo finisecular, su actitud respecto de casi todo lo que emplea no ha cambiado y, a diferencia de los decadentistas, se vale de ello, no lo sirve. Su posición no es la del adepto ni la del escapista: es la de un perspicaz observador —y lector u hombre de oído atento, no cabe ya duda— siempre alerta. Gracias a esto, descubre las debilidades y defectos que se reflejan en la aceptación pasiva, irreflexiva o irracional de lo considerado misterioso u oculto, debilidades y defectos que responden a factores individuales y de educación, sociales y de ambiente. Ve el efecto o el peligro y lo señala. Pero quizá por razones de época —recuérdese la condenación eclesiástica sufrida por el libro de Rodríguez López—, quizá para que no se le acusara de hostilidad —en carta a un amigo había confesado que Galicia le era odiosa [1]—, prefiere hasta cierto momento no ser demasiado directo. Vela entonces la intención pro-

---

[1] Carta a Torcuato Ulloa (Aranjuez, 27 de agosto de 1904). Valle habla en ella de *Flor de santidad* y declara a propósito de Galicia: «Esa tierra crea usted que me es odiosa» (*Indice de Artes y Letras,* Madrid, IX, mayo-junio, 1954).

funda con un cuidado que recuerda el de algunos escritores de ciencia-ficción. El resultado es parecido en ambos casos: las obras significan una cosa para los iniciados o preocupados y otra muy distinta para los que no saben leer entre líneas. En el caso particular de Valle, los velos suelen ser tan densos que el lector común, los críticos y hasta escritores a quienes angustiaban los problemas y destinos de España se dejaron arrastrar por las apariencias y creyeron ver una complacida exaltación localista donde en realidad había, como en *Flor de santidad,* una disimulada fuerza demoledora. Establecido el juicio, nadie se preocupó en averiguar si había algo más, y la inercia continuó, con raras excepciones, hasta nuestros días. Y si en *Flor de santidad* el propósito queda encubierto por velos poéticos, en las *Sonatas* lo es por el disfraz semi-irónico; de ahí el ¿es o no es? con que suele responderse al escondido desafío. Pero, poeta al fin, Valle experimenta la seducción de la posibilidad simbólica o de la sugerencia dramática del ocultismo, de las cuales es quizá el ejemplo más evidente su enternecedora «Tragedia de ensueño».

Encontrando acaso que el procedimiento indirecto de que había echado mano no era suficientemente eficaz para su propósito, Valle empezó a abandonarlo. Desde ese momento —el de las dos primeras *Comedias bárbaras,* la *Guerra carlista,* algún cuento como «Milón de Arnoya» y farsas como *La Marquesa Rosalinda* y *La cabeza del dragón*—, el empleo del ocultismo resulta bastante más directo y con cierta frecuencia se convierte en recurso literario —las visiones de Montenegro y de su mujer lo ilustran—, mientras el tono y la expresión anuncian ya otra experiencia poética más afín con la intención crítica de Valle. «Mi hermana Antonia» y *El embrujado* están lejos de ser excepciones si se los observa con atención. Por otra parte, se acrecienta la incorporación de fenómenos paranormales, sin que disminuyan todavía otros aspectos ocultistas.

Aproximadamente desde 1913 hasta la aparición de *La pipa de kif* (1919), la producción de Valle no aumenta mucho. Se concentra sobre todo en poemas recogidos en *El pasajero* (1920), en la lenta preparación de *La lámpara maravillosa* y en la redacción de *La media noche.* Este grupo de obras ofrece puntos de contacto y hasta coincidencias. Lo más importante es el esfuerzo de Valle-Inclán por encontrarse buscando, a través de una personal y complicada actitud mística, tanto una clarificación de sus ideas y sentimientos como nuevas técnicas para expresarlos. De ahí en todas ese a veces confuso interés en rasgos esotéricos sugeridores. Gracias al imaginativo atanor que es en realidad *La lámpara maravillosa,* Valle encontrará después la fórmula mágica del esperpento con la cual continuará su lucha contra lo que le parece más temible en la mentalidad española.

Aparte del estilo y las estructuras, la novedad de lo que seguirá, en lo que a ocultismo se refiere, es una relativa disminución de sus aspectos más comunes y populares en favor de otros que, aunque de algún modo se le vinculan, no caben totalmente en él. Los fenómenos paranormales y las circunstancias que contribuyen a su aparición y desarrollo son ahora material preponderante y proporcionan, como en *Cara de Plata, Tirano Banderas* y *El ruedo ibérico,* recursos literarios de empleo variado y significativo. A lo largo de la nueva etapa se comprueba, además, que, si bien dichos fenómenos no son para Valle ni nocivos ni ridículos *per se,* como suelen serlo las supersticiones y los distintos tipos de brujería, pueden resultarlo, cuando se interpreta erróneamente su naturaleza o se los emplea con malevolencia.

Cerrando el círculo de los intereses de Valle-Inclán acerca de las distintas manifestaciones del ocultismo, encontramos en ellos una marcada continuidad interior. El ocultismo sirve fundamentalmente en su obra para objetivar lo que juzga dañosa rémora en la evolución de los españoles —o de sus descendientes y allegados— y para desenmascarar a los que propician el estancamiento o medran con él. Pero, simultáneamente, y considerado en sus posibilidades y niveles más altos —estéticos, místicos—, sirve también para estimular la evolución literaria del propio Valle-Inclán.

ABREVIATURAS Y BIBLIOGRAFIA

OBRAS DE VALLE-INCLÁN

AB — Águila de blasón [1907], Opera Omnia, Imprenta de Sáez Hermanos, Madrid, 1922.

AL — Aromas de leyenda. Versos en loor de un santo ermitaño, Villavicencio Editor, Madrid, 1907.

BE — Baza de espadas [1932], Espasa-Calpe, Madrid, 1961 (Austral, Núm. 1311).

CA — Cuento de abril [1910], *Opera lírica,* Opera Omnia, Editorial Rúa Nueva, Madrid, 1943.

CC — Los cruzados de la causa [1908], Opera Omnia, Tipográfica Europa, Madrid, 1920.

CD — La cabeza del dragón [1909], Opera Omnia, Imprenta de José Izquierdo, Madrid, 1914.

CDF — Los cuernos de Don Friolera [1921], Opera Omnia, Imprenta Cervantina, Madrid, 1925.

CL — Claves líricas, Opera Omnia, Imprenta Rivadeneyra, Madrid, 1930.

CM — La corte de los milagros, Opera Omnia, Imprenta Rivadeneyra, Madrid, 1927.

CMS — La corte de los milagros, en *El Sol,* Madrid, 20-25, 27-31 de octubre; 1, 3-7, 10-15, 17-22, 24-26, 28 de noviembre; 1-4, 6, 8-11 de diciembre de 1931.

CP — Cara de Plata [1922], Opera Omnia, Imprenta Cervantina, Madrid, 1923.

CS — Cofre de sándalo, Librería General de Victoriano Suárez, Madrid, 1909.

DP — Divinas palabras. Tragicomedia de aldea, Opera Omnia, Imprenta Yagües, Madrid, 1920.

E — El embrujado. Tragedia de tierras de Salnés, Opera Omnia, Imprenta de José Izquierdo, Madrid, 1913.

F — Femeninas, Landín ed., Pontevedra, 1895.

FER — Farsa de la enamorada del rey, Sociedad General Española de Librería, Gráfica Ambos Mundos, Madrid, 1920.

FS — Flor de santidad. Historia milenaria [1904], Opera Omnia, Imprenta Helénica, Madrid, 1920.

181

FS 1904 — *Flor de santidad,* A. Marzo, Madrid, 1904.

GA — *Gerifaltes de antaño.* Vol. III de *La guerra carlista.* Imprenta de Primitivo Fernández, Madrid, 1909.

HP — *Historias perversas,* Casa Editorial Maucci, Barcelona [1907].

JN — *Jardín novelesco. Historias de santos, de almas en pena, de duendes y de ladrones,* Tipografía de la Revista de Archivos, Bibliotecas y Museos, Madrid, 1905.

JU — *Jardín umbrío. Historias de santos, de almas en pena, de duendes y ladrones,* Opera Omnia, Imprenta de José Izquierdo, Madrid, 1914.

LB — *Luces de bohemia. Esperpento* [1920], Opera Omnia, Imprenta Cervantina, Madrid, 1924.

LM — *La lámpara maravillosa. Ejercicios espirituales* [1916], Opera Omnia, Imprenta Artes de la Ilustración, Madrid, 1922.

MC — *Martes de Carnaval. Esperpentos,* Opera Omnia, Imprenta Rivadeneyra, Madrid, 1930.

MN — *La media noche. Visión estelar de un momento de guerra* [1916-1917], Imprenta Clásica Española, Madrid, 1917.

MR — *La Marquesa Rosalinda* [ca. 1911-1912], Opera Omnia, Imprenta Cervantina, Madrid, 1924.

P — *El pasajero: Claves líricas,* Sociedad General Española de Librería, Diarios, Revistas y Publicaciones (S.A.), Imprenta Yagües, Madrid, 1920.

«Paúl y Angulo y los asesinos del general Prim», *Ahora,* Madrid, 2, 13, 16 y 28 de agosto, 20 de septiembre de 1935.

PK — *La pipa de kif,* Sociedad General Española de Librería, Madrid, 1919.

PP — *Publicaciones periodísticas de Don Ramón del Valle-Inclán anteriores a 1895.* Edición, estudio preliminar y notas de William L. Fichter. Presentación de Alfonso Reyes. El Colegio de México, México, 1952.

RALM — *Retablo de la avaricia, la lujuria y la muerte,* Opera Omnia, Imprenta Rivadeneyra, Madrid, 1927.

RH — *El resplandor de la hoguera.* Vol. II de *La guerra carlista.* Imprenta de Primitivo Fernández, Madrid, 1909.

RL — *Romance de lobos* [1908], Opera Omnia, Imprenta de José Izquierdo, Madrid, 1914.

SE — *Sonata de estío,* Imprenta de Antonio Marzo, Madrid, 1903.

SI — *Sonata de invierno,* Tipografía de la Revista de Archivos, Bibliotecas y Museos, Madrid, 1905.

SO — *Sonata de otoño* [1902], Tipografía de la Revista de Archivos, Bibliotecas y Museos, Madrid, 1905.

SP — *Sonata de primavera* [1904], Opera Omnia, Imprenta Helénica, Madrid, 1917.

TB — *Tirano Banderas. Novela de Tierra Caliente,* Opera Omnia, Madrid, 1926.

VG — *Voces de gesta. Tragedia pastoril* [1911], Imprenta Alemana, Madrid, 1912.

VMD — ¡*Viva mi dueño!*, Opera Omnia, Imprenta Rivadeneyra, Madrid, 1928.

YA — *El yermo de las almas* [1908], Opera Omnia, Artes de la Ilustración, 1922.

OBRAS CONSULTADAS

Avalle-Arce, *Voces de gesta: tragedia pastoril.*—Juan Bautista Avalle-Arce, *Voces de gesta: tragedia pastoril*, en *Ramón del Valle-Inclán. An Appraisal of his Life and Works*, ed. A. N. Zahareas, Las Americas Publishing Co., New York, 1968, pp. 361-373.

Baring-Gould, *Curious Myths.*—Sabine Baring-Gould, *Curious Myths of the Middle Ages* [1866-1868], University Books, New Hyde Park, N.Y., 1967.

Barrett, *The Magus.*—Francis Barrett, *The Magus, or Celestial Intelligencer; being a Complete System of Occult Philosophy* [1801], University Books, New Hyde Park, N.Y., 1967.

Baskin, *Dictionary of Satanism.*—Wade Baskin, *Dictionary of Satanism*, Philosophical Library, New York, 1972.

Bessy, *A Pictorial History.*—Maurice Bessy, *A Pictorial History of Magic and the Supernatural*, Spring Books, 1968.

Blanquat, «Symbolism et esperpento».—Josette Blanquat, «Symbolisme et esperpento dans *Divinas palabras*», *Mélanges à la mémoire de Jean Sarrailh*, Centre de Recherches de l'Institut d'Etudes Hispaniques, Paris, 1966, pp. 145-165.

Blavatsky, *Isis Unveiled.*—Helena Blavatsky, *Isis Unveiled* J. W. Bouton ed., New York, 1882.

Blavatsky, *The Theosophical Glossary.*—Helena P. Blavatsky, *The Theosophical Glossary*, The Theosophical Publishing Society, London, 1892.

Bucke, *Cosmic Consciousness.*—Richard Maurice Bucke, *Cosmic Consciousness* [¿1900?], University Books, New Hyde Park, N.Y., 1966.

Budge, *Amulets and Talismans.*—Sir E. A. Wallis Budge, *Amulets and Talismans*, University Books, New Hyde Park, N.Y., 1968.

Butler, *Ritual Magic.*—E. M. Butler, *Ritual Magic*, The Noonday Press, New York, 1959.

Caro Baroja, *Algunos mitos.*—Julio Caro Baroja, *Algunos mitos españoles y otros ensayos*. Editora Nacional, Madrid, 1944 (Biblioteca de la Sociedad Española de Antropología, Etnografía y Prehistoria, tomo I).

Caro Baroja, *Brujas.*—Julio Caro Baroja, *Las brujas y su mundo*, Revista de Occidente, Madrid, 1961.

Caro Baroja, *Vidas mágicas.*—Julio Caro Baroja, *Vidas mágicas e Inquisición*, 2 vols., Taurus, Madrid, 1967.

Cavendish, *The Black Arts.*—Richard Cavendish, *The Black Arts*, G. P. Putnam's Sons, New York, 1967.

Código de Derecho Canónico. Texto latino y versión española con Jurisprudencia y comentarios de Lorenzo Miguélez Domínguez, Sabino Alonso Morán y Marcelino Cabrero de Anta, Biblioteca de Autores Cristianos, Madrid, 1945.

Crookall, *Astral Projection.*—Robert Crookall, *The Study and Practice of Astral Projection,* University Books, New Hyde Park, N.Y., 1966.

Darío, *Cuentos completos.*—Rubén Darío, *Cuentos completos.* Edición y notas de Ernesto Mejía Sánchez. Estudio preliminar de Raimundo Lida. Fondo de Cultura Económica, México, 1950 (Biblioteca Americana, vol. 12).

Ellis, *The Road to Hel.*—Hilda Roderick Ellis, *The Road to Hel. A Study of the Conception of the Dead in Old Norse Literature,* Cambridge University Press, London, 1943.

Evans-Wentz, *The Fairy-Faith.*—W. Y. Evans-Wentz, *The Fairy-Faith in Celtic Countries* [1911], University Books, New Hyde Park, N.Y., 1966.

Fernández, «Espiritismo».—José C. Fernández, «Espiritismo», *La Enciclopedia del Año* (1899), Madrid, 1900, pp. 244-249.

Fodor, *Encyclopaedia of Psychic Science.*—Nandor Fodor, *Encyclopaedia of Psychic Science,* University Books [New Hyde Park], N.Y., 1966.

Fodor, *Freud, Jung and Occultism.*—Nandor Fodor, *Freud, Jung and Occultism,* University Books, New Hyde Park, N.Y., 1971.

Franco, «The Concept of Time».—Jean Franco, «The Concept of Time in *El ruedo ibérico*», *Bulletin of Hispanic Studies,* Liverpool, vol. XXXIX, 1962, pp. 177-187.

Frazer, *La rama dorada.*—James George Frazer, *La rama dorada,* Fondo de Cultura Económica, México, 1956.

Funk and Wagnall's Standard Dictionary of Folklore, Mythology and Legend, New York, 1949-1950.

Gettings, Fred, *The Book of the Hand,* Paul Hamlyn, London, 1968.

Gibbs, Jack, «La Inquisición y el problema de las brujas en 1526», *Actas del Segundo Congreso Internacional de Hispanistas* (20-25 de agosto de 1965), Instituto Español de la Universidad de Nimega, 1967, pp. 331-339.

Glass, *They Foresaw the Future.*—Justine Glass, *They Foresaw the Future,* G.P. Putnam's Sons, New York, 1969.

González López, «Valle-Inclán y los escritores gallegos».—Emilio González López, «Valle-Inclán y los escritores gallegos», en *Ramón del Valle-Inclán. An Appraisal...,* pp. 251-262.

Grillot de Givry, *Picture Museum.*—Emile Grillot de Givry, *Picture Museum of Sorcery, Magic and Alchemy* [1929], University Books, New Hyde Park, N.Y., 1963.

Guaita, *La Serpent de la Genèse.*—Stanislaus de Guaita, *La Serpent de la Genèse,* 2 vols., Chamuel Editeur, París, 1897.

Haining, *The Warlock's Book.*—Peter Haining, *The Warlock's Book. Secrets of Black Magic from Ancient Grimoires,* University Books, New Hyde Park, N.Y., 1971.

Hamon, Count Louis, *Cheiro's Complete Palmistry* [1897], University Books, New Hyde Park, N.Y., 1968.

Hartmann, *Magic White and Black.*—Franz Hartmann, *Magic White and Black,* University Books, New Hyde, N.Y., 1970.

Heywood, *Beyond the Reach of Sense.*—Rosalind Heywood, *Beyond the Reach of Sense,* E. P. Dutton and Co., New York, 1961.

Hill and Williams, *The Supernatural.*—Douglas Hill and Pat Williams, *The Supernatural,* Hawthorn Books Publishers, New York, 1965.

Hole, *Witchcraft in England.*—Christina Hole, *Witchcraft in England,* B. T. Batsford Ltd., London, 1947.

Holzer, *ESP and You.*—Hans Holzer, *ESP and You,* Hawthorn Books, Inc. Publishers, New York, 1968.

Holzer, *Predictions.*—Hans Holzer, *Prediction: Facts or Fallacy?,* Hawthorn Books, Inc., New York, 1968.

James, «The Final Impressions».—William James, «The Final Impressions of a Psychical Researcher» [1909], en *William James on Psychical Research,* compilated and edited by Gardner Murphy, M. D., and Robert O. Ballou, The Viking Press, New York, 1960, pp. 309-325.

Jiménez, *Cartas.*—Juan Ramón Jiménez, *Cartas (Primera selección).* Recopilación, selección, ordenación y prólogo de Francisco Garfias, Aguilar, Madrid, 1962.

Jiménez, *La corriente infinita.*—Juan Ramón Jiménez, *La corriente infinita.* Recopilación, selección y prólogo de Francisco Garfias, Aguilar, Madrid, 1961.

Jullian, *Dreamers of Decadence.*—Philippe Jullian, *Dreamers of Decadence [Esthètes et Magiciens],* Praeger Publishers, New York-Washington-Toronto, 1971.

Killough, *Quiroga y lo «sobrenatural».*—Elaine Killough, *Quiroga y lo «sobrenatural»,* Tesis mimeografiada, Wheaton College Library, Massachussetts, 1969.

Koestler, Arthur, *The Roots of Coincidence,* Random House, New York, 1972.

Lawson, *Modern Greek Folklore.*—John Cuthbert Lawson, *Modern Greek Folklore and Ancient Greek Religion* [1909], University Books, New Hyde Park, N.Y., 1964.

Leek, *Diary.*—Sybil Leek, *Diary of a Witch,* Prentice-Hall, Inc., Englewood Cliffs, N.J., 1968.

Leek, *Fortune Telling.*—Sybil Leek, *The Sybil Leek Book of Fortune Telling,* The Macmillan Company, 1969.

Legge, *Forerunners and Rivals of Christianity.*—Francis Legge, *Forerunners and Rivals of Christianity* [1914], University Books, New Hyde Park, N.Y., 1965.

Leland, *Etruscan Magic.*—Charles Godfrey Leland, *Etruscan Magic and Occult Remedies* [fines del siglo XIX], University Books, New Hyde Park, N.Y., 1963.

Leland, *Gypsy Sorcery.*—Charles Godfrey Leland, *Gypsy Sorcery and*

Fortune Telling [1891], University Books, New Hyde Park, N.Y., 1964.

Lethbridge, *Witches.*—T. C. Lethbridge, *Witches,* The Citadel Press, New York, 1962.

Lévi, *Eliphas, The History of Magic.*—Eliphas Lévi [Alphonse Louis Constant], *The History of Magic* [1859], translated by Arthur Edward Waite, William Rider and Son, Limited, London, 1922.

Lida, *El cuento popular.*—María Rosa Lida, *El cuento popular hispano-americano y la literatura,* Facultad de Filosofía y Letras de la Universidad de Buenos Aires (Instituto de Cultura Latino-Americana), Buenos Aires, 1941.

Lugones, Leopoldo, *Cuentos fatales,* Editorial Babel, Buenos Aires, 1924.

Lugones, Leopoldo, *El Ángel de la Sombra,* M. Gleizer Editor, Buenos Aires, 1926.

Lugones Leopoldo, *Las fuerzas extrañas* [1906], M. Gleizer Editor, Buenos Aires, 1926.

Lugones, Leopoldo, *Prometeo. Un proscrito del Sol* (1910), en *Obras en prosa,* Aguilar, Madrid-México-Buenos Aires, 1962, pp. 771-1076.

Maeterlinck, *The Great Secret.*—Maurice Maeterlinck, *The Great Secret,* University Books, New Hyde Park, N.Y., 1969.

Malleus maleficarum.—The *Malleus maleficarum* by Heinrich Kramer and James Sprenger, Translated with Introductions, Bibliography and Notes by the Rev. Montague Summers, Dover Publications, Inc., New York, 1971.

Man, Myth and Magic.—*Man, Myth and Magic. An Illustrated Encyclopedia of the Supernatural,* 24 vols. Editor Richard Cavendish, Marshall Cavendish Corporation, New York, 1970.

Maple, Eric, *The Dark World of Witches,* Castle Books, New York, 1970.

Mead, *Apollonius of Tyana.*—G. R. S. Mead, *Apollonius of Tyana,* University Books, New Hyde Park, N.Y., 1966.

Mead, *Fragments of a Faith Forgotten.*—G. R. S. Mead, *Fragments of a Fait Forgotten* [comienzos del siglo XX], University Books, New Hyde Park, N.Y., 1960.

Michelet, *Satanism and Witchcraft.*—Jules Michelet, *Satanism and Witchcraft. A Study in Medieval Superstition,* translated by A. R. Allison, The Citadel Press, N.Y., 1960.

Molinos, *Guía espiritual.*—Miguel de Molinos, *Guía espiritual* [1675], Imprenta de Galo Sáez, Madrid, 1935.

Morón Arroyo, «*La lámpara maravillosa* y la ecuación estética».—Ciriaco Morón Arroyo, «*La lámpara maravillosa* y la ecuación estética», en *Ramón del Valle-Inclán. An Appraisal...*, pp. 443-459.

Murray, *The God of the Witches.*—Margaret Alice Murray, *The God of the Witches,* Doubleday and Co., Garden City, N.Y., 1960 (Anchor Books A212).

Myers, *Human Personality.*—F. W. H. Myers, *Human Personality and its Survival of Bodily Death* [1903], University Books, New Hyde Park, N.Y., 1961.

O'Brien, *Varieties of Mystic Experience.*—Elmer O'Brien, *Varieties of Mystic Experience,* Holt, Rinehart and Winston, N.Y., 1964.

Oesterreich, *Possession.*—T. K. Oesterreich, *Possession Demoniacal and Other among Primitive Races, in Antiquity, the Middle Ages and Modern Times* [1921], University Books, New Hyde Park, N.Y., 1966.

Paracelsus, *Hermetic and Alchemical Writings.*—*The Hermetic and Alchemical Writings* of Aureolus Phillipus Theophrastus Bombast, of Hohenheim, called Paracelsus the Great. Edited with a biographical preface, elucidatory notes, hermetic vocabulary and index by Arthur Edward Waite [1894], University Books, 2 vols., New Hyde Park, N.Y., 1967.

Patch, *El otro mundo.*—Howard Rollin Patch, *El otro mundo en la literatura medieval,* Fondo de Cultura Económica, México, 1956.

Paz, *El arco y la lira.*—Octavio Paz, *El arco y la lira* [1956], 2.ª edición corregida y aumentada, Fondo de Cultura Económica, México, 1967.

Phillips, «Estudio preliminar».—Allen W. Phillips, «Estudio preliminar» a la edición de las cuatro *Sonatas* de Valle-Inclán, Ed. Porrúa, México, 1969, pp. XI-LXII.

Phillips, Allen W., «*Flor de santidad:* Novela poemática de Valle-Inclán», *Homenaje a S. H. Eoff,* Madrid, 1970, pp. 137-171.

Philostratus, *Life.*—Philostratus, *The Life of Apollonius of Tyana* [incluye las cartas], 2 vols., The Loeb Classical Library, London, s.a.

Posse, «Notas sobre el folklore gallego».—Rita Posse, «Notas sobre el folklore gallego en Valle-Inclán», *Cuadernos Hispanoamericanos,* LXVII, núms. 199-200, julio-agosto de 1966, pp. 493-519.

Praz, *The Romantic Agony.*—Mario Praz, *The Romantic Agony* [1933], Meridian Books, New York, 1956.

Quevedo, Francisco de, *Obras completas,* 2 vols., I *Prosa* (1958); II *Verso* (1952), Aguilar, Madrid.

Rawcliffe, D. H., *Occult and Supernatural Phenomena,* Dover Publications, New York, s.f.

Redgrove, *Alchemy.*—H. Stanley Redgrove, *Alchemy: Ancient and Modern* [1921], University Books, New Hyde Park, N.Y., 1969.

Redgrove, *Magic and Mysticism.*—H. Stanley Redgrove, *Magic and Mysticism* [1919], University Books, New Hyde Park, N.Y., 1971.

Relación verdadera de todo lo que sucedió en la jornada de Omagua y Dorado, en *Nueva Biblioteca de Autores Españoles,* vol XV, Madrid, 1909, pp. 423-484.

Robbins, *Witchcraft and Demonology.*—Rossell Hope Robbins, *The Encyclopedia of Witchcraft and Demonology,* Spring Books, N.Y., 1968.

Robertson, *Pagan Christs.*—J. M. Robertson, *Pagan Christs* [1903], University Books, New Hyde Park, N.Y., 1967.

Rodríguez López, *Supersticiones de Galicia.*—Jesús Rodríguez López, *Supersticiones de Galicia y preocupaciones vulgares* [1.ª ed. 1895, 2.ª

1910], Editorial Nova, Buenos Aires, 1943 (Colección Camino de Santiago, núm. 7).

Rubia Barcia, José, «A Synoptic View of Valle-Inclán's Life and Works», en *Ramón del Valle-Inclán. An Appraisal...*, pp. 3-34.

Ruska, *Tabula Smaragdina.*—Julius Ruska, *Tabula Smaragdina,* Carl Winter's Universitätsbuchhanlung, Heidelberg, 1926.

Said Armesto, *La leyenda de Don Juan.*—Víctor Said Armesto, *La leyenda de Don Juan* [1908], Espasa-Calpe Argentina, Buenos Aires, 1946 (Colección Austral, núm. 562).

Scot, *Discoverie.*—*The Discovery of Witchcraft* by Reginald Scot, with an introduction by the Rev. Montague Summers, Dover Publications, Inc., New York, 1972.

Scott, *Letters.*—Sir Walter Scott, *Letters on Demonology and Witchcraft,* The Citadel Press, New York, 1970.

Scholem, *On the Kabbalah.*—Gershom G. Scholem, *On the Kabbalah and its Symbolism* [1960], trans. by Ralph Manheim, Schocken Books, New York, 1965.

Sidgwick, *Phantasms of the Living.*—Eleanor Mildred Sidgwick, *Phantasms of the Living,* University Books, New Hyde Park, N.Y., 1962.

Spence, *An Encyclopaedia of Occultism.*—Lewis Spence, *An Encyclopaedia of Occultism* [1920], University Books, New Hyde Park, N.Y., 1960.

Speratti-Piñero, *De «Sonata de otoño» al esperpento.*—Emma Susana Speratti-Piñero, *De «Sonata de otoño» al esperpento. Aspectos del arte de Valle-Inclán,* Tamesis Books, London, 1968.

Spraggett, *The Unexplained.*—Allen Spraggett, *The Unexplained,* The New American Library, N.Y., 1967.

Summers, *The Werewolf.*—Montague Summers, *The Werewolf* [1933], University Books, New Hyde Park, N.Y., 1966.

Tindall, *Handbook.*—Gillian Tindall, *A Handbook on Witches,* Castle Books, New York, 1965.

Thomas, *Religion.*—Keith Thomas, *Religion and the Decline of Magic,* Charles Scribner's Sons, New York, 1971.

Thompson, *Motif-Index.*—Stith Thompson, *Motif-Index of Folk-Literature,* 5 vols. and Index, Indiana University Press, Bloomington, 1955.

Torquemada, *Jardín de flores curiosas.*—Antonio de Torquemada, *Jardín de flores curiosas* (Lérida, 1575), edición facsimilar de la Real Academia Española, Madrid, 1955.

Waite, *Ceremonial Magic.*—Arthur Edward Waite, *The Book of Ceremonial Magic* [1911], University Books, New Hyde Park, New York, 1965.

Waite, *The Holy Kabbalah.*—A. E. Waite, *The Holy Kabbalah* [1929], University Books, New Hyde Park, N.Y., s.a.

Waite, *Pictorial Key.*—Arthur Edward Waite, *The Pictorial Key to the Tarot,* University Books, New Hyde Park., N.Y., 1966.

Wimberly, *Folklore.*—Lowry Charles Wimberly, *Folklore in the English and Scottish Ballads* [1928], Dover Publications, Inc., New York, 1965.

Yeats, William Butler, *Ideas of Good and Evil* [1896-1903], *Essays and Introductions of,* Macmillan and Co. Ltd., London, 1961.

Yeats, *Irish Fairy and Folk Tales.*—William Butler Yeats, *Irish Fairy and Folk Tales* [1888], Modern Library, núm. 44, New York, s.a.

Yeats, W. B., *Mythologies,* The Macmillan Company, 1959. [Contiene *The Celtic Twilight,* pp. 3-140; «Rosa Alchemica», pp. 267-292; *Per amica silentia Lunae,* pp. 317-369.]

Yerushalmí, *From Spanish Court.*—Yoseph Hayim Yerushalmí, *From Spanish Court to Italian Ghetto. Isaac Cardoso: A Study in Seven-teenth-Century Marranism and Jewish Apologetics,* Columbia University Press, New York-London, 1971.

189

INDICE ANALITICO Y ONOMASTICO

"Aage y Elsa", balada de, 54 n. 45.
abjuración, de Dios por los brujos, 66.
acueductos, construidos por el Demonio, 115.
adepto, 178.
adivinación, 116, 118; dotes de, 120-121, 125, 127; del futuro, 125; e Inquisición, 86 n. 3; por el agua, 120; por el vino, 135.
"A E", pseudónimo del escritor irlandés George William Russell (1867-1935), 5.
Agnus Dei, 107, 108 n. 79.
Agrippa, Heinriech Cornelio, 59, 169; y familiar, 59.
agua, adivinación por el, 120.
agüeros, 20-25, 115, 128; y visión premonitoria, 55.
Aguirre, Lope de, 23; y capacidad de no dormir, 33.
Agustín, San, 65 n. 25.
alarbio, gigante, 14; guardador de tesoros, 19.
Alberto Magno, 111 n. 86, 172.
Alfonso XIII de España, 83 n. 75.
almas de los muertos: custodiadoras de tesoros, 19 y n. 21; perseguidas por el perro de la Muerte, 48.
alquimia, 171-173; y ciudad fortificada, 172; y magia, 171; y misticismo, 171; y pareja humana, 172; y símbolo de la ciudad, 172; y tradición hermética, 173; y transmutación espiritual, 172; y unión de los contrarios, 172-173; y Uroboros, 172.
alquimistas, 172, 175-176.
alucinaciones: colectiva, 156; demoníaca, 71 n. 41; histérica, 72; premonitoria, 140; telepática, 152, 160.
alunado, 28.
Alvarez, José S., "Fray Mocho", 31 n. 50.
amor, 165-166. 172, 175, 177.
Andrés de Teixido, San (santuario de), 79.
"Angantyr, El despertar de", 40 n. 10, 49.

Anglamont, Arthur d', 5.
anillos: encantado, 20 n. 22; mágicos e Inquisición, 86 n. 3.
ánimas, 9-10, 35, 38, 43-44, 53, 138, 161; causa de sueños, 42; influjo maligno de las, 37; misa de, 79; procesión de, 51; retablos de, 9, 35, 44-45.
Ankou, 50.
ansiedad, sueño de, 132.
anticipación subjetiva, sueños de, 129-131; en *Sonata de otoño*, 129-131.
Antonio Abad, San, 31 n. 47, 76.
Año del Hambre, 68.
Aôr andrógino, 175.
aparecidos, 9, 43; relatos de, 35.
apariciones, 45, 160; premonitorias, 38, 39 n. 7; en espejos, 41; y aviso urgente, 41; y caso de crisis, 42; y deseo de venganza, 41; y frío, 40; y sueños, 42.
Apolonio de Tyana, 41, 153, 169.
aporía eleática de la flecha, 175.
apport, 160.
Apuleyo, 113.
aquelarre, 108-109.
arañar, para contrarrestar maleficio, 105.
Ἀράπηδες, 14.
árboles, culto de los, 9; e Iglesia, 101; y juicio de Juana de Arco, 101.
Arles, Concilio de, 101; y ver *concilios*.
Arreola, Juan José, 17 y n. 16.
Artephius, 153, 171; y Apolonio de Tyana, 153; y procedimiento de los tres vasos de, 171.
artes: adivinatorias, 116, 121, 127, 161; mágicas, 177.
Arturo, rey, 49.
asaltos o ataques demoníacos, 74 ss.; a objetos, 75 n. 48.
Aste, Agustín de, 177.
astrología, 116, 118-119; condenable y condenada, 116 n. 1; método mágico de adivinación, 118; en *Voces de gesta*, 118; en *Viva mi dueño*, 118-119; e Inquisición, 86 n. 3; y paralelismo entre acontecimientos celestes y terrenos, 118.

COLECCION TAMESIS

SERIE A - MONOGRAFIAS